乳房的歷史

西方的宗教、家庭、政治與資本主義
如何建構出乳房神話，及其解放之路

A History of the Breast

Marilyn Yalom

瑪莉蓮・亞隆／著　何穎怡／譯

致歐文

永永遠遠

而那微微聳立的雙峰
好比天堂之丘。

——中世紀拉丁學生歌曲，J·A·西蒙德斯*英譯

當詩人談及死亡，他們稱其為「沒有乳房」之地。

——拉蒙·戈麥茲·德拉塞爾納†，1917

---

* J.A. Symonds（1840-1893），英國詩人、文學批評家。
† Ramón Gómez de la Serna（1888-1963），西班牙劇作家。

無拘無束，她那副宜人酥胸
承諾了飽脹的極樂至福……

——〈不朽的呢喃〉，T・S・艾略特*

一名男人在隔壁房間睡去了
我們是他的夢境
我們有著女人的頭和乳房
猛禽的身體……

——〈起初〉，阿德麗安・芮曲†

* T. S. Eliot（1888-1965），美國英國詩人，諾貝爾文學獎得主。
† Adrienne Rich（1929-2012），美國女同志詩人、散文家，知名女性主義者。

目錄｜CONTENTS

導讀
我的乳房，誰的詮釋？

高雄醫學大學性別研究所◎成令方教授

《乳房的歷史》由美國資深性別研究學者瑪莉蓮．亞隆於一九九七年出版，中文譯本由翻譯高手何穎怡完成，於二〇〇〇年出版。由於內容豐富、歷久彌新，於是二〇一九年麥田出版又將其重新推出。翻著書，乳房在西方歷史的各個階段跳躍在眼前，讀者可以想像，若你是生在那個年代，男人會如何看待女人的乳房？或者，女人又如何看待自己的乳房？

女人身體被認定最能代表女性性徵的，是突出的乳房，卻不是陰道，為什麼？因為是視覺優勢的結果。乳房是公開可見的，在衣服材質後面若隱若現，在哺餵嬰兒時會被看見，在歌詠乳房的藝術繪畫中亦不時出現。陰道則是隱蔽、私密的，只是月經和生產時流血的管道，或男女交合時會使用到，但陰道無法以畫作呈現。於是乳房勝出，成為女人身體的表徵。

恩格斯曾以一個國家的婦女社經地位的高低作為該國文明的指標，對本書作者來說，一個社會的文明指標則是：女人能不能從男人手中奪回對自己乳房的掌控權。換言之，女人是不是能夠自主決定要不要穿胸罩、在大庭廣眾下袒胸餵奶、拒絕流行獨斷的「大胸脯」美感，甚至發現乳癌後自行決定要不要接受乳房重建手術。女人若開始擁有對自己乳房的詮釋權，我們就能夠讓多元的聲音展現：「龐大的乳房造成胸肩酸痛。」、「年輕時的乳房受過自己和情人愛撫時的愉悅。」、「餵乳時的肉體快感。」、「老女人的乳房懶惰地躺著休息。」、「乳癌帶來的痛苦。」、「乳房切除後，裝或不裝義乳？」當很多女人能夠傾聽自己乳房的感受，關心自己乳房的健康，認識到每個女人的乳房都有特色，沒有好壞高下之別，就會逐漸有能力拒絕別人（男性、媒體和色情工業）操縱它們。

乳房與情色的聯想，始於中世紀文藝復興時代，這是歷史上性解放的高潮時期之一。作者以反差對照的方式引介情色乳房的歷史意義，例如：衛道人士譴責良家婦女裸露酥胸為「地獄之門」，而妓女接客規定需要裸露胸部。文藝復興歌頌圓實堅挺的乳房，卻同時在獵殺女巫的狂潮中認定女巫有第三個乳頭（可能只是痣、疣或雀斑）。貴族為了維持豐潤圓實的性感乳房，將哺乳交給鄉下的奶媽，但卻被傳道者、醫師大力抨擊，認為女人需要以哺乳來恪盡母職。醫師宣稱乳頭被孩子吸舔，哺乳可以得到快感，女人卻羞於承認。

在歐陸海峽另一邊的英國流行的卻是平胸，而且新教徒認為雇用奶媽是罪惡，天主教徒則不如此觀之。作者重視女性的聲音，在文獻中找到十七世紀英國女人的書信，說明女人渴求自己餵奶，甚至寫詩表達情欲，以乳房作為欲望的對象。但最後作者還是指出，女性的乳房色情化完全由男性主導，若當時多一些女人的觀點被記錄下來，乳房在那時代應該會有不同的面貌。

到了十九世紀中葉，醫界使用統計數字來說明，由奶媽哺乳的嬰兒死亡率達到三五％，使用「代乳品」餵食的嬰兒死亡率甚至高達八〇％，於是醫界鼓吹母親餵乳，且最好餵乳一年，到了十九世紀末期，奶媽這個職業逐漸消失。很有趣的是，歷史不斷重複，七、八〇年代，台灣母親以奶粉代替母乳，因為當時女性相信奶粉營養充分，且此舉被視為現代科學育兒的象徵。加上這段期間，育兒年齡的婦女大量外出工作，使用奶粉對工作的母親來說很方便。但近十年來風氣又逆轉成鼓吹母乳哺餵的重要性了，如今成為衛生機構推動的政策。

在心理分析的理論中，乳房也占有特別的位置。佛洛伊德把「母親的乳房」與「情欲的乳房」合而為一，認為嬰兒吸食母乳有快感。榮格學派則不同意乳房只象徵著孩子對母親的口腔快感和欲望，認為乳房在兒童心理發展期還有不同的意義。然而不管如何，這些都是以男性為中心的偏見來解釋，認為人的發展過程是要擺脫對母親的依戀，最後擁抱父親的形象。這些心理分析理論雖然不是一般人很能理解的，但卻成為日後文學藝術發揮的主題。

乳房除了是嬰兒依戀的對象以及食物的來源以外，胸衣設計還帶來無限商機。多年來，塑形乳房的內衣千變萬化，例如：十九世紀風行的緊身束衣、現代又流行起來的復古馬甲以及魔術胸罩，都是以各種方式讓雙乳看起來緊實高聳，至少不會在快走跑步時亂動亂晃。一八七四年春天，美國有幾位女性醫師發表了演講，批評馬甲對女人健康有害，而且第一波女性主義者亦發聲主張，指出女人不應該只是妻子、母親或老師，應該要為自己而活。可惜這樣的聲音在當時被忽視了。直到一百年前，又開始流行平胸，以簡單自由放任的風格稱著，於是市場拋棄了緊身連身內衣、束腰，展開我們現在所熟悉的內衣形式。平胸、豐胸，四十年一輪迴。女人的乳房為很多設計師帶來大筆的生意。

這裡要特別指出，還有一種胸衣，是專門設計給追求平胸的陽剛女同志所穿著的束胸內衣。這些女同志對象徵女性性徵的乳房不認同，若沒有做平胸手術，束胸內衣就是一個選擇。

若要論及乳房健康，十三世紀就有記載，義大利醫師曾有論文發表關於乳癌的知識，以及主張開刀割除作為治療方式，甚至還有教導婦女如何作自我檢查的插圖。如今，乳癌是我國婦女發生率第一位的癌症，發生年齡在四十五到六十九歲之間，平均每十萬人中便有一八八名到一九四名女性罹患，平均每六名婦女就有一名因乳癌而喪生。乳房對這些婦女來說，不再是情色、哺乳、歌詠的對象，而是生死攸關的健康議題。乳癌患者需要參加病友團體，藉著集體的力量一起來面對對死亡的恐懼，以便能享受生活中最好的一面。乳癌防治「拯救乳房」，是當今全世界都在關注的重要議題。

一九六〇年代，積極參與婦女運動的女性開始搶回乳房的詮釋權，「焚燒胸罩」、「拋棄束腰」的口號在當時震撼了社會。一九八四年，六十名裸露上身的男女在加州街頭抗議色情業者、電影電視業者、選美大會、上空酒吧利用女人的乳房牟利，主張女人要奪回身體自主權。女人應該重新看待自己的乳房，述說自己乳房的故事。

由於作者學養的傾向（專精於法國文學藝術，曾任美國史丹福大學女性與性別研究所教授），採用的資料偏向引用大量的藝術圖片影像，廣泛而豐富的文學、傳記和通俗文化的資料。作者研究的疆界設定，從早古歷史初端的石雕畫像，到希臘羅馬神話，到中世紀和文藝復興的義大利，進入近代以法國、英國、德國和美國社會和文化為主要關注的焦點。雖然本書已在時間縱向方面跨越了五千多年的歷史，但是作者很有自覺地意識到這本《乳房的歷史》只代表其中的一個歷史敘事，所以原文書名謙虛地標示是「一個乳房的歷史」（A History of the Breast）。

這部縱貫古今以豐富資料展現論證的巨作，為什麼只是乳房歷史中的一個歷史敘事？首先，這本書並未囊括擁有長遠古文明的印度、中國、阿拉伯文化和南美洲的資料，也沒有包括近代的北歐、斯拉夫民族和非洲大陸，特別是非洲受到歐洲殖民影響的相關資料。所以本書的研究範圍是依傳統慣有的疆界，以被認定為是影響歐美文明的重鎮為中心，所開展出來的歷史敘事。其次，這本書沒有從社會邊緣者的角度出發，例如：女同志對乳房的觀點會不同於異性戀嗎？也沒有處理歐洲殖民者與被殖民者之間的文化互動如何轉變了彼此的身體觀。還有，作者受限於主流的文化史觀，她不曾把自然環境的改變、飲食營養在各地的差異、疾病的流行以及人口的增減與

前言
不斷改變的意義

本書旨在帶領大家以全新的角度思考乳房。對多數人而言（尤其男人），乳房是性感的裝飾品、女性氣質的王冠權杖，但這並非放諸全球皆準的想法，在美洲與南太平洋的部分文化裡，女人自古以來就是袒胸露乳，這些文化因而不像西方世界那麼強調乳房的情色意義。非西方文明有它們自己的拜物對象，譬如中國人迷戀小腳，日本人迷戀女人的頸背，而非洲與加勒比海地區的人則執迷於女人的臀部。不管哪種拜物，單獨的身體部位之所以充滿性感意味，是在於它的「若隱若現」，套一句法國詩人馬拉美（Stéphane Mallarmé, 1842-1898）的話，是「遮掩的情色」。

如果我們回顧歷史，會發現當代西方人對乳房的想法其實非常武斷，本書的主旨便在回顧歷史，涵蓋過去兩萬五千年，但特別側重某些時代，在那幾個時代裡，乳房被賦予某些意義，改變了西方人看待它的方式。本書是以電影蒙太奇手法處理那幾個時代，劇情往前推進又不時重疊，因此它不是一本線性敘述的乳房史。

男人不斷企圖將女人的乳房據為己有

乳房史的演進隱藏著一個基本問題：誰擁有乳房？它屬於必須仰賴母乳或代乳的嬰兒？還是屬於愛撫它的男女？它屬於描繪女體的藝術家，還是屬於不斷迎合市場新需求、專斷論定乳房大小美感的權威人士？它屬於向少女、成熟女人、小乳房女人推銷少女胸罩、支撐胸罩與魔術胸罩的胸罩製造商，還是屬於不斷要求女人端莊遮掩乳房的宗教、衛道人士？它屬於悍然逮捕「上空女人」的法律，還是屬於有權決定女人多久做一次乳房X光攝影、何時做切片與乳房切除的醫師？它屬於替女人美容隆乳的外科整型醫師，還是屬於花錢購買它、暴露它，然後用以貶抑傷害女人的色情業者？乳房是女人身體的一部分，但它屬於女人嗎？上述疑問點出了整個乳房歷史裡，男人與建制不斷企圖將女人的乳房據為己有。

乳房做為女性身體的象徵，自古以來，便有「好乳房」與「壞乳房」不同形象。聖經〈創世紀〉裡的夏娃既是眾生之母，也是妖婦的原型。猶太教與基督教信徒或許自詡為夏娃的後裔、祖先曾吸吮過她的乳房，但無數的藝術作品也顯示：夏娃蘋果般的乳房也被比喻為引誘人類墮落的禁果。

當「好乳房」的形象占優勢時，重點都放在它的哺育功能，甚至成為宗教靈性與政治養分的來源。五千年前，西方與近東古文明普遍崇拜女性偶像，乳房的形象如此；四千五百年後，義大利盛行聖母乳子像，乳房的形象亦是如此。兩百年前，法國新共和誕生，裸露的乳房則象徵了自由與平等。

當「壞乳房」的形象當道時，乳房成為誘惑與侵略的象徵，不僅聖經〈創世紀〉的觀點如此，希伯來先知以西結（Ezekiel）也將耶路撒冷、撒馬利亞兩座城市比喻為一對放蕩的娼妓，有著罪惡的乳房。莎士比亞經常描寫「壞乳房」，其中又以恐怖的馬克白夫人最令人膽顫。壞乳房常和性與暴力連結，大量出現在現今的電影、電視、廣告與色情出版品裡。由此可見，不管好乳房還是壞乳房的形象，多半只是在表達男性觀點。

探索過去的女人如何看待自己的乳房，是寫作本書的一大挑戰。我在本書裡探討了女人如何決定乳房該怎麼遮掩、怎麼使用，基於什麼理由決定是否餵食母乳。女人在什麼時刻才有權決定乳房應當接受何種治療？她如何以乳房做為商業、政治工具？女性文學與女性藝術裡的乳房和男性持有不同觀點嗎？此外，我也特別注重二十世紀末女人奪回乳房所有權的奮戰。

哺育與挑逗左右了乳房的命運

本書從舊石器時代的女神瀏覽到當代的女權運動，乳房的歷史之旅雖漫長卻充滿驚喜。我們看到史前雕像的乳房被賦予神妙大能，譬如邁諾斯克里特文明的裸乳握蛇女神、多乳房的阿蒂米絲（Artemis）雕像，這是基督文明誕生前最後一波的女性神祕崇拜。在舊約聖經希伯來世界裡，女人最重要的角色是母親；新約聖經時代裡，人們則仰拜神奇的聖母馬利亞，因為她孕育了耶穌基督。猶太教與基督教傳統裡，乳房是製造乳汁的器物，攸關著希伯來子民與基督信徒的生存，聖母乳子的形象成為滋育信徒靈魂的象徵。

聖母乳子像興起於十四世紀的義大利，可是不久後，乳房便產生了新的性感意涵，從十五世紀到十七世紀，法國、義大利、英國與北歐出現了無數歌詠乳房性感的詩歌與繪畫，讓乳房的情色意涵遮蓋了它原始的哺育與神聖意義。

自此，乳房的兩種意義展開了拔河，哺育與挑逗兩種功能不斷拉扯著女人的命運。從猶太基督文明起，神職人員、世俗男子與嬰兒便認為他們擁有女人的乳房，毋需女人同意，便可以自由使用它。

乳房的意義隨著歷史推進而變動

到了十七世紀荷蘭共和時代，新的力量加入了乳房爭奪戰，使它成為公民責任的象徵，餵食母乳不僅對家庭有益，對國家也有貢獻。一個世紀後，餵食母乳成為法國大革命的重要部分，不少法國人奉行盧梭（Jean-Jacques Rousseau, 1712-1778）的主張，認為法國母親如果不將幼兒送往奶媽處扶養，而是親自哺乳，便能達成社會改革的目標。餵食母乳原本是個人選擇，當時卻成了公民責任的象徵，無數繪畫還以裸胸女人做為法國共和的象徵。從君權統治邁向代議政治的過程裡，乳房也「民主化」了。

乳房史研究如果少了醫學，便不完整。儘管乳房醫學研究在二十世紀時逐漸聚焦於乳癌，早期的希臘與羅馬醫學文獻卻比較專注於乳房的哺乳功能，在各種語言寫就的無數文獻裡，可以看到醫師仔細教導女人注意懷孕期間的乳房變化、飲食、運動、正確哺乳方式、照顧乳房膿腫與斷奶方法，十八世紀以後，這類醫學文獻尤其多，讓我們一窺醫學雖增進女性的健康，卻將女人的主要角色界定為生育者與哺育者。

正當十九世紀的醫學界強調哺育母乳的道德價值時，新興的心理學與心理分析學派卻點出乳房在幼兒情緒發展上的重要性。佛洛伊德在二十世紀提出了大量的心理分析證據，證明吸吮乳汁不僅是嬰兒的第一個活動，也是整個性生活的起始。佛洛伊德的理論普及化後，乳房成為電影、小說、卡通、笑話、T恤與無數雜誌的主題，再度鞏固了乳房對成年男子的龐大吸引力。

十九世紀後，伴隨著工業化與後工業時期的快速步伐，大眾對乳房的要求也成倍數增加。在商業利益的推動下，廣告密集轟炸女人，刺激她們購買各式乳房支撐、塑形與增大品，包括馬甲、胸罩、乳霜、乳液、矽膠填充物、各式減重課程與健美器材。儘管乳房在過去歷史裡並不乏商業價值，卻是在這一百年中才被資本主義充分利用，成為商機無限的物品。早在希臘、羅馬時期，女人已經開始穿著遮掩乳房的內衣。中世紀末馬甲誕生，成為有錢婦女的流行穿著，不過一直要到十九世紀中葉，工廠量產、便宜的馬甲才上市。專為乳房設計的胸罩則是遲至二十世紀初才誕生，價格便宜，各個階層的女人都穿得起。透過大量生產，胸罩成為「控制乳房」的必備穿著。

由於內衣設計總是迎合體態美的潮流，我們從它是誇大還是淡化乳房，便可讀出乳房的歷史。譬如一九二〇年代流行扁平男孩身材、一九五〇年代流行砲彈般性感乳房，馬甲與胸罩的設計也跟著改變，忽而壓抑隱藏乳房，忽而將它推擠托高成蘋果與魚雷。

值得注意的是，六〇年代的女性解放運動始自著名的焚燒胸罩事件。雖然婦運圈外人對此舉不表贊同，焚燒胸罩的確為女性抗爭樹立了典範，它雖是個象徵性動作，卻打破了施加於女人的外來箝制。從此，女人可以質疑醫學、流行工業等神聖權威，自主決定要不要穿胸罩、上空與餵食母乳，甚至自行決定要不要接受乳房切除術。

面臨上述抉擇時，女體形象至關重要，一個女人的乳房如果不符合時代美的標準，她也很難喜歡它。研究顯示，獨斷的女體美觀念宰制了不少女人，為了符合五〇年代以降所流行的瘦削身材與豐滿乳房，美國女人花費大筆金錢，只為打造出削瘦的下半身與巍然的上半身。美國最流行的美容整形手術是抽脂與隆乳，各個年齡層的女人都以宗教般的狂熱減肥，年輕女孩罹患厭食症、暴食症的比率激增，幾乎已成為流行病。當然，我們不能將乳房商品消費狂熱與病態行為，全部怪罪於廣告、電影與電視所促銷的乳房形象，但我們也不能愚蠢地忽略媒體形塑、散布「理想」女體的力量。我們甚至可以說史上第一遭，男女心目中的形體美醜標準大多建築於廣告裡的形象。

女性主義者與其他運動者企圖解放女人，讓她們不再受制於媒體塑造的獨斷美感，但她們也有自己的箝制，譬如有一度女人要「拒穿胸罩」與「淡化女性曲線」，才是政治正確！而經過二十年的奶瓶餵乳風潮後，親餵母乳在過去二十五年裡又抬頭了。今日，在攸關女性生死的醫療選擇上，女人也奮力爭取更多自主權，尤其是乳癌。

長久以來，女人一直被迫面對乳房所傳達的兩大意涵：它既是生命的哺育者，也是生命的摧毀者。一方面，乳房與女孩蛻變成女人、性愉悅與哺育連結；另一方面，它也逐漸與乳癌、死亡連結。對女人而言，「好」乳房與「壞」乳房的對立，並不是男人經常描繪的母親、聖女與蕩婦、妓女的對抗；也不是精神分析學派所說的，孩童經驗世界裡哺育的「好」乳房與排拒的

第一章
神聖的乳房：從女神到聖母

早期的人類歷史裡，乳房的泌乳功能被神聖崇拜。
沒有耶穌，馬利亞就不會名留青史；
但是少了馬利亞，基督文化也會少掉感人的女性代表。
聖母馬利亞的乳房提供了一個男女信徒都能接受的女性形象，
因為我們都是吸食女人奶水長大的。

人之初，必須仰賴乳房。人類歷史上，除了一小段時間外，並無母乳替代品，在十九世紀末巴斯德式消毒法讓動物乳汁變得安全可飲之前，新生兒的存活完全仰賴母親的乳房。無怪乎我們的史前祖先會塑造出胸部巍然的偶像，更難怪早在農耕行為出現之前，西班牙、中歐、蘇聯大草原便有這類偶像了。我們不難想像石器時代的母親，對著豐胸女神偶像膜拜，祈求女神讓她乳汁飽滿。

這類女神偶像由骨頭、石頭、黏土製成，引人注目處不僅在胸前偉大，也在於腹部與臀部十分肥胖。豐美的體態未必符合現代人的美學品味，但是對糧食來源不穩定的遠古先民而言，女人肥胖是一種福氣，它代表較高的存活機會，即便在飢荒時依然可以哺育小孩。除了上述相似點，這些史前偶像都是繁生女神（fertility goddess）、母神（mother goddess）與哺育女神（nursing goddess）。著名的人類學者金布塔斯（Marija Gimbutas）認為這些女神「絕非男神的老婆」[1]，她們的姿態經常是雙手放在肚皮上或胸前，似乎在訴說女性繁殖與授乳的力量值得崇敬。

神啊，請多給我一點乳汁

某些古文物出土處，可以發現乳房脫離完整女體，被先民單獨崇拜。法國拉科隆布（Le Colombe）與派許摩爾（Pech Merle）的史前洞窟裡，有一個西元前一萬五千年的鐘乳石，狀似倒置的乳房，乳頭向下，上面有一圈赭石塗畫的小圓點。[2]約莫西元前五千年，土耳其中南部卡塔呼玉克（Çatalhöyük）的聖壇裡，牆上則有成排黏土製成的乳房，乳頭部位鑲著動物的牙齒、長牙與喙。[3]瑞士出土的新石器時代文物裡，有鹿角雕成的一對乳房。德國出土的鐵器時代瓶甕，上面有四到六個乳房浮雕圖案。[4]我們知道這些古文物是崇拜儀式的用具，確切的用途與意義卻不得而知，只能遐想著先民在滿是乳房雕塑的聖壇裡舉行儀式，圍著一圈乳房跳舞，或者用乳房狀的酒器喝酒，感覺起來，很像是好萊塢電影的場景。

不過，多數偶像的乳房還是跟完整的女體連在一起。肥沃月灣文化裡，一般人家或聖壇裡崇拜的偶像，多半是強調乳房的女神，一如現代基督徒膜拜十字架或聖母馬利亞像一樣。肥沃月灣女神偶像的姿態大都是用雙手或雙臂撐起乳房，是所謂的「獻出乳房」（breast-offering）造形，在敘利亞地區的民間信仰裡四處可見，直到七世紀伊斯蘭教興起後，才以唯一的真神阿拉取代了女神崇拜。

同樣的，今日的以色列地區在聖經時期崇拜的泥製偶像幾乎都是女人，姿態亦多為雙手捧起胸部，其中又以西元前八世紀到六世紀的阿斯塔特（Astarte）女神最為特別，她是腓尼基文化所崇拜的哺育女神，象徵愛與繁育，被描繪為「長著乳房的大樹」，凡人可以向她祈求生殖力與哺育能力。[5]

但是當上帝的選民到了迦南，便決定毀滅偶像，讓耶和華成為唯一的神，這不是件簡單的工程。當時的祭司與先知喝令子民不得崇拜腓尼基太陽神巴爾（Baal）與迦南的女神，但是不少猶太人可能還是偷偷崇拜她們。[6]畢竟耶和華是個男戰神，和繁生女神阿斯塔特、雅須華（Asherah）、阿娜特（Anat）比起來，祂哪裡懂得生養與哺育小孩？

至於鄰近的埃及，母神形象是威嚴的伊希思（Isis），在埃及神話的意涵裡，她與泌乳母牛、生命之樹，甚至法老王的王位均有連結。伊希思就是王座，「因此，法老王登基必須坐上伊希思的大腿，吸吮她的乳房，得到王者的養分。」[7]伊希思哺育法老王強調了法老王乃母神之子，具有神性，哺育畫面出現在法老王出生、登基與死亡之時，確保母神指引他平安過渡重要的人生階段。[8]顯然，吸吮伊希思的乳汁可以得永生。

離開了埃及，伊希思都是在哺育她的兒子賀魯斯（Horus），這個形象拉近了伊希思女神與凡人的距離。古埃及時代的母親如果想要祈求伊希思的庇佑，可以如此誦念：「我的雙手環抱這個孩子，伊希思的雙手也環抱著他，就像她抱住賀魯斯一樣。」[9]

地位較低的女神也非常強調胸部，譬如掌管天空與月亮的女神娜特（Nut），她的埃及象形文字名字mena便同時代表胸部與月亮。[10]埃及神祇中，胸部造形最奇怪的要屬尼羅河男神哈比（Hapi），他負責尼羅河每年一度的氾濫，滋潤乾涸的大地、灌溉作物，因此軀幹上長著乳房，做為繁生象徵。男神擁有女性乳房雖然罕見，卻非絕無僅有，接下來我們討論希臘、希伯來與基督信仰時，還可以看到類似的例子。

古文明世界裡，女體造形都是以乳房做為特徵，雖然乳房的大小、形狀，甚至數目不一，但都非常顯著。發展於希臘克里特島與基克拉迪群島（Cyclades）的文明便是最佳例子。克里特與基克拉迪文明興盛於青銅器時代（西元前三二〇〇年到西元前一一〇〇年），比希臘文明還早。基克拉迪是一個群島，環繞著提洛島（Delos），該文化的女形偶像有的高僅數吋，有的如真人大小，都是用晶瑩的大理石雕成，雕刻精美，姿勢大多是以雙臂托著赤裸的乳房，雙腿併攏形成一個象徵陰部的三角形。這些偶像可能用於「鞏固維繫生命」的宗教儀式，也用於出生與死亡的生命過渡儀式；她們造形優美抽象、線條簡單，代表了一個失落的世界。[11] 在那個文明裡，兩個圓圈、一個三角形便標示了性別差異，而女人的神祕力量依然被崇拜著。

袒胸露乳是日常穿著

另一個重要的地中海文明是克里特島上的邁諾斯（Minoan）文明，該文化的女體形像胸部飽滿，比較寫實。不管是花瓶、大理石棺上的繪畫，或者是克諾索斯（Knossos）*皇宮裡的壁畫，都可看到女祭司主持儀式的畫面，成群女人手捧祭祀物品遊行，其他女人則群聚歡笑、舞蹈、聊

---

* 克諾索斯是傳說中邁諾斯文明的首都。

天，她們全都袒胸露乳，下著鐘形的裙子。

這些壁畫是寫實勾勒了當時女人的穿著，還是描繪理想中的女性形象？邁諾斯女人在公開場合裡是赤裸著胸部，還是和其他西方、近東文明裡的女人一樣，用衣服遮掩著乳房？這個疑問沒有確切答案，因為視覺藝術不必然反映現實，有人認為邁諾斯女人只有在宗教崇拜儀式時，才會穿著裸露雙乳的緊身束衣，另有一說則認為袒胸是當時女人的「日常穿著」。[12]我們只能說邁諾斯文明裡的女性形象不乏袒胸露乳、表情豐富、衣著精美者，顯示那時的女性頗有權力並受到尊崇。

從著名的盤蛇女神雕像便可看出邁諾斯女人握有宗教大權，這些西元前一六〇〇年的女神雕像大多乳房渾圓巨大，緊身束衣將裸露的雙乳撐得更凸，好像飛彈一樣，女神的手臂上纏繞著兩條猙獰的蛇。在邁諾斯文明的信仰裡，蛇可以和幽冥地府溝通；在稍晚的希臘文明裡，蛇也與醫神阿斯克勒庇俄斯（Asclepius）相連，直到今日，醫學的標記仍是一支兩蛇交纏、上有雙翼的手杖（caduceus）。不過，邁諾斯文明裡的女神雕像胸部巍然、手繞毒蛇，也可能是在警告：「小心不要違逆女神，她既可泌乳，亦可射出毒液。」

同時間，希臘內陸的邁錫尼（Mycenaean）文化也對女祭司與女神的乳房滿懷敬意，一個西元前一五〇〇年的邁錫尼封印上，繪有三個穿著像祭司的女人，其中一人（可能是女神）坐在果樹旁露出右乳，做出哺育眾生狀。[13]我們對當時的民間女人了解不多，但是從邁錫尼文化到古希臘文化，女人的形象大概就像荷馬在史詩中所描繪的，即便皇后都親自哺乳，要到幾個世紀後才開始流行奶媽。

母親授乳的神聖形象普現於古希臘，可能和「考羅卓芙絲」（Kourotrophos）崇拜有關[*]。希臘古墓與聖壇裡常可看到母親授乳的塑像，可能是用來崇奉蓋婭（Gaia）、希拉（Hera）、愛芙羅黛蒂（Aphrodite）、笛米特（Demeter）與普西芬妮（Persephone），甚至用來崇拜處女神阿蒂米絲（Artemis）與雅典娜（Athena）等[†]；供品則有蜂蜜、食油與蛋糕，蛋糕還做成乳房模樣。「考羅卓芙絲」崇拜儀式雖多半在小神壇或戶外舉行，比不上奧林帕斯山諸神儀式的壯觀，但在基督文明誕生以前，它一直是古希臘人最膜拜的信仰。[14]

最著名、最驚人的乳房崇拜是以弗所（Ephesus）[‡]的阿蒂米絲的多乳房雕像。以弗所位於現今的土耳其，古時曾是熱鬧的希臘海岸城市，在現今已經傾頹荒廢的古市政廳遺址上，矗立著兩尊真人大小的阿蒂米絲像（圖1），胸前纍纍懸掛許多乳房，被認為是乳汁豐富的象徵；但也有人認為那些球狀物是成排的雞蛋或牛睪丸，因為古希臘有一種儀式是將奉祭的牛睪丸釘在木頭偶像上。[15]

* 「考羅卓芙絲」在古希臘語裡的意思是哺育小孩，是希臘女神眾多形象之一。

† 蓋婭為希臘神話中的大地之母，希拉為天神宙斯之妻，愛芙羅黛蒂為愛與美之神，笛米特掌管農業、婚姻與社會秩序，普西芬妮為冥王之后、笛米特之女，阿蒂米絲為月神與狩獵之神，雅典娜則為戰神與工藝之神。

‡ 以弗所為阿蒂米絲神殿所在。

圖1

美麗的阿蒂米絲，以弗所，西元二世紀。著名的以弗所的阿蒂米絲雕像上刻滿了蜜蜂、牛隻、獅子、花朵、葡萄與橡實，胸前垂掛著二十個疑似乳房的球狀物。

Statue of the "Beautiful Artemis"

Werner Forman/Getty Images

有人認為，阿蒂米絲像胸前原本懸掛的是象徵繁生的椰棗子，後來被誤認成多乳房。[16]另有一派說法認為，這些雕像的創作靈感來自女性的生理異常，有些女人的乳脊（mammary ridge）處會出現多乳房或者多乳頭，這種生理異常顯示人類在基因上與多乳房的哺乳動物相連。不管阿蒂米絲多乳房雕像的創作起源如何，它象徵了豐盛乳汁，投合了歷久不衰的人類幻想，爾後數個世紀，藝術家也都認定阿蒂米絲胸前的球狀物便是乳房，以她做主題，創作出嬰兒趴在她胸前吃奶，或者數乳同時噴出奶汁哺育一群小孩的作品。

整個古希臘時代，多乳房幻想一直不曾消失，這源自女體與自然、哺育之間的不滅連結。女人的乳房被等同於動物的乳頭、果實，因此在象徵賦比上，經常和動物、植物世界連結在一起，而被摒棄在男人的思維、精神世界之外。女人的乳房可以哺育幼兒，比起男性來，當然更接近自然，也因此被視為是自然的化身，扛起餵養人類的重責大任。

陽具統治取代乳房崇拜

根據學者柯爾斯*的說法，乳房在古希臘信仰的重要性，後來慢慢被「陽具統治」[17]取代，

* Eva C. Keuls (1923-)，美國古典史學者，著有《陽具的統治》（*The Reign of the Phallus*）。

新一代的希臘神祇取代了舊有女神，使她們的角色逐漸受限、神力大減。希臘神話裡，天地原本為擁有寬廣胸膛的地母蓋婭所創，她的子孫宙斯（Zeus）自她的手中奪取了奧林帕斯聖山，成為奧林帕斯萬神殿的統治者，宙斯的妻子希拉雖然在諸神裡排名第二，但是地位遠遠不及宙斯。從西元前七世紀的一尊雕像，便可看出女神地位的衰微，這尊雕像是宙斯捧住希拉的乳房，做出「獻出乳房」姿勢。「獻出乳房」代表女神賜予眾生恩惠的能力，以前的雕像都是女神自行獻乳，根本毋需借助配偶。[18]

伴隨著宙斯統御希臘諸神，曾經稱霸舊石器、新石器與青銅器時代的女神逐漸式微，變成地位較低微的神祇，只具有特定的能力與稟賦。她們的胸部也有了顯著改變，以配合各自的天神屬性，譬如象徵智慧的雅典娜是處女之身，便全身披掛得密不通風，乳房隱藏在有蛇形裝飾的護胸甲下，頭戴頭盔，手持長矛。雅典娜雖是女神，卻被賦予了男神的理性、戰爭與工藝屬性。

另一方面，打從西元前四世紀起，愛神愛芙羅黛蒂（即羅馬神話中的維納斯）就經常衣不蔽體，清楚凸顯乳房線條，甚至裸露胸部。她的乳房被塑造成完滿的情欲表徵，在古典文學裡被稱為「蘋果般」的乳房。《木馬屠城記》中的特洛伊美女海倫也有著「蘋果般」的乳房，特洛伊戰爭後，她向丈夫米奈勞斯（Menelaus）展露酥胸，期望他放下利劍，原諒她的背叛。希臘文明時期裡，愛芙羅黛蒂雖是受人仰拜的女神，不過也像今日的海報女郎，是男性欲望投射的對象。很難說愛芙羅黛蒂形象的轉變，是否反映了當時女性的真實地位，但我們如果拿現代例子對照（譬如豔星瑪麗蓮．夢露），卻不難想像「性感女神」（不管是雕像或真人）擁有多大的力量。

愛芙羅黛蒂的雕塑與小雕像席捲古文明世界，直到今日，無數的地中海岸禮品店裡都販賣有愛神雕像的複製品，最受歡迎的一尊叫做「端莊維納斯」（Venus Pudicitia或Modest Venus），取名端莊是因為這尊愛神雕像一手遮住乳房，一手蓋住陰部。同一時期的男性雕像大多坦蕩蕩、赤裸裸、陰莖昂然，但藝術作品中的女人不是羅衫半掩，就是擺出保護性姿勢，微彎著身軀遮掩重點部位。[19]這種貞嫻與害羞的姿勢適用於當時的所有女性，唯有娼妓才能一絲不掛。

男人裸體健身，女人從頭裹到腳

西元前五世紀時，雅典女人被嚴密的父權體系控制，只能待在家中操持家務，不得參與政治活動，從頭到腳都要包裹起來，她們在家中穿著及地裙式的長外衣（chiton）或者是及膝的長上衣（tunic），出外則披著罩住頭臉的大斗篷。當時只有斯巴達地區的女人穿著較自由，未婚女孩可以穿著膝蓋以上的連身裙，裙襬開衩，露出大腿。

此外，希臘大部分地區都實施男女隔離政策，女孩子通常嫁給比自己年長二十歲的男人，婚後乖乖待在家裡。換言之，希臘女人終其一生只是從父家的牢獄轉到夫家監牢而已。[20]相對的，希臘男人不是流連於集會場（公共論壇兼市場），就是到體育場裸體健身、妓院嫖妓（女妓或男妓），或者到朋友家參加宴會。當時雅典公民階級的女性不能到公共場所拋頭露面，即使丈夫帶著男性友人回家，她也不能現身。

骨董花瓶上的希臘公民妻子繪像，總是賢淑地捧著油瓶或毛線籃端坐，偶爾抱著豎琴或小孩。她們一定衣著端莊，全身包裹密實，有時臉上還罩著面紗，除了極少數的母親授乳或奶媽哺乳圖外，希臘女人的胸部很少被凸顯，更不可能裸露。根據出土的希臘合約古文獻、石碑、墓誌銘與雕像，我們發現奶媽在古希臘社會很普遍，好奶媽相當受人尊重。[21]

當時，雅典社會有一群女人不以母性或持家本事著稱，而是以情色能力獲得重視，她們就是希臘人稱之為「海泰拉」（hetairai）的高級妓女，她們的工作是提供性服務、娛樂，做男人的知性伴侶。骨董花瓶上的海泰拉畫像，大多全身赤裸或袒胸，即使身著衣服，也會盡力凸顯女性的圓潤身材。

西元前四世紀時，有一個名叫費蕊茵（Phryne）的高級妓女，被情人密告瀆神，這在當時是死罪。審判時，「替她辯護的海波伊迪斯（Hypereides）並無佳績，眼看法官已經要判費蕊茵死刑了，海波伊迪斯遂要求將費蕊茵帶上庭來，讓眾人都可以看到她，然後一把撕破她的內衣，讓她的乳房袒露在眾人眼前……」費蕊茵美麗逼人的胸部加上海波伊迪斯的雄辯，激發了法官們的同情心，終於沒有判她死刑。[22]費蕊茵被釋放後，雅典通過一個法條，禁止被告在庭上裸露胸部或私處，以免對法官造成影響。

大部分的希臘妓女，不管是海泰拉還是普通妓女，都與奶媽一樣是奴隸出身，至於一般女人（包括公民之妻）則受到社會文化重重束縛。不過，希臘女人也不完全是軟弱的受害者，就和多數性別隔離社會裡的女人一樣，她們有自己的生活，有時也會與男人同一陣線，捍衛限制女人的社會規範。

古典學者溫克勒（John J. Winkler）便認為笛米特節與愛芙羅黛蒂節兩個慶典，是古希臘女人抒發「壓抑笑聲」的機會。[23]這兩個節慶每年七月底在雅典住家的屋頂舉行，以紀念愛芙羅黛蒂命運多舛的情郎阿多尼斯（Adonis），成群的女人在屋頂上歌唱、跳舞、聊天，直到天亮，居高臨下，還可以看到誰在窺視她們！

亞里斯托芬（Aristophane, C.446-C.386 B.C.E）曾在其劇作《利西翠妲》（*Lysistrata*）中以純男性觀點描繪這兩個節慶，他說當某位自大傲慢的議員在議會裡滔滔不絕時，「他的老婆卻在屋頂上喝得微醺，高喊著『為阿多尼斯搥胸』！」[24]早在亞里斯托芬之前，希臘女詩人莎芙（Sappho, C.630-C.570 B.C.E）便曾描寫過愛芙羅黛蒂節，但觀點完全不同，深具同理心：「溫柔的阿多尼斯死了，西塞拉*，我們該如何是好？女士們，搥打妳們的胸膛，割裂妳們的長衣。」[25]

就這樣，在古希臘文明裡持續了數千年的「乳房文化」，繼續成為屋頂上、屋子內甚至地下

---

* 即為愛芙羅黛蒂的別名。

女人團體表達自我的方式。它以神話的形式透過口述代代相傳，即便人們不再公開崇拜女性的神祕，這些神話依然勾起女性力量的回憶。當希臘社會轉向崇拜男性生殖器官，殘存的傳說依然表彰著乳房的超自然力量。

譬如銀河誕生的神話故事便和希拉的乳房有關。根據這則神話，希拉是眾女神之后，凡人只要吸吮了希拉的乳汁，便能長生不死。宙斯與凡間女子愛克米娜（Alcmena）偷情，生下了海克力士（Hercules），宙斯希望海克力士能獲得永生，便趁希拉睡著時偷偷將海克力士放在她的胸前吸奶，但是海克力士吸得太用力，驚醒了希拉，她赫然發現胸前躺的不是自己的孩子，震怒之下，用力將乳頭自海克力士的嘴中扯出，乳汁噴到天上，成為今日的銀河（MilkyWay），而海克力士喝了希拉的乳汁，獲得不朽生命，成為諸神之一。文藝復興時期，丁特利多（Jacopo Tintoretto, 1518-1594）與魯本斯（Peter Paul Rubens, 1577-1640）都曾將這則神話變成偉大的畫作。

兩性戰爭的原型

我們也不能忘了亞馬遜女戰士的傳說，她們是戰神艾瑞斯（Ares）的後裔，崇拜狩獵女神阿蒂米絲，居住在小亞細亞的卡帕多奇亞（Cappadocia）區域，舉國上下都是女人，由女王統治。每年一度，亞馬遜女戰士為了繁衍後代，會和外面的男人交歡，生下的如是男孩，便被送走，或者弄成殘廢做奴隸；如果是女孩，就扶養長大成為女戰士。

亞馬遜女戰士究竟是神話還是歷史真實，已經不可考。[26]當她們第一次出現在史詩《伊里亞德》（*Ilid*）中時，作者荷馬便說這是數百年的傳說，他雖賦予亞馬遜女王潘席希麗亞（Penthesilea）男性英雄特質，但最後她還是死在阿奇里斯（Achilles）的手上。西元前五世紀的希臘古典文學裡，亞馬遜女戰士被認為是女性特質的「反轉」：她們拒絕結婚、不要兒子，和男人一樣上戰場廝殺。亞馬遜女戰士剽悍、獨立，不僅遠離男人，更視男人為敵！她們也在乳房的歷史裡占有一席之地，傳說中她們割除右乳以方便拉弓。語源學上，亞馬遜（Amazon）一字便源自這個傳說，希臘語裡，a指「缺少」，mazos指「乳房」。西元前五世紀末，一篇著名的醫學論文〈空氣、水與地方〉便說，亞馬遜女戰士一定是在嬰幼兒時期，便用燒灼法腐蝕掉右乳房，以便長大後全部力氣能集中在右肩與右臂。現在看來，這種說法當然很好笑。

在以戰爭為題材的藝術創作裡，亞馬遜女戰士一定是裸露完好的乳房，用衣服遮蔽割除過的乳房。在古希臘人的意識裡，她們代表了女人一旦放棄哺育男人、擁有男性特質後，就會釋放出摧毀的力量。學者柯爾斯認為她們的故事是「兩性戰爭的原型」、古雅典社會的原創神話之一，希臘藝術裡八百幅有關亞馬遜女戰士的畫作，正是男性「恐懼女性（gynophobia）的淋漓表現」。柯爾斯說五世紀時，雅典男人只要抬頭一望，「隨處可見各式肖像繪畫，勾勒他傳說中的祖先一刀刺死或亂棍打死亞馬遜女戰士。」在這些藝術作品裡，有時亞馬遜女戰士被刺殺的部位正是乳頭旁。[27]一如男人毆打懷孕老婆會挑她最脆弱的部位，重拳揮向懷有胎兒、高高隆起的腹部，希臘人打殺亞馬遜女戰士也是指向乳房，因為它既是女人力量的象徵，也是脆弱的部位。

如果我們分別站在兩性的角度分析這則神話，它還有更深的心理意義。以男人的角度觀之，它洩漏了居宰制地位的男人憂懼女性潛藏的報復力量，不僅擔心女人的乳房不再哺乳他們，更害怕沒有了乳房的女人所顯現的敵意侵略。亞馬遜女戰士被視為是怪物、潑婦、違逆自然、錯誤扮演了男戰士角色。少了一個乳房更形成恐怖的不平衡：一個乳房依舊哺育女嬰，另一個乳房卻予以割除，以增進對付男人的力量。

對女人來說，亞馬遜女戰士代表了心理學家榮格所謂的「陰影自我」（shadow self），意指不為社會接受、暗自壓抑的行為。亞馬遜女戰士就像女性破繭而出的陰影自我，昂首闊步於陽光下，她們刻意割除乳房以強大力量，讓男人畏懼敬佩。割除乳房加上男性特質，顯示神話中的亞馬遜女戰士渴欲成為雙性人，既是哺育孩子的女人，也是侵略戰鬥的男人；她們的哺育特質針對同一性別，侵略特質卻針對男人。這種意象對男人來說，實在難以下嚥，成為他們恐懼女性的最大夢魘。整個西方歷史裡，只要女人企圖踰越傳統性別角色，便再度喚醒亞馬遜女戰士的幽靈，刺激男人群起撻伐女人的踰矩，也鼓舞了女性轉身背棄傳統的性別角色。

傳說中亞馬遜女戰士存在的年代，也正是繁生女神被男神取代的時候，或許她們的故事還殘留著早期女神的遺緒，但是她們的身體傷殘了，用以配合烘托男神統治的文化。亞馬遜女戰士完好的那只乳房，依然連結著母性與哺育的神聖意義，「壞的」那只乳房卻被嚴重地「去神聖化」了。在西方文明的想像世界裡，亞馬遜女戰士的形象始終不墜，傳達出乳房的雙重意義，它是賜予、哺育生命的器官，被高度崇拜；它同時也是脆弱的，有可能被自然力量毀損，更可能被畏懼女性力量的男人所傷。對女人而言，亞馬遜女戰士的乳房就像一面鏡子，反照出女性乳房的神聖力量與去神聖性。女人要小心珍視自己的乳房，深深記住亞馬遜女戰士的命運，因為它很可能就是女人自身的命運。

當古典世界的中心由希臘轉到羅馬，希臘女神與男神不再叫做宙斯、艾瑞斯、希拉、愛芙羅黛蒂、阿蒂米絲、雅典娜，而換上拉丁名字朱比特、瑪爾斯（Mars）、朱諾（Juno）、維納斯、黛安娜、米納娃（Minerva）。除此之外，希臘神祇也有了基本改變，他們必須和羅馬建國英雄羅穆勒斯（Romulus）與瑞摩斯（Remus）競爭。根據羅馬神話，羅穆勒斯與瑞摩斯兄弟是戰神瑪爾斯與凡間女子所生，出生後被丟棄到臺伯河中，後被母狼救起，吸吮牠的乳汁長大。這則動物哺育人類的故事和羅馬建國息息相關，暗示羅馬的建國者在兇殘的掠食動物身上吸收到戰鬥的特質，後來才能成為國王。直至今日，羅馬的象徵都是多乳頭的母狼哺育建國英雄的畫面。

羅馬還有一則餵奶傳說，主角不是神祇、神話動物與國王戰士，而是凡人，不過它同樣大幅改變了哺育形式，反映出羅馬人對家庭及公民責任的重視。這則故事俗稱「羅馬善舉」（Roman Charity），最早是由西元一世紀的羅馬歷史學者馬希莫思（Valerius Maximus）所述，後來再由老普林尼（Pliny the Elder, 23-79）*轉述，描繪一個平民女子到獄中反哺母親：

> 世上的孝行感人故事之多罄竹難書，但全都無法與羅馬這則故事相比。一名地位低微的平民女子剛剛生下小孩，獲准探望因罪繫獄的母親，獄卒搜她的身，不准她攜帶食物入內，後來赫然發現她以自己的乳汁餵食母親。因為她的感人孝行，不僅母親因此獲釋，兩人還得到政府終身奉養，監獄也被改建成廟宇，用來崇敬女神、表彰孝行。[28]

這則母親角色反轉（不是哺乳兒女而是反哺老母）的故事被大肆表揚，羅馬人還蓋了一間特別的廟，用來表彰孝行。數個世紀之後的文藝復興時期，這則故事又與基督徒的慈悲美德連結，以戲劇性手法出現在無數的藝術作品裡。[29]引人注目的是主角性別變了，吸吮乳汁者從母親變成父親，讓這個故事染上跨性別、亂倫暗示的色彩。

老普林尼轉述「羅馬善舉」故事的年代，羅馬富裕人家的主母已經不流行親自授乳，老普林尼顯然相當懷念早期的羅馬小孩不是送到奶媽處，而是吸收母親的養分長大。他和歷史學者泰西塔斯（Tacitus, 56-120）都奉勸羅馬帝國的女人要恢復往昔傳統：「那時，男人的後代不是交給買來的奶媽，在奶媽的房間裡長大，而是在母親的胸膛與懷抱裡長大。」[30]老普林尼與泰西塔斯的勸告顯然是馬耳東風，羅馬母親還是將孩子交給保姆與傭人照顧，早年的授乳民風最後只留下母狼餵奶與孝行女兒兩則傳說。

上帝擁有乳房，祂是男人也是女人

希伯來文明比古希臘與羅馬文明更早，由於耶和華律法嚴禁崇拜偶像，探索古希伯來世界無法仰賴神壇，只能靠文字書寫的聖經。聖經〈創世記〉第一章說亞當與夏娃原本在伊甸園裡都是赤身露體，然而他們「並不羞恥」（創世記2：25）。直到他們打破上帝的禁令，偷吃了知識之樹的果實，他們兩人的「眼就明亮了，才知道自己是赤身露體」（創世記3：7）。亞當與夏娃因此編織無花果樹的葉子來遮掩身體。不過，聖經裡並沒有特別指出夏娃是否遮掩了乳房。

舊約聖經裡，女人的主要價值是生育。上帝選召了族長亞伯拉罕做為以色列人的祖先後，女人的主要責任就是生育後代；雖然聖經中也有以美麗、忠心、頭腦清晰甚至勇氣著稱的女人，但是整體來說，生兒育女還是女人的主要價值。直到今日，許多信奉猶太正教與伊斯蘭教的家庭，為人妻者依然要生下兒子後，才算是真正的女人。

常見的猶太祝福語是「多子多孫」，顯示這個民族對繁育子孫的關切。希伯來學者拜勒

---

* 老普林尼本名Galus Plinius Secundus，是羅馬重要的歷史學者，也寫過許多科學書籍。

（David Biale）認為聖經〈創世記〉裡對乳房與子宮的祝福，和毗鄰以色列的迦南文明裡的繁生崇拜有關，懷疑迦南女神雅須華、阿娜特對〈創世記〉的寫作有影響。他說：「雅須華與阿娜特的偶像都有巍然的胸部……在迦南的文獻裡被稱為眾神的奶媽；也有文獻形容雅須華與菈罕（Raham）的乳房是『神聖的乳房』。」[31]

早期的猶太教裡，上帝本身便和神聖乳房有所連結。上帝的希伯來語名字叫El Shaddai，原意是「有著乳房的神（El）」或者是「哺乳的神」。[32]雖然這種說法只是比喻，但顯然上帝原本是個擁有女性特質的男神，祂既是男人也是女人，超越人類的性別限制。

早期的猶太教也和異教一樣，以繁生為中心思想，公開崇拜乳房與子宮。亞伯拉罕的妻子撒拉（希伯來人之母）在年紀很大的時候才生下兒子以撒，快樂笑說：「誰能預先對亞伯拉罕說撒拉要乳養嬰孩呢？」（創世記21：7）。以色列士師撒母耳的母親哈拿拒絕跟著家人去向上帝獻年祭，因為她的兒子尚未斷奶，那時的孩子兩到三歲才斷奶（撒母耳記上1：21－22）。後來猶太法典規定婦女：「新生兒必須哺乳二十四個月……不得提前斷奶，以免嬰兒餓死。」[33]不得已的狀況下，奶媽可以替代生母，或者使用動物的乳汁，主要是羊奶與牛奶。

聖經中，男人受命享受妻子的乳房：「要喜悅你幼年所娶的妻……願她的胸懷使你時時知足。」相對的，他不可「抱外女的胸懷」（箴言5：19－20）。遵守箴言教誨、奉行一夫一妻的人，上帝便會賜予他多子多孫。

乾涸的乳房就像不育的子宮一樣，都被視為是詛咒。以色列的上帝掌握這兩者的大權，決定誰可以獲得「肥沃的子宮」，或者「胎墜、乳乾」（何西阿書9：11，14）。乳房乾涸是一種詛咒，報應在不服從上帝意旨的女人身上，聖經中的先知尤其熱愛口出這種詛咒。

西元前六世紀，先知以西結將耶路撒冷城與撒馬利亞城的罪惡與乳房連結，他用娼妓姊妹比喻這兩座城，以充滿恨意與報復的口吻攻擊她們的乳房：「她們在埃及行淫邪，在幼年時行淫邪。她們在那裡做處女的時候，有人擁抱她們的懷，撫摸她們的乳。」（以西結書23：3）她們迷戀亞述與巴比倫的軍官，最後都被上述的異教徒情人殺死。

以西結宣布上帝的訊息，警告耶路撒冷城的下場會和她的姊妹城撒馬利亞一樣：「你必喝你姊姊所喝的，那杯又深又廣，盛的甚多，使你被人嗤笑譏刺……就是令人驚駭淒涼的杯。你必喝這杯，以致喝盡。杯破又齦杯片，撕裂自己的乳。」（以西結書23：32－34）。這樣的報復場面真是殘忍、虐待，想到聖經評注者必須捍衛這樣的情節，真是教人為他們感到可憐，尤其是以西結的預言雖然實現了，卻是巴比倫國王尼布甲尼撒（Nebuchadnezzar）摧毀了耶路撒冷，將希伯來人俘虜至巴比倫。

不一樣的聖經，歌頌男歡女愛的觸感

聖經〈雅歌〉一章卻對乳房有完全不同的態度。〈雅歌〉是一部情詩集，傳說由所羅門王撰寫，但實際上應當是由數個作者合撰而成，寫作年代也比傳說中長。〈雅歌〉近年新譯的譯者芙克（Marcia Falk）認為，女人在這部情詩集的口述創作歷程中扮演了重要角色，她說：「〈雅歌〉中的詩至少有一半是出自女人之口（這在聖經中是個特例）；更驚人的是，她們似乎未經父權意識觀點的過濾，用自己的語言述說自己的經驗與幻想。」[34]

相較於聖經大部分章節對愛欲的缺乏興趣，〈雅歌〉不但對肉體有極大興趣，也真心認同肉欲。譬如下面這首描繪女郎呼喚情人的詩，乳房便是敘述的關鍵：

> 巴不得你是我的兄弟，
> 像吃我母親奶的兄弟。
> 當我在外頭遇見你，就與你親嘴，
> 誰也不敢看輕我。

〈雅歌〉中也有一段兄弟注意到妹妹的胸部開始發育：

我們有一小妹，
她的兩乳尚未長成。

〈雅歌〉也描繪肉體各個部位的美麗所帶來的愉悅，數百來年，這一直是情詩寫作爭相模仿的手法：

我的佳偶，
妳甚美麗！妳甚美麗！
妳的眼在帕子內好像鴿子眼。
妳的頭髮如同山羊群，
臥在基列山旁。
妳的兩乳……
好像在百合花中吃草的一對小鹿。

或者：

妳的身量好像棕樹，
妳的兩乳如同其上的果子纍纍下垂。
我說我要上這棕樹，
抓住枝子。
願妳的兩乳，
好像葡萄纍纍下垂。
妳的鼻子氣味如蘋果，
妳的口如上好的酒，
為我的良人下咽舒暢，
流入睡覺人的嘴中。

這首詩和聖經其他詩歌大不相同，女性的乳房被比喻為雙塔、小鹿、成串的果子和葡萄，成為兩情相悅的性感象徵，勾勒出男歡女愛的觸感、香氣甚至味道。當然巴比倫或希臘等其他地區，也有描繪諸神、凡人肉體之歡的故事，但是在以色列人的信仰裡，神是不能形體化的，當然不會有肉體之愛，他們也排斥婚姻外的性愛。在充滿教化口吻的聖經裡，〈雅歌〉顯得特立獨行，像個滿溢性欲歡愉的夢幻。

後世的聖經注釋者（不管猶太教徒或基督徒），都將〈雅歌〉解釋成上帝與以色列選民之間的愛，或是耶穌與信徒之間的愛，這都曲解了它的原意。根據〈雅歌〉譯者愛麗兒・布洛其（Ariel Bloch）與查那・布洛其（Chana Bloch）的評語：「要把〈雅歌〉解釋成這樣，頗需要技巧與語意學上的『特技』，某些畫蛇添足的訓詁『發現』看起來很怪！」包括把女人的雙峰比喻為摩西與亞倫兩兄弟，或者舊約與新約聖經。[35]這種把〈雅歌〉曲解成上帝與猶太子民之愛的說法，到了現代已經不吃香了，因為現代人讀〈雅歌〉，毫無疑問會認定它是歌頌凡間男女之愛的詩歌。

把聖經當成真正的歷史紀錄，當然很危險，儘管如此，我們還是可以從中一窺希伯來女人的真貌。聖經中的女人就和古希臘女人（非奴隸或妓女者）一樣，終身都必須在父親與丈夫的屋簷下保持貞節。一個女人結婚後，全身都必須遮蔽得密嚴，除了她的丈夫，沒有任何男人可以看到她的身體。[36]撇除先知底波拉（Deborah）與英勇的朱蒂絲（Judith）等少數例外，聖經中的女人驚人地類似她們現今西方世界的姊妹。她們是努力盡責的女兒、苦口婆心但順從夫意的妻子、憂心掛念子女的母親，屈從於主宰她們生命的男人。依據神命，她們的乳房屬於丈夫與孩子。

都是女人的錯，肢殘女人乳房以為懲罰

我們再看看新約聖經的〈馬太福音〉與〈路加福音〉，其中最重要的兩位女性是抹大拉的馬利亞（Mary Magdalene）與聖母馬利亞，兩位馬利亞相較，後者始終是較受歡迎的女性，母親的形象再度獲得肯定。這位母親雖擁有凡人身體，也和普通女人一樣，子宮內懷有胎兒而後生下男嬰；但她卻不同於尋常女人，她不是與未婚夫交合後懷孕，而是聖靈受孕。這種受孕方式讓馬利亞的處女身體不受污染，提供適合天父之子的生長環境；其他女人雖無法期盼像聖母馬利亞一樣處女懷孕，但至少可以維持肉體純潔。

新約聖經雖未貶抑肉體，早期神學家卻大多視肉體為大敵，必須克服。肉體（尤其是女人的肉體）被視為是性靈完美的威脅，因為它移轉了男人對上帝的專注，誘惑人類犯下未婚偷情與通姦大罪。從四世紀聖傑洛米（Saint Jerome）高喊「征服肉體」，到十六世紀聖德瑞莎（Saint Teresa）呼籲「控制肉體」，基督教一直教誨它的信徒如果不能禁欲，也應貶抑肉體。

譬如，四世紀時有一個處女（後來被教會追諡為聖瑪克蘭〔Saint Macrine〕）發現乳房長了腫瘤，她保守處女貞潔，不願男醫師碰觸她的乳房或者幫她開刀，只要求母親在她潰爛的乳房上畫十字。記錄這則故事的貝納狄克特教派（Benedictine）僧侶說，處女拒絕男人碰觸她屬於上帝的身體，因此上帝就照護保守她，治癒了她的乳房腫瘤，只留下淡淡的疤痕。[37]

教會對肉體的鄙視越演越烈，到了中世紀早期的藝術，男人與女人的身體幾無區分，除了極少數的例外，多數教堂外牆的雕像或浮雕完全缺乏成年男女凹凸分明的體態，女人的胸部和男人一樣平坦。

這個時期的藝術裡，如果女人裸露乳房，一定代表負面的意思。許多羅馬式、哥德式教堂正門上方的繪畫，可以看到赤身露體的男女被趕入地獄，而身著長衣遮蔽性感部位的男女則被帶進天堂。法國亞爾比的聖西里（Sainte-Cécile d'Albi）教堂壁畫裡，男魔鬼身長巨大乳房，以象徵它的腐化本質。遠古時代裡，乳房一度是神聖的象徵，基督教藝術卻暗示「少了乳房」更接近神聖。

這時期，描繪肉體罪惡的藝術經常以袒胸女人做象徵，肢殘女人乳房則是懲罰手段。淫欲是七宗罪之一，而女人是引誘人們犯下此大罪的元兇，懲罰手段便應針對犯罪的器官——女人的乳房與陰部施行。法國塔文（Tavant）教堂裡一幅中世紀初期的壁畫，便以一名手持尖矛穿胸的女子象徵淫欲。布魯塞爾畫家柯提（Colyn de Coter）為科隆的聖艾班（Saint-Alban）教堂繪製的末日審判圖中，淫欲的象徵是一名打入地獄的女人，胸前有一隻蟾蜍，陰部燒著熊熊火焰。

這個時期的藝術也描繪殉道聖者的肉身受虐過程，往往，殉道者所受的肢體傷害和後來被賦予的神蹟能力息息相關，三世紀時西西里的傳奇處女聖阿格莎（Saint Agatha）便是一例。她拒絕異教徒統治者的性要求，也不願信奉祭祀羅馬神祇，而被割掉了雙乳，後來被天主教會追諡為聖人。透過宗教故事的傳誦，聖阿格莎成為母親與奶媽的守護聖人，信徒向她祈求健康的乳房與豐盛的乳汁。二月五日聖阿格莎節時，在西西里省的卡塔尼亞（Catania）與巴伐利亞某些地區，還會烘焙一種特別的麵包，在麵包店裡舉行加福儀式，然後分送給乳房有病的女人。

十七世紀西班牙畫家祖巴蘭（Fracisco de Zurbarán, 1598-1664）筆下的聖阿格莎叫人瞠目結舌（圖2），她手捧托盤，上面擺著兩個乳房。二十世紀法國詩人瓦樂希（Paul Valéry, 1871-1945）曾興奮地品評此畫為表現「痛苦的喜悅」、「世俗形象乳房的美麗」[38]，雖然瓦樂希用詞典雅美麗，但他的同輩女詩人可能沒有同感。

三世紀時，處女殉道者聖雷帕蕾塔（Santa Reparata）也被羅馬士兵用烙鐵灼傷雙乳，到了五世紀時，她已變成佛羅倫斯的守護聖者，教會為她蓋了一座紀念教堂，後來成為現址大教堂的一部分。義大利的教堂博物館裡收藏有一幅十五世紀的畫，生動勾勒聖雷帕蕾塔殉道的場景。有關女性殉道的畫作，不管其原始教誨動機為何，總是可以讓藝術家藉著殘損女性乳房，宣洩自己的虐待傾向。

不過一幅中世紀聖像卻反其道而行，乳房變成祈求憐憫的工具，和希臘高級妓女費蕊茵的故事類似，動機卻更高尚。這幅畫出現在英格蘭沙福克郡（Suffolk）北灣（North Cove）一座教堂的牆壁上，主題是末日審判，聖母馬利亞裸露乳房，企圖為一群即將被打入地獄的人求情。[39]畫中，馬利亞頭戴鑲滿珠寶的后冠，像十四世紀的皇后，緊身束衣將優美的乳房托得高高的，她高舉雙手向耶穌乞憐。在一般人的想像中，即便是耶穌，看到母親的胸部也會遲疑一下吧。

圖2
〈聖阿格莎殉道記〉，祖巴蘭（Fracisco de Zurbarán）畫，十七世紀。文藝復興後期與巴洛克時期的聖阿格莎畫像，都是手捧托盤，上面擺著她的乳房，好像捧著布丁或石榴奉客一般。
Saint Agatha, Between 1630 and 1635. Artist: Zurbarán, Francisco. Heritage Images/Getty Images

階級差異打從出生後第一滴奶便開始

繪畫藝術並不能盡述當時的乳房形象，如果我們參考當時的文學作品，便會發現乳房有著複雜的意義，鞏固了母職觀念。中古世紀社會裡，乳房只有一種功能，那就是母子聯繫，象徵階級、財富、道德責任的代代傳遞。十三世紀時，英國方濟各會修士巴塞羅繆（Bartholomew the Englishman）寫了一篇論文，將母親定義為「捧著乳房哺育小孩的人」。[40]（同時，我們看看中文的「母」字，不就是兩個方形的奶疊在一起？）

當時的上流社會，許多母親已不再親自哺乳，但授乳仍被視為最重要的母職。不管乳汁來自母親或奶媽，在封建社會裡，它都等同於家庭血脈，合法子嗣（尤其是男性繼承人）有權享用最好的乳汁，因為他是世襲名位的繼承者。

十二世紀末，詩人瑪麗・德・法朗士（Marie de France）曾在《米龍詩歌》（*Lai Milon*）中描繪奶媽哺育小孩的情形，上流人家的嬰兒每天被送往奶媽家餵奶七次，每次餵完後，奶媽會換下嬰兒的襁褓，換上乾淨的新包巾。

但是大部分嬰兒都無法得到這樣細心的照顧，農家母親若在農忙時還抽空餵奶，小孩就該慶幸了，忙不過來，就得用牛奶代替。《流氓露斯帝蒙》（*L'Oustillement le Vilain*）一書，臚列出農夫結婚前必須做的準備：「準備一條母牛，隨時可以滿足嬰兒的食欲。如果嬰兒缺乏足夠的奶水，便會整夜啼哭，讓大人無法安眠。」[41] 換言之，中古世紀裡，窮人小孩喝牛乳，有錢人家的小孩喝奶媽的奶，階級差異打從出生後的第一滴奶便開始。

一位中古史專家曾分析過一一五〇年到一三〇〇年間的法國故事，發現母親如果親自哺乳，或者為了孩子的健康讓奶媽授乳，都會被認為是「好母親」；反之，如果母親純粹只是為了擺脫孩子的羈絆、享受自由生活，而將孩子送給奶媽哺乳，便會遭到指摘。[42] 當時嬰兒不是送去奶媽家餵奶（後來才流行如此），而是讓奶媽住到主人家中，有時奶媽一請就是兩三個。這些奶媽都是精挑細選，出身良好，頗受尊敬，也與主人家維持深厚的感情。不管是母親或奶媽授乳，當地的人已經知道嬰兒長大後，會和哺乳者產生強烈的心理聯繫。[43]

有些故事描繪母親擔心奶媽的乳汁不夠好，堅持親自授乳，譬如《南特伊的崔斯坦》（*Tristan de Nanteuil*）故事裡，母親克拉韓德（Clarinde）不願孩子喝旁人的乳，堅持親自溫柔哺育孩子。[44] 後來，她帶著孩子坐船逃難，兩天沒進食，乳房乾涸、不再分泌乳汁，克拉韓德擔心孩子性命不保，祈求上帝與聖母馬利亞降下奇蹟，一會兒後，她的乳汁開始如噴泉般湧出，幾乎淹沒了小船。

這種揉合奇蹟幻想與寫實的故事提供了一種類型，讓虔誠的母親得以將自身經驗內化到聖母馬利亞的神蹟中，母乳因此成為物質與心靈的滋養物，母親將乳頭塞進孩子的嘴中，餵哺給孩子的不僅是乳汁，還有她自己的宗教道德信念。

從這個角度觀之，我們便會發現十四世紀有一部手稿插圖很有意思。圖中，一位母親正在哺餵手拿習字板的幼兒，這個小孩年約三歲，正是開始學習字母的年紀。對圖中的小孩來說，學習字母是件充滿「口欲」之事，如果表現良好，母親就會獎賞他，可能讓他吸吮乳汁，或者吃蜂蜜等甜食。[45]乳房變成學習的甜頭、通往知識的大門，母親因而成為滋養孩子肉體與心靈的人。

談情說愛的領域裡，沒有哺乳的份

與聖母馬利亞緊緊相連的乳房形象，慢慢的，必須和求愛風潮競爭；談情說愛的領域裡，可是沒有哺乳的份。十二世紀，法國故事《洛西蘭的嘉汗》（*Garin le Loherain*）與《丹麥的歐吉葉》（*Ogier le Danois*）開始歌頌「小而美」的乳房，描寫它們堅挺、雪白，像兩粒蘋果。《歐卡興與尼柯萊特》（*Aucassin et Nicolette*）的作者喜愛更小的乳房，他筆下的女主角有著金黃秀髮、笑意盈盈的雙眸、櫻桃小嘴、編貝牙齒，以及「小而堅實的乳房，像兩顆圓圓的核桃般撐起衣裳。」[46]

根據羅馬詩人奧維德《愛的藝術》（*Art of Love*）改寫而成的《愛情之鑰》（*La Clef d'Amors*）是一本求愛手冊，作者建議：「如果妳有美麗的胸部與頸子，不要遮掩它們，而應穿著低胸衣服，讓所有人驚訝盯視。」[47]十四世紀的詩人德尚（Eustache Deschamps）喜歡女人穿低胸、緊身、開高衩的衣服，他說：「如此一來，乳房與頸部才能清晰可見。」對於鬆垮下垂的胸部，他建議：「在衣服胸口處內裡縫製兩個襯墊口袋，將乳房緊緊向上及往外托起。」[48]

上述蛛絲馬跡顯示中世紀服裝有了極大變革。以前，男人與女人多半穿著不分性別的長衣，到了十四世紀初期，大部分歐洲地區的男人都放棄了長衣，改穿長度僅及大腿一半的短上衣，女人雖然還是穿著及地長衣，但是胸口開得極低，以強調乳房。

有人認為衣著如此暴露，無疑是鼓勵男人踰矩，在拉圖爾・朗德里爵士（The Chevalier de La Tour Landry）所寫給女兒的書中，他忠告讀者不得裸露頸部、胸部或身體任何部分，嘲笑新式衣裳是將胸前與背後的布料，全部拿來做長長的裙襬，裙襬卻毫無保暖功能。相對於輕佻女子隨意暴露身體，爵士極力讚美以聖母馬利亞為榜樣的女性美德，包括謙恭、溫順、服從、耐心與慈悲等。

最重要的，女人應當服從丈夫，即使丈夫有時必須以暴力教會妻子服從。一個好妻子應當提供丈夫「甜美的乳汁，以象徵婚姻的甜蜜」。[49]對作者而言，只有在婚姻關係裡，乳房才有意義，不應當為流行而露，或隨意展露給陌生人或情人看。

同時間，義大利詩人但丁也對衣著暴露的佛羅倫斯婦女大加抨擊，他在《神曲》（*The Devine Comedy*）中預言教會將發出禁令，不准「厚顏無恥的佛羅倫斯女人，盡情賣弄一無遮掩的乳房與乳頭」。[50]但是禁欲的中世紀畢竟還是邁進了文藝復興初期，人道思想萌發，就是在這樣的氛圍下，誕生了以下的驚人藝術作品。

文藝復興時期的畫家缺乏母愛

十四世紀初期，義大利托斯卡尼地區的油畫家開始流行繪製聖母乳子圖。其實早從二世紀開始，基督教藝術便有聖母授乳圖，但卻是在文藝復興時期才大為風行，蔚為特殊現象，持續成為西方藝術創作的重要主題，時間長達數百年。

十四世紀，無數聖母乳子圖或雕像都擁有相同特色，聖母馬利亞裸露一只小而渾圓的乳房讓耶穌吸吮，另一只乳房藏在衣服下。裸露的那只乳房看起來非常不真實，突兀地黏在聖母的胸前，就像檸檬、蘋果或番石榴等小粒水果不小心掉到畫布上一樣。

二十世紀的人看過太多義大利、法國、德國、荷蘭、法蘭德斯的聖母乳子像，無法理解它當年所造成的衝擊。現在讓我們假想自己是生活在中世紀的義大利人，他們多數是文盲，第一次看到聖母和凡間女子一樣給兒子餵奶，他們的反應會是覺得震驚、褻瀆、恐怖，還是愉悅？我們要記住，在這之前，聖母馬利亞的形象都是超越凡人的，她不是像拜占庭女皇般閃耀著金黃色光芒，就是像女神朱諾般被聖者與天使環繞，再不然，也是呈現聖母領報（annunciation）*的貞靜自持。之前的宗教畫像裡，聖母手中如果抱著耶穌，通常祂的長相都是「男人」，只是形體如嬰兒大小，直挺挺躺在母親懷中，有時望著母親的眼睛，有時握著宗教象徵物，但從來不會貪婪吸吮母親的乳頭！

後來的聖母乳子像中，馬利亞的乳房似乎也和身體無關，畫家以這種手法來表達聖母的曖昧本質：她既是個女人，又不是一般凡女；她的乳房（至少其中一個）的確含有乳汁，她也的確以此哺育小孩，但除此之外的一切都暗示著她獨立於自身性別之外。[51]

十四世紀義大利為何會盛行聖母乳子像？或許和當時佛羅倫斯糧食短缺，許多女人乳汁不足有關，[52]她們經歷了糧食歉收與瘟疫肆虐，看到胖嘟嘟的耶穌暢吮聖母的乳汁，心中大概也覺得安慰吧？

也有可能聖母乳子像的風行和奶媽的流行有關。十四世紀開始，義大利中產階級人家便流行在孩子受洗後，如果母親不願或無法親自哺乳，就找貝拉（bàia，即奶媽）代勞，通常是由孩子的父親和貝拉簽約，保證她替孩子哺乳直到兩歲斷奶為止。[53]不過，孩子在斷奶之前換過兩三個乳母，也是很正常的事。下面這首鄉間歌謠便生動描繪奶媽的自我推銷：

> 我們來了！我們是來自卡薩廷諾的奶媽，
> 每個人照顧一個孩子。

＊　聖母領報是指馬利亞聆聽天使加百利報告她即將產下耶穌。

我們是這行的頂尖，
技術精良；
只要孩子啼哭，
乳汁便開始泉湧。

另外一首歌則唱道：

裝滿著好奶水，
我們的乳房飽漲。
不必懷疑，
你可以請醫師來檢查。

當時的人普遍相信孩子喝誰的奶，就會遺傳到誰的體魄與心智特徵，因此挑選奶媽特別小心，不希望孩子得到不好的素質。神職人員與衛道人士不斷強調奶媽出身貧寒、習慣骯髒，抨擊最厲的是西恩納（Siena）的傳道者柏納迪諾（San Bernardino）。事實上，奶媽不可能像上述歌謠吹播的那麼好，但也不像衛道者抨擊的那麼差，應當是居於兩者之間吧。

由於十四世紀時佛羅倫斯盛行奶媽，生活史研究者遂質疑：文藝復興初期，佛羅倫斯的藝術創作常以母子親情做主題，究竟代表了什麼？聖母哺乳形象和現實生活又有何差距？一位歷史學家質疑：「是否這些畫家自幼欠缺母子親密關係，這些宗教繪畫只是表現出他們與宗教性無關的欲望與幻想？」[54]

證諸科學家對幼年欠缺母愛者的研究，上述的歷史心理分析很可能是正確的。文藝復興時期，城市中產階級將小孩送去給奶媽扶養，有些孩子長大後變成畫家、雕刻家，他們自小被剝奪了母子親密感，便在作品中流露出內在渴望，將聖母馬利亞當成母親的替代品，將授乳提升為神聖之舉，彌補他們那一代人在現實中的缺憾。聖母馬利亞因而成為：「夢想的母親……神聖至善的乳房永不枯竭，汩汩流出我們童年時渴望得到的乳汁。」[55]

奇怪的是，基督教神學裡的母親授乳形象並非始自聖母馬利亞，早在十二世紀，人們便常將教會比喻為母親，哺育信眾宗教奶水。一三一〇年，義大利雕刻家皮薩諾（Giovanni Pisano）為比薩大教堂雕刻大理石講道台，將教會塑造為皇后般的貴婦，雙峰各自哺乳一個基督徒。碧寧（Carolyn Bynum）在《聖筵與聖齋》（*Holy Feast and Holy Fast*）一書中便以此為例，指出宗教與文學經常使用哺育形象，耶穌胸前流出的血與聖母馬利亞胸前流出的乳汁，兩者在意象上頗有相通之處。[56]

義大利聖者——西恩納的凱薩琳（Catherine of Siena, 1347-1380），生前以極端虔誠與熱心濟貧聞名，死後留下《與上帝對話》（*Dialogue with God*）與三百八十二封書信，充斥著乳房的意象。她在《與上帝對話》中將上帝、耶穌、聖靈、教會與慈悲比喻為「救苦救難的乳房」，說：「十字架上受難的耶穌是我的所愛，我的靈魂在祂的胸膛上休息，吸吮美德的乳汁……靈魂得以在如此慷慨的胸膛休息，多麼狂喜，它的嘴將不再離開耶穌的乳房，而耶穌的乳汁也必不乾涸。」[57]雖然凱薩琳七歲時便宣誓守貞，不曾做過母親，卻懂得巧妙地將靈魂的滿足比喻成是嬰兒吸吮乳汁。

在英國，也有諾威治的聖女朱麗安（Julian of Norwich）將耶穌比喻為母親，以傷口流出的血液哺育信眾，她寫道：「凡人母親將孩子溫柔放在胸前，我們的母親耶穌卻以甜蜜的雙臂將我們攬進祂的胸懷。」[58]一直到十六世紀末，上帝的形象之一仍是哺育眾生的母親，聖德瑞莎在《完美的道路》（*Way of Perfection*）中說：「靈魂就像依在母親胸前的嬰兒，上帝的喜悅在眾生只啜飲天父賜給他們的奶水，享受它的甜美。」[59]這段神祕的文字描繪了天父的胸膛與凡人的靈魂間有一種互惠關係，授乳與吸吮都是喜悅經驗，即便是現代的懷疑論者，也不禁會勾起幼時吸乳之樂的回憶。

整個中世紀時代，母乳或耶穌之血、聖母眼淚等神聖液體都有神祕意義。奶和血被認為本源相同，乳汁由精血變成，用來哺育下一代。許多民間故事都強調奶與血的神祕，有時兩者交纏，變成偉大的奇蹟，譬如亞歷山卓的聖女凱薩琳（Catherine of Alexandria）被斬首後，脖子噴出的不是血液，而是乳汁。[60]

聖母馬利亞的重要性繫於耶穌基督

除了耶穌的血之外，聖母馬利亞的乳汁是最珍貴、也是最具神妙大能的液體，無數詩歌與故事都在描繪它的神力。一則中世紀的故事描繪聖母馬利亞「乳頭飽滿」，將孩子抱在胸前，「在聖靈的教導下，她以甜蜜的乳汁灌溉耶穌。」[61]此處，聖母馬利亞聽起來像是個單純的鄉間少女，在聖靈的指導下學習做母親，但是我們不要忘了她「飽滿的乳頭」與「甜蜜的乳汁」都是由大能創造的。

下面這首以法文、拉丁文交錯書寫的耶誕讚歌，更是清楚勾勒出肉體與靈魂的二元對立，它唱道：「這位嬰兒咬住乳房／吸吮乳汁／這是處女的乳汁／因此不會腐化／這真是前所未聞／一位處女做了母親／沒有犯下肉體罪惡／便生下小孩。」[62]只有不受肉體罪惡污染的處女乳汁才能製造奇蹟。

許多教堂都擁有聖母馬利亞的乳汁，盛放在瓶子裡，被當作聖物，據說可以治療各式疾病，包括眼盲與癌症。十六世紀，新教徒改革者喀爾文發現歐洲各處教堂都有聖母的乳汁，便在《聖物錄》（*Inventory of Relics*）中以嘲諷的口吻說：「不管多麼小、多麼不起眼的城鎮、修道院與修女院，不論分量多寡，一定藏有聖母馬利亞的乳汁……是聖母的乳房比母牛還會泌乳？還是她終其一生都在分泌乳汁？否則怎麼會有這麼多的聖母之乳？」喀爾文繼續以嘲諷的口吻說：「這些乳汁是如何收集的？又是如何保存至今？」[63]

一般信眾則毫不懷疑這些乳汁來自敬愛的聖母馬利亞，聖物、聖母與守護聖者都是他們的慰藉，懷孕婦女與哺乳中的母親尤其信服。布列塔尼的聖母院裡便有一尊聖母像，胸前赤裸，她以手捧起右邊乳房，做出哺育眾生的模樣。當地的女人結婚前會帶著嬰兒帽、蠟製小像前來祈禱，做為奉獻給聖母的禮物，祈求她們未來可以乳汁豐盛。直到二十世紀初葉，法國鄉間仍有這樣的習俗。[64]

最詭異的故事莫過於吉爾琳娜（Veronica Giuliana），她帶著小羊上床，用自己的奶餵牠，以紀念上帝的羔羊，教宗庇護二世（1405-1464）還曾表揚過她的虔誠。受到這個故事的啟發，西班牙雷昂大教堂（Spanish Cathedral of León）的詩班台上便有一幅圖，畫著一個少女哺乳給小獨角獸吃，象徵神學上的慈悲美德。[65]一般來說，宗教藝術表現慈悲的手法都是母親哺育幼兒，或者是同時哺育兩個幼兒。

哺乳故事如果出現男人，通常都是受惠者。十二世紀的聖柏納（Saint Bernard）曾說他下跪禱告時，聖母馬利亞突然現身，擠出一道乳汁到他的嘴中。十三世紀起，便有無數繪畫以此為題材，畫師筆下非常小心，盡力避免給人一種感官上的快感，而是強調性靈滋養的概念。最特別的一幅現在典藏於玻利維亞拉巴斯的「殖民博物館」（Museo Colonial），畫中，聖母馬利亞的一只乳房噴出乳汁到修道士（應當是聖柏納）的口中，另一只乳房正在哺乳耶穌。在我看過的宗教畫中，這是聖母第一次同時哺乳嬰兒與成人。

除此之外，聖母乳子像的男主角通常都是耶穌。不管聖母乳子像大為盛行是因為十四世紀初時義大利糧食歉收、奶媽盛行、女人愛穿低胸緊身服、新思維焦點強調世俗經驗，還是因為早期文藝復興的藝術傾向自然主義表現，母親哺育孩子的形象一直歷久不衰。以漫長的人類史觀之，從舊石器時代女神到聖母乳子，馬利亞不過是代代不絕的女神之一；她和古時的女神姊妹一樣，象徵了超自然的女性哺育能力，乳房則是她的重要特徵，因為它製造嬰兒所需的食物。由此觀之，聖母馬利亞與諸女神的乳房無疑是宇宙善妙之物的象徵。

換一個角度看，聖母馬利亞卻又異於遠古的母神，她的乳房之所以神聖，是因為吸吮乳汁的是耶穌基督，她的重要性永遠繫於另一個比她更強大的男人。沒有耶穌，馬利亞就不會名留青史；但是少了馬利亞，基督文化也會少掉感人的女性代表。聖母馬利亞的乳房提供了一個男女信徒都能接受的女性形象，因為我們都是吸食女人奶水長大的。

早期的人類歷史裡，乳房的泌乳功能被神聖崇拜。基督文明之前，人類崇拜的是乳汁飽滿的成熟女形偶像，雖然我們不知道某些女神的意義（譬如基克拉迪文明裡長著小乳房的女形偶像），但多數遠古女神都是清晰的母性形象，她們豐腴的身體保證了糧食豐收與營養不虞匱乏。

在義大利出現聖母乳子像一百年後，法國國王的情婦阿妮雅（Agnès Sorel）也在畫像裡裸露出一只乳房（圖3）；如果說聖母的乳房有如裝飾品般黏貼在身上，阿妮雅的乳房就像充滿冶豔與情欲的球體，自緊身束衣中爆出。在這幅名為〈梅拉的處女〉（*The Virgin of Melun*）畫作中，阿妮雅低垂著眼簾，一臉沉思，裸露的乳房置於畫面正中央，似乎與主人無關，也和茫然望向前方的嬰兒毫不相干。對原本熟悉聖母乳子神聖形象的觀者而言，這幅畫真是驚世駭俗——因為畫中的宮廷貴婦裸露乳房不是為了哺乳，而是為了取悅觀者！

荷蘭歷史學者胡辛加（Johan Huizinga, 1872-1945）從宗教與情愛刺激的角度評論此畫：「有一絲大膽褻瀆的味道……文藝復興時期畫家無人能超越。」[1]二十世紀知名歷史學者賀蘭德（Anne Hollander, 1930-2014）也認為此畫是重要的藝術里程碑，它使「乳房成為藝術的情色象徵」，傳達出純粹的快感。[2]至此，乳房脫離了神聖，成為男性欲望的所在。

阿妮雅的故事開啟了法國歷史的一頁先河，也為乳房建構了新的社會意義。她是法國史上第一個「國王的公開情婦」，集三千寵愛於一身，法王賞賜她許多城堡、珠寶與貴重物品，年俸超過三百鎊。阿妮雅衣著華麗，豔冠宮廷，侍從人數比瑪麗皇后（Queen Marie d'Anjou）還多。苦命的瑪麗皇后共生了十四個孩子，多數夭折，默默忍受阿妮雅的存在，從不公開抗議；其他人則毫不遮掩他們對阿妮雅的敵意，據傳路易十一世（1423-1483）仍是王子時，便曾拿刀追殺過她。阿妮雅喜歡穿著裙襬極長、胸口極低的衣服，飽受輿論批評，國王卻毫不在意，追認了兩人

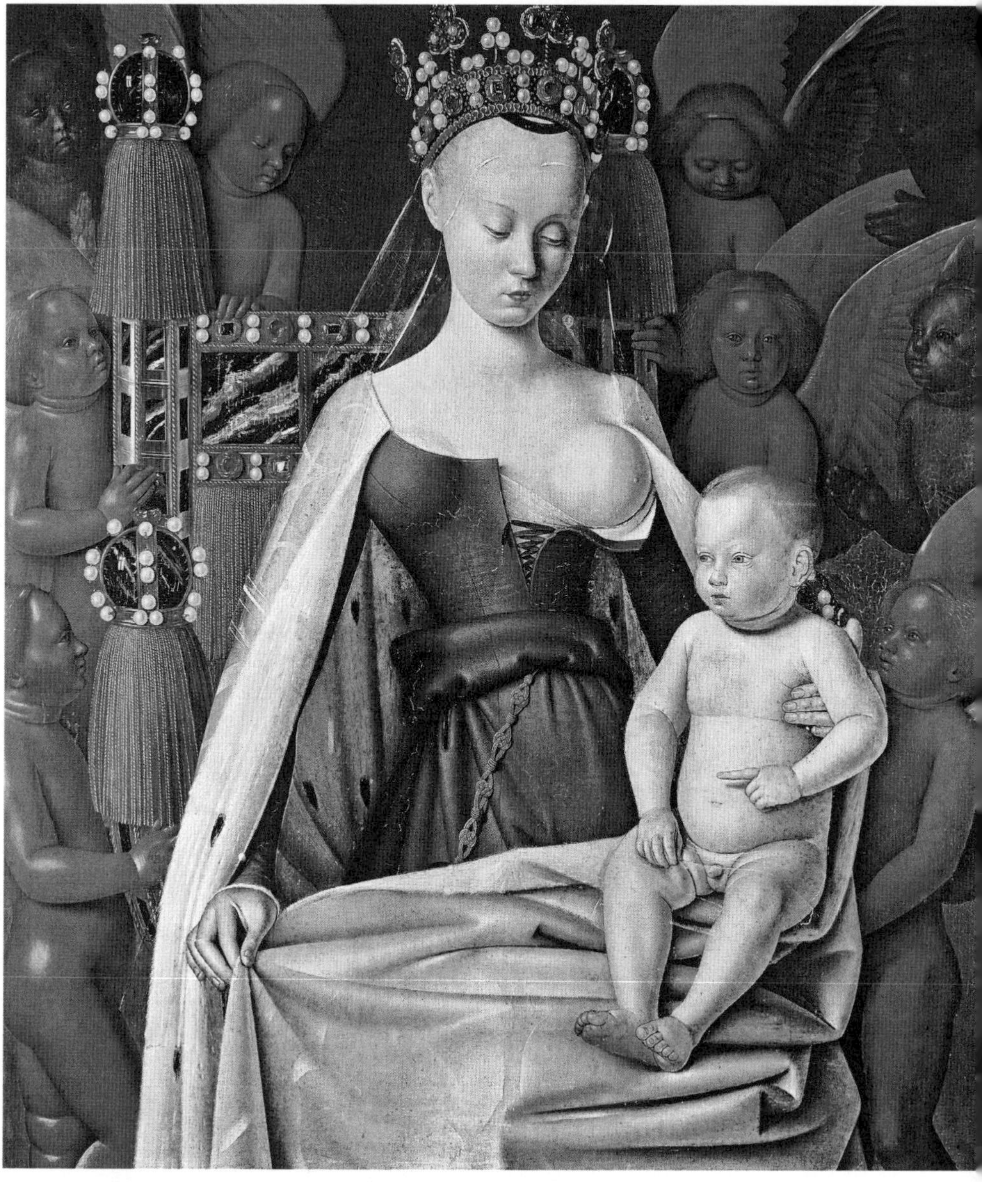

圖3

〈聖母與小孩〉，又名〈梅拉的處女〉，傅肯（Jean Fouquet）畫，十五世紀後葉。畫中，法王查理七世的情婦阿妮雅裝扮成聖母馬利亞，讓乳房從中世紀的神聖形象，轉化成文藝復興時期的情色象徵。

Virgin and Child, 1450, detail from the Melun diptych, by Jean Fouquet.

DEA / G. DAGLI ORTI /Getty Images

所生的三名私生女。這個國王就是陰沉的查理七世（1403-1461），他拜聖女貞德打勝仗之賜，才得以在漢斯（Reims）登基，後來卻拋棄了聖女貞德，任由她落入英軍手中。

一四四四年冬天，四十多歲的查理七世首次見到阿妮雅，馬上為她的絕世姿色傾倒，當時阿妮雅才二十出頭，查理七世封她為「美麗貴婦」（dame de beauté），賜她一座城堡，就在他的城堡附近。阿妮雅儘管奢華無度，歷史評價卻頗為正面，因為查理七世原本憎惡國事，卻在她的鼓勵之下，自英國人手中奪回諾曼第省。顯然，查理七世是那種需要女人激勵，才會採取軍事行動的人，十五年前靠聖女貞德，十五年後仰賴美麗的情婦，阿妮雅也因而成為第一個懂得充分利用美色、獲得各方面利益的國王情婦。

不幸，阿妮雅的寵幸未能持久，六年後她染上重病，幾天後隨即死亡，身後留下兩幅著名的露乳畫像，讓乳房的形象由母性神聖轉化為情色與感官愉悅。慢慢的，藝術與文學中的乳房逐漸不屬於嬰兒，也越來越不屬於教會，而是屬於擁有世俗權力、視乳房為性欲刺激的男人。

薄紗下若隱若現的酥胸是地獄之門

傳說阿妮雅出現於公共場合時，經常袒胸或裸露一只乳房。傳言是否屬實，不得而知，我們只知道她愛穿低胸衣服，這是當時宮廷的流行服飾，由查理七世的母親伊莎貝皇太后（Isabeau de Bavière）掀起的風潮。一四〇五年，教士勒康（Jacques Legrand）曾公開斥責伊莎貝皇太后帶頭做壞榜樣，在禮拜時大罵：「噢，瘋狂的皇后！不要再把髮髻梳得那麼高，也請妳遮起誘人的肌膚。」[3]話雖如此，低胸衣服還是迅速成為各階層女人的最愛。

打從那時起，乳房便成為中世紀末流行服飾的焦點，引來各國衛道人士的抨擊。基督教會發言人說：薄紗下若隱若現的酥胸是「地獄之門」；捷克宗教改革家賀斯（John Hus, 1369-1450）則譴責女人不應穿著低胸衣服，也不該使用襯墊將乳房撐得像兩支「角」；巴黎大學校長賈爾松（Jean Gerson, 1363-1429）更是痛斥女人用「緊身束衣托高乳房，袒露酥胸」。[4]

面對責難，喜愛賣弄風情的女人還是找出變通方法，用透明薄紗遮住胸口，領口依然開得極低。十五世紀最有名的演說家梅諾（Michel Menot）指責這是名為遮掩、實為挑逗的狡計。他說女人如此賣弄肌膚，就像魚販在展示魚貨，她們應當像痲瘋患者一樣在身上繫上響鈴，以提醒人們迴避。

法國教士梅拉赫（Olivier Maillard）則威脅：酥胸半露的女人將下地獄，用繩子穿過乳房吊起，這是最適合她們的懲罰。[5]當主教魯馮（Jean Jouven des Ursins）批評放蕩的宮廷生活時，砲火也集中在女士的托胸緊身束衣：「清晰可見女人的乳房、乳頭與肌膚。」在魯馮主教的想法裡，這正代表了宮廷的「淫蕩、下流、猥褻與其他罪惡的氣氛」。[6]

這股低胸風氣也吹到了英國，英王亨利六世（1421-1471）下令宮中婦女不得穿著低胸衣服，衛道者也群起攻擊酥胸微露的女人與衣著奢華的男人。當時的男裝流行誇張的泡泡袖、尖頭鞋，並在臀部上掛著昂貴的小口袋，時尚持續了近兩百年。[7]這段時間，歐洲大部分國家都有奢華禁令，不准老百姓的穿著踰越階級與性別本分。儘管如此，女人依然讓衛道人士跳腳，繼續穿著低胸衣服，迎合世俗口味。

如果我們細看當時眾多的出浴圖，便會發現不管哪種階級，男人對女人的乳房都極感興趣。寫實派詩人維雍（François Villon, 1431-1463）也曾寫過一首詩，以老妓女的口吻哀嘆懷念自己曾有過的青春肉體：

那甜蜜瘦削的肩膀
那修長柔弱的雙臂
小小的乳房與豐臀[8]

顯然，當時的美學品味大體承襲中世紀的美學標準，和今日的乳房美標準大不相同，乳房要小而圓、白而挺，像兩只蘋果，兩乳分得越開越美。[9]義大利男人大多記得詩人佩托拉克（Francesco Petrarca, 1304-1374）筆下所描繪的女體美感，當時的眾多情詩也特別強調乳房的動感：上下彈動、跳躍、波浪般起伏，像義大利詩人艾略斯托（Ludovico Ariosto, 1474-1533）所形容的：「波浪般動盪的兩只蘋果。」[10]

義大利作家費倫佐拉（Agnolo Firenzuola, 1493-1543）曾寫過《女人之美對話錄》（*Dialogue on the Beauty of Women*, 1458），他形容：「年輕的乳房不願受衣裳壓制束縛，躍動而出，訴說渴欲脫離牢獄的心情。」[11]他稱美麗的乳房為：「小妖婦，魅力無邊，吸引著男人情不自禁注視它。」[12]《女人之美對話錄》中的女人都是真有其人，只是在書中使用化名，書中提到費倫佐拉一次和某婦人聊天，曾要求她取下胸口薄紗，否則，將不再和她說話，因為他不喜歡女人遮起胸部。十六世紀時，義大利有許多作家寫書頌讚女體之美，費倫佐拉只是其中之一（雖然他最有名），這類書籍在當時義大利的各處宮廷都很受歡迎。

譬如教皇利奧十世的宮廷（1513-1521）裡，尼菲斯（Augustinus Niphus）便寫作《美與愛》（*De Pulchro et Amore*），以美貌的珍妮（Jeanne d'Aragon）做主角，在想像中剝光了她的衣裳，細細描繪她身體各處之美，譬如乳房是大小適中、芳香四溢的水果。一位十九世紀法國評論家看到此文，忍不住提醒讀者有一種桃子不就恰巧叫「維納斯的乳房」嗎？[13]不過，尼菲斯認為最適合形容乳房的水果不是桃子，也不是文人筆下常用的蘋果，他將珍妮的乳房比喻為倒置的梨子，梨子的渾圓底部恰似乳房的銷魂弧線，其上是小小的乳頭。

史上第一波性解放高潮

不管是羅馬教廷、惡名昭彰的威尼斯皇宮，或是義大利各地小宮廷，乳房的解放都象徵文藝復興時期的性自由，各個階層的女人都勇於裸露身體，妓女尤敢袒胸露乳。當時從事性交易的女人被分為兩類：一般的妓女與「誠實妓女」（cortigiana onesta），後者有點像日本的藝妓，她們不僅提供性服務，也娛樂男人，陪伴男人聊天，精於歌唱跳舞，會寫信、繪畫，因此被認為是賺「誠實錢」。當時威尼斯的高級妓女就像傳奇女子，與貴婦競爭華服美貌與優雅儀態，一名高級妓女法蘭柯（Veronica Franco）還成為著名作家。

法蘭柯從妓女爬升為作家的故事堪稱一頁傳奇。[14]當時只有極少數的貴婦能在文壇露臉，一般妓女不可能擠入文人圈中，唯有寫作天分極佳的高級妓女才能揚名立萬。法蘭柯憑藉著罕見的寫作天分與恩客的勢力，成功躋身文化圈，出版了一冊散文與一本書信集，男作家眼紅她的成功，對她冷嘲熱諷。

而這其中又以韋納（Maffio Venier）的批評最為主觀、惡毒，他嘲弄法蘭柯的乳房嚴重下垂，簡直就像艘威尼斯鳳尾船，對照法蘭柯年輕時期的肖像（圖4），韋納的批評顯然空穴來風。不管法蘭柯的乳房究竟長成什麼模樣，她可能和當時多數威尼斯女人一樣，必須使用一種平台式托襯，將乳房高高托起。[15]

圖4
法蘭柯肖像，無名氏畫，收於一本水彩畫冊，內有一〇五幅畫作，勾勒出義大利當時的流行服飾與日常生活。從此畫便可看出知名的高級妓女兼作家法蘭柯小而渾圓的美乳，高高挺起，正符合文藝復興時期的乳房審美標準。Courtesy of the Yale University Library.

像法蘭柯這類高級妓女當然非常畏懼乳房下垂，這代表她們失去了商業價值。文藝復興時期，人們極端迷戀年輕的肌膚、畏懼肉體鬆垮，畫家經常將十八歲少女與八十歲老婦的形象做強烈對比，從高聳的乳房到布袋般鬆垮的垂奶，標誌著妓女的色衰愛弛、人生起落。

高級妓女全盛時期，威尼斯城邦政府對她們極其容忍，因為她們可帶來龐大稅收與罰金，為未婚男子提供性服務，減少當時極為風行的男同性戀「罪惡」。威尼斯政府給予妓女許多特許，她們可以在紅燈區卡斯提拉托（Castelleto）旁的「乳房之橋」（Ponte delle Tette）上裸露胸部、展示肉體，以吸引來往客人。事實上，根據歷史學者魯吉羅（Guido Ruggiero）的研究，當時威尼斯的妓女原本散居各處，是威尼斯政府勒令她們集中於卡斯提拉托，規定她們拉客時必須裸露上身，因為有些妓女會刻意女扮男裝，以吸引同性戀男客。[16]

為了凸顯效果，有些妓女會在乳房上塗抹亮彩化妝品；有時則站在家中窗口，裸露著乳房，對著顧客做出調情動作。顯然，裸胸是當時的妓女象徵，一如法律規定她們出門必須蒙上黃色面紗，不准佩戴珍珠首飾一樣。儘管威尼斯法律企圖控制妓女的穿著，但是高級妓女依然炫示著華麗衣裳，讓項墜的十字架在乳溝間擺盪，引人遐思。

也是在文藝復興時期，裸露的乳房才成為藝術創作主題，「就和臉蛋一樣，裸露的乳房是表達女性美的新觀念。」[17]這些藝術作品的主角多半是知名高級妓女，往來對象不乏教宗、國王、達官貴族，她們在畫中裝扮成花神芙羅拉（Flora）或愛神維納斯，從卑微的妓女躍升為古時女神。[18]畫作主題經常是女神遭受驚嚇，衣裳滑落，不小心露出乳房，此種創作手法風行了數世紀，成為製造情色效果的藝術傳統。

當時的造形美術多半以希臘、羅馬女神雕像來表現女體之美，女人的軀體要修長、頭形要小，乳房要圓而高聳，不管是維納斯、戴安娜的畫像與雕像、站姿或臥姿，她們一定是雙腿修長、乳房堅挺。庫贊（Jean Cousin, 1490-1560?）的畫作〈夏娃，第一個潘朵拉〉（*Eva Prima Pandora*）便是這種概念的極致表現，透露出當時的藝術家如何看待女體美的挑逗性。這幅畫就和多數西方情色藝術品一樣，裸露的女體是被動的「性客體」，用來迎合滿足男人（而非她自己的）欲望。

畫中的夏娃雖看似安靜被動，右手卻置於一個骷髏頭上，左臂伸出去觸摸一個神祕的瓦甕，周遭潛藏著不安的氣氛。她的頭部上方清楚寫著「夏娃，第一個潘朵拉」，前者違抗上帝的禁令，後者打開了隱藏善與惡的盒子，讓厄難飛入人間，她們就像一對危險的孿生姊妹，以美貌遮掩邪惡的本質。這類的繪畫彰顯了猶太基督教的要義，那就是基本上女人都像夏娃，是惡魔妖婦。

最光明的時代也是最黑暗的時代

文藝復興時期文化發達，宮廷裡處處裝飾著歌詠美麗女體的藝術作品，但那也是獵殺女巫的時代，許多不幸的女人飽受身體折磨，被架在柴堆上活活燒死。文藝復興時期，天主教與新教積極獵巫，兩三個世紀下來，一共處死了六萬到十五萬個巫師，其中多數是女人。（被控施行巫術的人中，只有五分之一是男人，判處死刑者中只有十五％是男人。）

當時人們相信巫師身上有魔鬼的標記，包括「非自然」的記號或者突出物。英格蘭與蘇格蘭人便相信女巫身上有第三個乳頭，會泌出鮮血餵養小惡魔、魔鬼或小鬼（familiar）*。[19]獵巫

---

* 小鬼（familiar）是歐洲的迷信，據信女巫會豢養惡靈做僕人，這些惡靈多半呈現動物的形狀。

時，經常由男人負責驗身，用針戳刺被告者的第三個乳房，如果她毫無感覺，就是女巫。許多無辜的女人因為驚嚇得無法動彈，便被誣以女巫之名處死。[20]

重閱當時的審判紀錄，可看到驗巫男子的證詞，譬如其中一份寫道：「在被告身上發現一個乳頭。約莫一個小指寬、半個小指長，看起來好像剛被吸吮過。」另一個案例裡，被告女人的私處有三個乳頭，形狀奇特，前所未見。[21]多數被告女巫的「第三個乳頭」都在陰部，如果處於緊張興奮狀態，形狀便有可能出現異常，卻被指控為「女巫的乳頭」。

女巫的罪名雖不包含淫亂行為，但當時人們卻泰半深信女巫與魔鬼私通，從事變態性行為。倒楣的安．波琳（Ann Boleyn）被控通姦，被她的丈夫亨利八世（1491-1547）下令砍頭。傳言中，她便有第三個乳頭。這可能只是刻意抹黑她為女巫，卻被正式記載於醫學書籍中，當作生理異常的範例。讓許多女人含冤莫辯的「第三個乳頭」可能只是疣、痣、雀斑或斑疤，或者是每兩百個女人便有一個的「副乳」（supernumerary nipple）生理異常案例，但在懷疑者眼中，異常的乳房就是服侍魔鬼的明證。

不管是幻想還是真實，長有女巫乳房者均遭到極端痛苦的羞辱，不是被當眾鞭笞，就是慘遭割乳。十七世紀初期，派芃海茉（Anna Pappenheimer）的遭遇尤其可憐，她是巴伐利亞人，家族從事卑微的挖墓與洗廁工作，在獵巫行動中，派芃海茉熬不過殘忍的刑求，承認與魔鬼性交，被控以女巫的罪名，與三名家人被活活燒死。火焚之前，派芃海茉的雙乳被割下，塞進她和兩名兒子的嘴中，這是對她「身為母親與哺育者角色的最殘酷諷刺」。[22]

雖然也有小孩因被控施行巫術而遭到處決，但多數被控的巫師都是女人，而且是非常老的女人。出現在古畫本裡的女巫多數雙乳下垂，顯示她們年事已高，失去生育能力，因此她們施咒奪取他人的青春與生育力；更因為她們的乳房已無法再哺育小孩，所以她們暗妒年輕女人，施咒迷惑幼童。獵巫行動裡，年齡、性別與階級決定了誰是女巫，誰不是女巫，套一句歷史學者琴恩（Margaret King）的辛辣評論，歐洲的獵巫行動「等於是男人掀起的一場屠殺女人的戰爭」，目標對準「貧窮、未受教育、嘴尖舌利的老女人」。[23]文藝復興時期，藝術家歌詠女體情色美感，這就是那個時代不忍卒睹的另一面！

頌讚與詆毀女體的戰場

一五三〇年代到五〇年代間，法國爆發了頌讚乳房的熱潮，詩人馬羅（Clément Marot, 1496-1544）在一五三五年的冬末撰寫了一首〈美麗的乳房〉（Le Beau Téin），掀起了「炫描派」（blazon）狂潮。「炫描派」詩作著重細細描繪女體每個部位之美，舉凡眼睛、眉毛、鼻子、耳朵、舌頭、頭髮、腹部、肚臍、臀部、手臂、大腿、膝蓋、足踝都可大書特書，乳房尤然。馬羅的詩寫道：

象牙般小球，
居中綴著
一顆草莓或櫻桃。

只要一眼，許多男人
便難抑伸手
觸摸掌握它的欲望。
但，我們卻只能滿足於
終生伴在妳身旁，
否則，新的欲念將再生。

無論如何，
幸福者就是
讓妳乳汁飽滿的男人，
將處女的乳房變成
成熟女人的美麗乳房。[24]

此詩的焦點雖在乳房，卻毫不關切乳房主人的感受，只敘述男人看到乳房後的反應。美麗的乳房不僅挑起男人的欲望，也是男性驕傲的泉源，因為是他在女體裡播下種子，使女人變成乳汁飽滿。美麗的乳房激起詩人以狂喜之詞編織幻想，肯定男性的力量讓女人製造乳汁。不過，不管馬羅寫作此詩的動機是否為男性中心思維，我們都難以抗拒它所散發出的優雅與機智魅力。

如果說「炫描派」傳達了情色主義的正面意義，可別忘了前述畫作〈夏娃，第一個潘朵拉〉也隱藏著厭女意識，「反炫描派」（antiblazon）就是這種意識的最大戰場。「反炫描派」以幾近肢解的暴力手法描繪女性身體，目的在嘲諷甜言諂媚女人的詩人，對女體極盡醜化殘忍之能事。馬羅也曾用「反炫描」手法將乳房勾勒成可憎的東西：

乳房，不過是臭皮囊，
鬆弛的乳房，下墜的乳房。
乳房與巨大醜陋烏黑的乳頭
活像漏斗。
這樣的乳房只能哺育

地獄撒旦之子。

走開，巨大醜陋惡臭的乳房，
當你滲出汗珠時，
散發出來的臭味
足以殺死十萬人。[25]

「炫描派」歌頌女體之美，「反炫描派」則點出了男性對女體的負面感受。對他們而言，女人的身體是一個客體存在，反映出男人的性欲，也投射出他們對老年、腐朽與死亡的畏懼。男詩人以「反炫描」手法描繪女人的乳房、大腿、膝蓋、足踝、腹部、胸口與性器，藉此表達他們潛意識裡對肉身必死的焦慮。肢解、嘲弄女體總勝過向內探視自己的醜惡與腐朽！

當時不少作家與藝術家和馬羅一樣，用一支筆同時譽揚與詆毀女體，德國作家兼醫師阿格雷帕（Cornelius Agrippa, 1486-1535）就是一例，他曾寫作過一系列有關獵巫的論文，論點高尚、極富哲思，還因此被逐出教會。阿格雷帕曾在〈論女性之卓越性〉（De Praecellentia Feminei Sexus）一文中，從頭到腳細述女體之美，包括他個人偏好豐滿均勻的乳房等（從當時的文獻與藝術作品觀之，德國人並不像法國人、義大利人一般偏好小乳房）。不可思議的是，阿格雷帕在後來寫作的《論科學之虛幻》（*De Vanitate Scientiarum*）一書中，卻有一整個章節在詬罵女體的不完美。

這些作品，不管是譽揚或嘲諷女體，全都出自男性。如果我們仔細檢視少數存留下來的女詩人作品，即便是情色愛欲之作，也展現出迥然不同的女性敏感。「炫描派」當道時，法國里昂兩位女詩人紀耶（Pernette du Guillet, 1520-1545）與拉貝（Louise Labé, 1524-1565）便以特有的女性筆觸來表現愛欲。

乳房是愛情的受害者，帶來快樂也帶來痛苦

對紀耶而言，柏拉圖式的愛情才是最高形式，透過所愛的人追尋至高無上的美。紀耶是新柏拉圖派詩人賽夫（Maurice Scève）的愛徒，賽夫以兩首機智的「炫描派」詩作〈胸口〉與〈歎息〉聞名文壇。受到老師的啟發，紀耶的詩作多半描繪心智、靈魂渴欲擺脫肉體的羈絆，她在〈雋語十一〉中埋怨肉體讓她思路不清，貿然行動；在〈雋語十二〉中驚歎肉體的力量：「肉體恣意而行，靈魂驚慌失措。」在〈歌之三〉中則說，希望能自愛情的災難中痊癒，彷彿愛情是場可怕的疾病。

但是在談情說愛的歷程裡，紀耶也知道美麗肉身的魅力，她在〈悲歌二〉中幻想自己裸體躺

在溪中，愛人就在附近，她將彈奏魯特琴吸引愛人前來。她的肉體就是個陷阱，雖然允許愛人靠近她的身邊，但如果他企圖妄動，她就會老實不客氣地對他的眼睛潑水，強迫他乖乖聽歌。如此，紀耶不再是男人注視下的被動者，而是在共同追求性靈完美的旅途上，與愛人旗鼓相當的知性伴侶。[26]

另外一位里昂知名女詩人拉貝則毫不隱諱她的肉體欲念，在她的詩作裡，肉體的吶喊不僅清晰可聞，甚至是狂亂嘶吼：「我活著，我死亡，我燃燒，我沉溺。」[27]她埋怨前任愛人了無音訊，渴望再度躺在他的胸膛（〈十四行詩之八〉），也渴望再度將他擁入「柔軟的乳房」中（〈十四行詩之九〉）。

打從我那殘酷的愛人
以熱火荼毒我的乳房以來，
我便在神聖怒火中燃燒
一顆心一日也不得安寧。[28]

乳房、心與胸部全都是愛情的受害者，飽受它的荼毒、焚燒與折磨，胸口的痛楚沒有解藥，想起過去的歡愉，更加深了痛苦，這是女詩人乳房下的真實感受。當然，文學傳統裡，詩人（不管男女）總是為愛人愁苦哀嘆，但是拉貝筆下的乳房飽受煎熬，還是和男詩人常用的乳房賦比大不相同。

當時最有名的法國詩人龍薩（Pierre de Ronsard, 1524-1585）便是一個著迷於乳房的人，他寫了無數的情詩給愛人卡珊卓（Cassandre），一再讚美她的「美麗乳房」、「處女蓓蕾」、「乳汁草原」、「貞潔乳房」、「泌著乳汁的山丘」、「潔白細膩的胸口」、「象牙般的乳房」等，如果他有幸「探索」這樣的雙乳，他的幸福將遠超過國王。有時，他的雙手不聽腦袋指揮：「我的手不聽指揮，踰越了貞潔之愛的規矩，探索妳那灼燒我的乳房。」[29]觸摸愛人的乳房雖然帶來極大的快樂，但也帶來痛苦，因為它激發了龍薩更大的欲望，卡珊卓卻不准他越雷池一步：

我向上帝祈禱，
我不曾以瘋狂的欲望
觸摸吾愛的乳房。
誰能預知殘酷的命運
就藏在美麗的乳房下，
讓我成為烈火的獵物。[30]

顯然，龍薩對乳房的比喻受到早期法國、義大利詩人的影響，佩脫拉克便不只一次在詩歌中描繪自己渴望成為一隻跳蚤，幻想著有機會叮螫愛人的乳房。艾略斯托則將女性的乳房比喻為人間天堂，「兩股乳泉」像潮汐般擺盪（〈十四行詩之一八七〉）。

龍薩的性幻想對象並非虛構人物，卡珊卓真有其人，她是佛羅倫斯銀行家的女兒，美麗絕倫，吸引了年輕的龍薩。可惜龍薩身為神職人員，無法娶妻，只好將滿腔愛意化為詩歌，在一五四六到一五五二年間寫作了一系列的情詩，集結成《愛情》（*Les Amours*）詩冊。該書卷頭插畫分別是龍薩與卡珊卓，前者頭戴桂冠，凝視著裸胸的卡珊卓。雖然卡珊卓不太可能真的裸裎為此圖做模特兒，但這幅卷頭插畫顯然是完成於卡珊卓二十出頭、風華正盛時。

為求小而挺，女人求助各種偏方

當龍薩受苦於對卡珊卓的肉欲愛戀時，許多法國宮廷畫家與詩人卻以亨利二世（1519-1559）的情婦戴安娜．波提兒（Diane de Poitiers, 1499-1566）為靈感泉源。波提兒的故事比一個世紀以前的阿妮雅更傳奇，結合了性、藝術與政治，提升至半神話的地位。對當時與後來幾代的藝術創作者而言，波提兒是羅馬女神戴安娜的化身，無數的繪畫、雕刻、銅像、瓷釉藝術品裡的戴安娜，都是以波提兒的臉孔、乳房、修長雙腿做為範本。[31]

戴安娜是月神與狩獵之神，因此藝術作品裡的波提兒經常手持弓箭，或者身旁伴著一隻鹿。波提兒的傳記作者艾爾蘭格（Philippe Erlanger）說，波提兒之所以成為戴安娜的完美化身，是因為她前額開闊光潔、鼻如懸膽、嘴唇細薄、乳房高挺，只有「少數作品忠實反映了她的美麗」。[32]波提兒足足比亨利二世年長二十歲，亨利二世卻終生對她迷戀不已。生前，他們的情愛故事便充滿各式流言；波提兒死後，更增添神祕色彩，成為一頁傳奇。

無論波提兒的傳奇故事多麼匪夷所思，可以確定的是她異常美麗、聰明，儀態優雅、品味非凡。十五歲時便下嫁比她年長四十歲的貴族柏赫日（Grand Seneschal Louis de Brézé），成為法蘭西一世宮廷（1515-1547）裡的貴婦。當時，波提兒的行為沒有令人非議之處，難以想像後來她會成為國王的情婦，除非人們想起她的丈夫是查理七世與情婦阿妮雅的孫子，才會聯想到波提兒夫家的權力原本便來自「性」！

波提兒是在三十一歲風華正盛時做了寡婦，迅速擄獲了亨利二世的心，當時他還是剛邁入青春期的少年。雖然亨利二世後來娶了卡薩琳（Catherine de Méicis），兩人在十三年裡連生了十個孩子，偶爾他還會臨幸其他女人，波提兒卻是他的畢生最愛。亨利二世以俠士之姿照顧這位美麗寡婦，不僅在馬上長槍比賽時，公開穿著代表波提兒家族的黑白色，更贊助詩人、藝術家將波提兒的絕世容顏流傳於後世。亨利二世賜給波提兒許多頭銜、豐厚年俸與產業，其中一位就是著名的香儂索堡（Chenonceaux）。波提兒巧手布置這座美麗的城堡，直到今日，許多人仍認為它是法國最優美的城堡。在亨利二世過世前，波提兒的名聲、財富與影響力始終不墜。

波提兒的魅力之一是乳房，完全符合當時美的標準，亨利二世顯然也深深為之著迷，一封信提及亨利二世與波提兒在私下場合裡的情形，「國王不時碰觸著波提兒的胸部，深情注視著她，彷彿訝異於自己的情迷意亂。」[33]

不僅如此，亨利二世的酒杯還以波提兒的乳房做造形，這種習俗其來有自，根據編年史家布拉頓（Brantôme）的考據，希臘人認為最早的酒杯形狀源自特洛伊美女海倫的乳房。布拉頓以一貫辛辣放誕的口氣嘲笑說：「如果一個女人乳房巨大醜陋，依此形狀請金匠打造的酒杯也必定很醜，不但金子用得多，所費不貲，結果還只換來嘲笑與譏諷。」[34]布拉頓擅長用「反炫描」手法陰損女人的乳房、雙腿，甚至陰毛與陰唇，令人讀之反胃，譬如他說某些女人的乳頭就像「爛梨」。[35]從布拉頓刻薄的筆下，我們可以察覺文藝復興末期，仇恨、羞辱女人的傳統依然十分盛行。

為了避免乳房變成「巨大醜惡」，法國女人求助各式偏方。十五世紀末，查理八世（1470-1498）的情婦伊蓮娜（Eleanor）便用罌粟水美胸，配方是常春藤、玫瑰精油與樟腦。[36]波提兒也有美胸祕方，據說是黃金、雨水與豬乳的混合物。[37]除此之外，坊間也充斥著郎中與賣藥人調製的各式奇特配方，包括美胸乳液、香油、軟膏、藥粉與藥膏！

翻閱十六、十七世紀的美膚偏方，真是無奇不有，包括珍珠粉、豬油、鴿糞、蟾蜍眼珠等，部分偏方據傳對保持胸部小而堅挺特別有效，《美體三書》（*Trios Livres pour l'Embellishement du*

Corps Humain, 1582）的作者李葆（Jean Liebault）說：「想要保持乳房小而堅挺，可以將小茴香子碾碎，摻水成糊狀後，塗抹在乳房上，再用浸過水與醋的布條緊緊裹住乳房。三天後，將布條與小茴香子糊除去，再將百合花碾碎調上醋，糊到乳房上，用布條緊緊包住，如此再三天。」[38]

注重外貌的風潮和澡盆、閨房的流行息息相關。法蘭西一世時，法國上流社會開始流行橢圓形澡盆，在這之前，大家都是使用圓形澡盆，或者上公共浴堂。不過，澡盆流行不代表勤於洗澡，當時人們認為全身浸泡在水裡會舒張毛孔，讓有毒的東西跑進體內；保持清潔的方法是勤於更換貼身內衣，內衣就像海綿一般可以揭去髒垢。[39]此外，當時人們也噴灑大量香水。

上流社會仕女則仰賴化妝製造清爽煥發的效果，當時流行一種以婦女閨房為主題的畫作，畫中清晰可見閨房旁擺著浴盆，化妝台上擺滿香水、精描著情色圖案的鏡子、美顏軟膏、珍珠項鍊與珠寶。畫中的仕女泰半全裸或者半裸，酥胸全露或者遮著透明薄紗。[40]

上流社會乳房和下層社會乳房之分

文藝復興時期，女人為了防止乳房變形，常雇用奶媽哺育孩子，打從中世紀末期起，法國與義大利上流人家便流行聘用奶媽，那時候都是讓奶媽住到家中。到了文藝復興時期，多數人家則是將孩子送到鄉下奶媽家（大戶人家例外）扶養，為期十八個月到兩年。我們不知道這構不構成忽視孩子，因為我們不清楚他們多久探望孩子一次，還是從不探望。對當時的貧窮女人而言，做奶媽是天經地義的事業，多數女人至少同時哺育兩個孩子，一個自己的，一個旁人的。[41]由於哺乳可以避孕，奶媽制度的風行可能控制了工業時期以前歐洲低下階層的人口數。

相反的，上流社會並不鼓勵母親授乳，因為孩子是財富的象徵，多多益善，兒子可以繼承頭銜、財富與產業，女兒則是豪門聯姻的工具。更重要的，那個時代的孩童夭折率極高，一個家庭死掉半數小孩，十分平常，富裕人家的主婦因而要多多懷孕生子，以確保家產傳承有人。

當時的習俗排斥哺乳期間行房，因此做丈夫的也傾向雇用奶媽。古時，人們認為母乳來自陰道的血液，從子宮流到乳房，變成乳汁，哺乳期間性交會污染乳汁，使乳汁凝結，甚至殺死成形中的胚胎。站在審美觀點，多數男人也不喜歡看到老婆奶孩子的模樣。從古代女神到聖母馬利亞，哺乳都是一種神聖形象，卻不為文藝復興時期的上流女人所喜，她們屈服於當時的價值標準，嚮往年輕乳房所代表的情色美感，只好將小孩交給奶媽哺餵。

醫師、教士、傳道者、衛道人士則大力抨擊奶媽風潮，當時許多文獻主張哺乳是母親的天職，奶媽是危險的替代品，絕對無法取代生母。費爾（Thomas Phaer）的《兒童之書》（*Boke of Children*, 1545）是英國第一本探討兒童疾病的學術著作，他在書中說：「女人天生需要哺育孩子，她們也喜歡親自餵奶。」[42]武斷的衛道人士甚至指責不願哺乳的母親有罪，尤其是德國與英格蘭地區，這兩地的新教改革者均有十分嚴苛的道德標準。

法國醫學家帕赫（Ambroise Paré 1509-1590）則大力宣揚哺乳帶來的生理與心理快感，希望藉此鼓勵母親多多親自哺乳。帕赫扣合著文藝復興時期的情色氛圍，將哺乳形容為一種母子都能得到「性快感」的行為，他說：「乳房與子宮有著共鳴連結，乳房是很敏感的器官，上面滿布神經，一經碰觸，子宮就會產生興奮，得到激動的快感。」帕赫認為哺乳行為會讓母親得到這麼大的快感，是為了引誘為人母者「更心甘情願地哺乳，因為嬰兒以唇舌甜蜜撥動母親的乳頭，讓母親得到極大的快樂，尤其是奶水充足時。」[43]

帕赫的醫學語言和當時詩人的情色文筆相距不遠，內容則驚人地類似二十世紀的的佛洛伊德論述，後者也非常強調授乳行為的性感意義（尤其對嬰兒而言）。女人雖然知道哺乳可以帶來極大的快感，卻羞於承認，直到近年才有較多的討論。

文藝復興時期的上流女人處於夾縫中，一邊是要求她親自授乳的醫師，另一邊則是要求把孩子交給奶媽的丈夫。在一個乳房的神聖意義逐漸模糊、情色象徵日益抬頭的年代，許多女人的確不願意違逆丈夫（或者令情人失望），便拒絕把乳房奉獻給孩子。

文藝復興時期，女人的乳房可以分成兩類，一類是供男人欣賞、堅挺圓小的「上流社會乳房」；另一類是巨大泌乳、哺育小孩的「下層社會乳房」。一幅以亨利四世（1553-1610）情婦嘉柏莉（Gabrielle d'Estrées）為主角的畫，充分說明乳房的階級差異（圖5）。文藝復興時期上流社會崇拜女體，在這波文化潮流裡，嘉柏莉是最後一個裸裎入畫的國王情婦，她和波提兒一樣，以

圖5

嘉柏莉出浴圖，十七世紀初期。畫中，亨利四世的情婦嘉柏莉展露著她「從未用過」的圓小美乳；背景處，奶媽則掏出巨大渾圓的乳房餵著襁褓中的嬰兒。嘉柏莉一共為亨利四世生下三個私生子女，畫中小孩是其中之一。

Gabrielle d'Estrées at her bath.

Josse / Leemage / Corbis via Getty Images

驚人美貌與善於魅惑國王聞名，也同樣獲得龐大的財富與政治權力，但她與波提兒的相似處也僅止於此。波提兒比亨利二世年長二十歲，在世人眼中具有半神的地位；比亨利四世年輕二十歲的嘉柏莉卻被民眾憎惡，認為她不過是個高級妓女，putain（妓女）一字如附骨之蛆般跟著她，民間詩歌甚至還用此字取代她的名字。[44]

當然，兩者的「品行」高下是民眾喜好差異的原因。波提兒的前半生潔身自愛，後來才全心奉獻給亨利二世；亨利四世則是在嘉柏莉十七歲荳蔻年華時愛上了她，在這之前，嘉柏莉已經有過兩個情人了。一開始，嘉柏莉顯然不喜歡亨利四世，嫌他年紀太大（三十七歲），在親友的勸說下，才接受了亨利四世。這樁唯利是圖的私通關係讓嘉柏莉名利雙收，但當時正值新教徒與天主教徒的宗教戰火蔓延，百姓的生活苦不堪言，面對嘉柏莉的優渥境遇，更感到心中難平。此外，民眾也不喜歡嘉柏莉的政治野心，亨利四世娶妻瑪格麗特（Marguerite de Valois），一無所出，導致分居；嘉柏莉雖為亨利四世生了三名子女，卻為兒子分別取名凱撒與亞歷山大，透露出她希望兒子繼承王位的政治野心。

正當亨利四世打算仿效英王亨利八世，將情婦扶正為后，嘉柏莉卻在二十六歲那年難產而死。一般人都認為這是天意，正好讓亨利四世擺脫這段不名譽的私通關係。嘉柏莉的死亡讓亨利四世深受打擊，有人目睹他在孩子面前垂淚，甚至身著黑衣上朝，按照規矩，法王是不得為妻子守孝的。不過，亨利四世的哀傷消逝得很快，數月後，他就愛上了年僅十五歲的安麗雅特

（Henriette d'Entragues）。

亨利四世在嘉柏莉死後不久即另結新歡，讓藝評人為一幅名畫找出新的詮釋角度，這幅畫以嘉柏莉為主角，赤裸著上身，一旁捏住她乳頭的裸身女郎是她的妹妹（圖6）。根據新的詮釋，右方的金髮裸女仍是嘉柏莉，左邊的棕髮女郎卻變成了安麗雅特。[45]她捏住嘉柏莉的乳頭，象徵著國王床上伴侶的更迭，新情婦抓住了舊情婦的「情欲表徵」，彷彿乳頭就是權力徽章。不過，安麗雅特並未能如願得到畫中嘉柏莉左手上的戒指，一六〇〇年秋天，在嘉柏莉逝世十八個月後，亨利四世娶了瑪麗（Marie de Méicis），也宣告藝術家沉溺於乳房美感的時代結束了。

裸女畫像是男人平淡生活的刺激

總體而言，文藝復興時期的義大利與法國上流文化圈，是以裸女為情色氛圍的中心，尤其側重女人的乳房。裸女的畫像，不管主角是一人還是數人、背景是綠野還是閨房，都是男人平淡生活的刺激。以提香（Titian, 1490-1576）著名的畫作〈維納斯、邱比特與風琴手〉（*Venus with Cupid and Organist*）來說，畫中的男演奏師就瞪視著維納斯一絲不掛的私處，彷彿她是待售的展示品。[46]就算作品的主題是男女兩情相悅，女主角也經常赤裸著身體，而男主角則全副盛裝，一隻手擺在她的乳房上。換言之，文藝復興時期的藝術裡，乳房無疑是主要的情色象徵！

圖6

嘉柏莉與她的妹妹。楓丹白露派，十七世紀末。此畫最教人吃驚之處是棕髮女郎捏住金髮女郎的乳頭。但是，捏乳女郎究竟是嘉柏莉的妹妹，還是後來接任她成為亨利四世情婦的安麗雅特？

Gabrielle d'Estrées and one of her sisters. School of Fontainebleau school.

DEA / G. DAGLI ORTI /Getty Images

當時九〇%歐洲女人的乳房都是用來授乳，另外的一〇%乳房則受到百般呵護，保留來取悅伴侶。想當然耳，她們的伴侶泰半是男人，不過，每個時代都有偏愛同性戀的女人，中世紀與文藝復興時期也不例外，她們多半躲在修道院、城堡、鄉間小屋裡祕密行事，以躲避鄰人的窺探與教會的懲罰。一首修女寫給同性伴侶的詩，讓我們得窺古時歐洲的女同性戀行為，她寫道：「當我回想起妳的吻，想起妳如何一邊撫摸我的乳房，一邊甜言蜜語，我就想即刻死去，因為我無法見到妳，再也不能忍受妳不在我的身旁。再會吧，勿忘我。」[47]我們在其他女作家的書信裡，還未見過這麼赤裸、特別提及乳房的情欲書寫。

依照當時的法律規定，女人間的性行為是「違反自然」的罪惡；現實生活裡，女人很少因同性戀行為受罰，尤其跟男子間的同性戀行為相比之下更少。[48]歷史學者布朗（Judith Brown）曾考據出，一名義大利同性戀修女曾因「不當行為」被宗教法庭審判定罪；不過比起成百上千的男同性戀判決案例而言，文藝復興時期，歐洲女同性戀被判罪的僅為少數。[49]那幅嘉柏莉與妹妹的裸體畫之所以引起騷動，是因為兩名女子在浴間裡裸裎相見，把原本保留給丈夫與稚兒的肉體，坦然呈現在另一名女子面前。在當時的歐洲文化裡，乳房經常與嬰兒並存於一個畫面，也允許男人的手放在女人的乳房上，但是這幅畫卻讓女人捏搓著女人的乳頭，無論畫家的原始意圖如何，總是帶有令人不安的顛覆意味。

十六世紀法國藝術品裡的女人乳房都驚人相似，彷彿找來一個嬌小的乳房模型，然後複製使用於全法國，義大利地區則一概流行雙乳分得開開的寬廣胸部。除了奶媽、農婦與女巫外，只有極少數的畫像女主角是擁有巨大下垂的雙乳，彷彿那個時期的理想完美乳房全無重量、不受地心引力影響。當時乳房形狀長得像梨子、香瓜、茄子的真實女人，恐怕也和今日胖女人一樣，深為苗條至上的文化所苦。

但是遠離了上流社會圈，多數文藝復興時期的女人還是注重乳房的實用價值，用衣服遮蓋它們以保暖禦寒，或者迴避男人貪婪與敵意的眼光。她們的乳房必須用來滿足自家嬰兒的口腹之欲，為了家計，也必須用來哺育別人的小孩；她們的乳房會長膿瘡、腫瘤，敷上江湖郎中的膏藥；如果運氣不錯，也會是情人的愛撫對象。

海峽兩岸大不同，英國流行平胸

文藝復興時期的法國與義大利，乳房之所以成為情色象徵，主要還是靠國王、公爵、王子、貴族贊助的詩人、畫家、雕刻家大力炒作。跨過了英吉利海峽，在伊莉莎白一世主政的英格蘭（1558-1603），雖然詩人筆下仍是熱烈歌頌乳房，卻很少看到以裸女為題材的造形藝術。海峽兩岸的差異源自信仰的不同，法國與義大利地區信奉天主教，上流社會人士盛行裸裎肉體；新教徒卻頗不能接受這種風潮，尤其英國清教徒正覺得伊莉莎白的父親亨利八世的宮廷淫穢不堪，需要糾正。打從伊莉莎白一世登基第一年起，清教徒便不斷要求貴族穿著樸素、性行為守貞。在伊莉莎白一世的默許支持下，溫和（非激烈派）的清教徒主義取得勝利。

伊莉莎白一世是亨利八世與皇后安．波琳的小孩，英格蘭人原本並不歡迎公主（而非王子）繼承王位，沒想到她後來卻成為英國史上最受愛戴的君王。伊莉莎白長著一頭金紅色的頭髮，身材又高又瘦，十足骨感。她在一五五八年二十五歲那年登基後，便決定不准其他女人和她爭奇鬥豔，圍繞在她身邊的都是男人，她是宮廷裡唯一的女性象徵，眾多服侍她的貴婦只不過是背景綴飾，用來烘托光輝絢爛的女王。

伊莉莎白一世自小生活在充滿敵意的環境裡，不僅母親安．波琳被父親送上斷頭台，她也被囚禁了一段時間。她在波提兒身上學到寶貴教訓，英國王位不應由國王、皇后與國王的情婦三人共治；事實上，任何形式的分權都不可以。英國的天空只准有一顆星星閃耀，那就是集國王、皇后、情婦於一身的伊莉莎白女王。

為了達到這種效果，伊莉莎白一世塑造了雌雄同體的形象，因為過於女性化有損她的威嚴，過於男性化又會使她顯得恐怖。伊莉莎白深得揉合男女屬性的三昧，當一五八八年英軍打敗西班牙無敵艦隊，她在提柏里市（Tilbury）對士兵的演說便是最佳範例：「朕雖擁有女性的柔弱身軀，但也擁有君王的雄心膽識。」在女性化身軀的襯托下，伊莉莎白一世的男性力量更顯得驚人，塑造了「鐵娘子」形象。直到近代，我們都可以在英國前首相柴契爾夫人身上，看到這種揉合女性柔弱與男性力量的範例。[50]

伊莉莎白一世當政期間，厚重密實的衣服隱藏了她的柔弱身軀，胸部被壓成一片平坦，只露出頭臉與雙手，她的多數肖像都是如此打扮，目的在強調君王的威儀。只有在極少數的肖像裡，伊莉莎白女王才稍微露出粉頸與上胸部，平坦的胸部使她彷若僵硬的雕像，而非有血有肉的活人。她終身未婚，一生奉獻給子民，她的乳房便是「處女君王」的貞潔象徵。

伊莉莎白一世喜歡穿著盔甲狀的衣服，這是從西班牙引進的款式：獸骨打造的僵硬馬甲緊緊箍住上半身，把胸部壓得密實平坦，直直束到腰部。這類馬甲又叫「兩片式胸衣」，正面一片，背面一片，在身體兩側綁實，可以裝上拆卸式的袖子。為了端莊，也為了保暖，當時也流行在頸部套上縐褶頸紗（partlet）。[51]

當時的英格蘭，一般女性還是穿著胸前繫帶的緊身束衣，上流女人穿的馬甲則多半採用鯨骨、木頭或金屬撐架。那時，女孩從兩歲半、三歲起就得穿上既緊又缺乏彈性的馬甲，不僅將乳房壓成洗衣板一般平坦，有時還會讓乳頭下陷、肋骨斷裂，嚴重時還會死亡。[52]

女體是男人與男人的交流工具

上流社會女子的乳房飽受壓制，卻未妨礙詩人的的綺麗幻想，和乳房相關的字眼非常多，包括日常口語的「軟物」（pap）、「奶汁軟物」（milk pap）、「奶頭」（teat）、「乳頭」（nipple）；較委婉的字眼則有「胸懷」（bosom）、「臥床」（bed）、「噴泉」（fountain）。「動物乳頭」（dug）也用來暗指乳房，並無後來引伸出的貶抑意味，亨利八世寫給安．波琳的書信便說，他渴望親吻她的美麗乳頭（pretty dug）。[53]當時的英國人喜歡用花朵、水果來比喻乳頭，譬如「花蕊」、「草莓」、「蘋果」、「小櫻桃」等；又因為他們逐漸對天文學與海外探險感興趣，也流行用天文學或地理名詞如「圓球」（orb）、「球體」（globe）、「世界」（world）或「半球」（hemisphere）等來形容乳房。詩人羅吉（Thomas Lodge）的〈羅莎琳〉（Rosalynde, 1590）一詩裡，便有兩個句子深具當時的乳房歌頌特色：「她的軟物是愉悅的中心，她的乳房是天賜美形球體。」

乳房被視為是美麗物體，也是男性的欲望所在，看到它便神魂顛倒，觸摸它便欲火焚身，套一句李利（John Lyly, 1554-1606）在〈反愛〉（A Counterlove, 1593）中的話說：「觸摸她的乳房，燃起欲火。」在傳統文學裡，男人通常是看到女人的乳房後便激起欲念，然後想要占有。這個乳房三部曲對伊莉莎白時代的人來說，卻是難題一樁，因為他們的哲學與宗教信念都強調心靈世界遠高過感官享樂。

即便如此，法國與義大利的「炫描詩派」還是給了英國詩人描繪女體的靈感，英文的「炫示」（blazon）一字來自blaze，意指吹喇叭宣告周知，也和法文「徽章」（blason）一字相通。換言之，「炫描」本身便有大鳴大吹之意，如果裸女無法見諸繪畫雕刻，就讓詩人來盡情描繪好了。

男詩人列舉情人肉體各部位之美，一方面宣示自己對這具女體的所有權，一方面和男讀者交流，產生一種男人與男人的聯繫。佛洛伊德便曾說過，女人經常是三角形的頂端那一角，兩個男人透過她產生聯繫。因此，男詩人（畫家）不管是以「炫描」手法彰顯（醜化）女性身體，都是藉此吸引男觀眾（男讀者）的注意。詩人葛林（Robert Greene, 1558-1592）的〈梅娜鳳〉（Menaphon, 1589）是個極佳範例，使用了觸覺、味覺、視覺三種感官比喻來形容乳房：

她的頭髮有如羊毛，
嘴唇恰似滴露玫瑰，
乳房就像春日蘋果，
渾圓似東方珍珠，
柔軟如海岸羽絨。

斯賓賽（Edmund Spenser, 1552-1599）喜歡用花朵形容女體，使得他的〈十四行詩之六四〉仿若繽紛的英國花園：

她的嘴唇香似紫羅蘭；
紅潤的雙頰有如玫瑰；
可愛雙眸似初綻石竹；
美好胸部像草莓花床；
頸項似筆直的耬斗菜；
乳房是未落葉的百合；
乳頭似茉莉花苞初放。

有時，斯賓賽也會從花園走進廚房，以蔬果形容女體，他在〈婚禮之歌〉（Epithalamion）中將新娘形容成一道道美食，乳房尤其可口：

她的雙頰似陽光催熟的紅潤蘋果；
她的嘴唇像邀請男人吞嚼的櫻桃；
她的乳房似一碗尚未凝結的奶油；
乳頭則像百合綻放。

莎士比亞也是「炫描派」的大師，喜歡以詼諧的語氣細描女體，在〈十四行詩之一三〇〉中，他以「明貶暗褒」的手法讚美情人：

我情婦的眼睛一點不像太陽；
珊瑚比她的嘴唇還要紅得多；
雪若算白，她的胸就暗褐無光；
……
可是，我敢指天發誓，我的愛侶
勝過任何名過其實的美女。

莎士比亞時代的新柏拉圖主義強調女人要德貌兼備，美德之一包括要拒絕滿足男人的欲望，儘管她的眼睛、嘴唇、酥胸激起了男人的欲望，但她的角色卻是帶領男人穿越色相，認識她的靈魂之美。

再也沒有任何人比席德尼爵士（Sir Philip Sidney, 1554-1586）更掙扎於肉體欲念與基督徒美德之間，他在著名的《亞士托菲與史蒂拉》（*Astrophel and Stella*）中對豔光四射的史蒂拉說：「……雖然妳的美貌帶領我領略愛，欲念卻依然吶喊著：給我一點食物！」根據當時的習俗，女人的美麗應當引起男人純潔的仰慕，不幸卻經常敗給男人澎湃的欲念。《亞士托菲與史蒂拉》充分反映了詩人的內在，情色女體所勾起的矛盾，唯有神聖婚姻才能解決！

女性的乳房是男性欲望之所在

女體帶來的視覺刺激不僅有害男人的心靈，也可能危及女人，讓她蒙受失貞甚至死亡的風險。文學評論家薇克絲（Nancy Vickers）曾以伊莉莎白時期的文學作品為樣本，分析男人從窺見女體到強暴的過程。[54]她以莎士比亞的《魯克麗絲受辱記》（*The Rape of Lucrece*）長詩為例，殘忍的主角塔昆（Tarquin）看到魯克麗絲沉睡，便忍不住將他的手「停留在她袒露的乳房——她全部領土的中心」上，接著，塔昆隨即強暴了魯克麗絲，「撇下那一雙圓塔，慘白而淒清。」不管莎士比亞用詞多麼瑰麗，骨子裡，它述說的是殘暴侵略者強暴女子的故事。

一如莎士比亞將女體看成有待男人征服與橫行的領土，文藝復興時期的探險家也將新世界看成處女地，有待強壯的男性插入。著名探險家哥倫布的旅行日記裡，便不乏將未開發世界比喻成女體的描述，他形容地球就像「梨狀乳房」，有個地方「活像長了女性乳頭」。[55]一四九八年，哥倫布第一次看見南美洲，興奮地形容新大陸為大地乳房的「伊甸園乳頭」。[56]

崔頓（Michael Drayton）則將情婦的胸部比喻為田園風光，長滿了牧草與河流：「飽滿年輕的乳房，驕傲似肥沃草原，其上長著血管，蜿蜒分布。」相對的，當時也流行將自然比喻為母親的乳汁，譬如雷利爵士（Sir Walter Raleigh, 1552-1618）寫道：「自然，以奶洗手，忘了擦乾。」不過，英國人始終不能全盤接受女人的形象是仁慈的自然，這種地中海風情無法融化北歐人仇視感官享受的傳統。

有時仇恨會爆發成訕謗或者肢殘女體。就像法國畫作與詩歌隱藏著厭女情結，伊莉莎白時期的英國，詩也為男人提供了一條管道，讓他們宣洩對女體的負面感受，莎士比亞就是最佳的例子。在他的劇作裡，女人的胸膛經常是被攻擊的目標，受傷方式之多，難以計數，譬如悲劇《羅密歐與茱麗葉》裡便說：「這把刀弄錯了地方了……它卻插進了我的女兒的胸前！」或者如《女王殉愛記》（*Antony and Cleopatra*）裡，克麗歐佩脫拉以毒蛇放在胸口自殺：「她的胸口噴出了血柱！」女性的乳房是男性的欲望所在，因而在莎翁的筆下，它受到凌虐、謀殺甚至慘遭蛇吻，彷彿肢殘了女性的乳房，就可以平息男性的心智狂亂。有時這種對乳房的攻擊只是隱喻，卻依然讓人讀之心驚，譬如哈姆雷特希望母親：「上天堂，讓她乳房上的荊棘戳她、刺她。」

《馬克白》裡對乳房的描述給人強烈惡感，馬克白夫人為了激勵丈夫弒君，展現了「非自然的」男性力量：

我曾經哺乳過嬰孩，知道
一個母親是怎樣憐愛那吸吮她乳汁的子女；
可是我會在它看著我的臉微笑的時候，
從它的柔軟嫩嘴裡摘下我的乳頭，
把它的腦袋砸碎，
要是我也像你一樣，
曾發誓下這樣毒手的話。

馬克白夫人擔心丈夫「充滿人情乳臭」，不肯弒君篡位。她認為謀殺的勇氣來自另一種養分：「進入我這個婦人的胸中，把我的乳水當做膽汁吧……」當時的習俗認為奶水含有母親的人格，馬克白夫人可用奶水將她的仇恨個性傳給子女（或丈夫）。

馬克白夫人將乳汁轉化成膽汁，用以鼓舞丈夫弒君；她不惜砸碎嬰孩的腦袋，也不允許怯懦退縮。種種恐怖形象透露出男人原始的畏懼，害怕哺育他們的乳房會化身為摧毀的武器。毒藥與膽汁成為乳汁的象徵替代品，它是女性深藏的毒液，在母性與情色的身軀之下，其實潛藏著一個好戰女人——亞馬遜女戰士或者馬克白夫人，這個景象深深嚇壞了男人。

女性觀點：乳房乃心之所在

可惜，當時並無英國女詩人作品表達另一種女體觀點。伊莉莎白一世倒是有兩首作品提及乳房，在她的筆下，乳房並非激起肉體興奮的器官，而是和紀耶、拉貝兩位法國女詩人所描繪的一樣，乳房乃心之所在，用以表現內在情感與情緒。在下面這首詩裡，伊莉莎白一世將乳房描寫成柔弱、易受傷害的東西，輕易為愛神之箭射中；詩的結尾部分，她拒絕了愛情，卻深感遺憾（至少在詩裡是如此）。

當我年輕美好時，男人對我青睞，
許多男人追求我，盼我成為愛侶。
但是我拒絕了他們，喝斥他們：
「走開，走開，走開，去追求別人，
不要再來糾纏我。」

此時，維納斯之子、耀武揚威的邱比特說話了：
「美麗的女孩，因為妳是如此自矜，

我將拔下妳驕傲的羽冠，讓妳無法再說：
走開，走開，走開，去追求別人，
不要再來糾纏我。」

邱比特說完後，我的乳房之下便產生了改變，
不管白天或晚上，一刻也不得平靜。
當時啊！我是多麼懊惱曾說過：
「走開，走開，走開，去追求別人，
不要再來糾纏我。」

我們必須探究男詩人的觀點，才能理解女性何以慨嘆失去愛情良機。一個多世紀以來，男人不斷警告女人必須在青春正盛時擇配良偶，寫作此詩時，伊莉莎白一世顯然青春已逝，嗟嘆的口吻似乎在認同男人的觀點，但也烘托了她的「不同流俗」，伊莉莎白一世統治英國直到七十歲逝世為止，終其一生，她都身兼國王與王后兩個角色，不准任何男人以王夫身分威脅她的權威。

另外一首作品〈先生之別〉（On Monsieur's Departure）描繪追求者離去後，伊莉莎白一世的哀傷，不管她是否真的感到懊悔，其中一句讀來頗為詞意懇切：「我無法將它（傷痛）趕出我的

乳房。」就和法國女詩人拉貝一樣，伊莉莎白一世也將乳房概念化為痛苦與懊悔的所在，這不僅和男詩人筆下的熟透蘋果、圓塔、象牙白球、東方珍珠等比喻大不相同，我們甚至可以質疑：男人盛讚女體，真的是寫給女人看的嗎？

可以確定的是：史上第一遭，歐洲閱讀人口突增，不再局限於上層階級，這要拜十五世紀德國人發明印刷，而後英國「卡克斯頓印本」（Caxton English Edition）大為風行之賜，使得十六到十七世紀間的英國男女接觸書籍的機會大增，新教徒改革運動也鼓勵信眾多多閱讀聖經。閱讀不再是英格蘭少數貴族的專利，而是普及至日益龐大的中產階層。雖然男性識字率遠超過女人，但是十六世紀的最後二十五年，許多作家開始以女性為主要讀者群，其中包括了以描繪乳房聞名的李利、羅吉與葛林。[57]當時的女人閱讀各式書籍，從中古世紀騎士傳奇小說到宗教書籍，不一而足，她們對男詩人的情色描繪不可能一無所知。一如二十世紀的女人從雜誌封面、電視、電影、廣告、黃色笑話裡得知自己在異性眼中的吸引力，十六世紀的英國女人也知道乳房是男性欲望的目標，有的還漠視神職人員對「地獄之門」的抨擊，故意穿著寬鬆束衣，半露酥胸。當時的觀念認為胸部飽滿是生育力的象徵，也代表未來奶水充足，難怪及笄少女（尤其是鄉間地區）要不惜露出本錢！

在伊莉莎白一世時代，多數英國嬰兒都是由母親哺乳，但有錢人家也流行雇用奶媽。[58]新教徒與天主教徒在此事上態度分歧，前者認為聘請奶媽哺乳孩子是罪惡，後者則不做此想。清教徒的禮拜儀式與宗教小冊經常抨擊不願親自授乳的女人，指責她們怠忽對孩子與上帝的職守。信仰差異使然，嚴格的清教徒女信眾比較傾向自己授乳，相對的，天主教與溫和派新教的女信徒哺乳比率便較低。

雇用奶媽的家庭中，有的是因為主母身體欠佳，無法親自哺乳，有的純粹只是為了炫耀地位。一位歷史學者專研十六世紀末、十七世紀初的奶媽風潮，他說：「都鐸王朝與斯圖亞特王朝的貴婦甚少親自哺乳，因為這麼做會被視為是家道中落或過分溺愛孩子。」[59]此外，專橫的丈夫也阻止太太哺乳孩子，因為它會妨礙魚水之歡。[60]乳房做為男性的情色象徵，逐漸壓過它的母性功能，迫使許多上層女人掙扎在丈夫與孩子間，被迫為乳房選擇歸屬。遺憾的是，伊莉莎白時代的女人甚少記錄下她們對此事的真正感想。

大膽進攻屬於男性的書寫領域

但是到了十七世紀時，英國女人變得比較敢言，在一些私人書信與出版物裡表達了哺乳的渴欲。克萊恩頓（Elizabeth Clinton, 1574-1638）在《林肯育幼院的伯爵夫人》（*The Countess of Lincoln's Nurserie*）一書說，母親的哺乳責任可遠溯至聖經時代：「在我們之前的母神，從眾人之母夏娃、眾信之母撒拉，到虔誠聆聽上帝之語的哈娜與萬福馬利亞，誰能否定母親有哺乳孩子的責任？」

詹姆斯一世（1566-1625）的妻子安妮皇后也大力支持母親親自哺乳，理由當然和平民女性不一樣。她不要皇家孩兒吸吮奶媽的乳汁，繼承了奶媽的低下人格，她說：「我會讓我的孩兒——國王之子去吸吮下民的乳汁，讓僕人的血液來污染王室血統嗎？」[61]撇開安妮皇后不談，當時的確有不少貴族女性公開支持親自哺乳，並大力說服其他女性仿效。

英國女人也進攻了一向屬於男性的書寫領域，公開表達女性的情欲感受。女詩人伊萊莎（Eliza）的〈獻給友人：關於她的裸露乳房〉（To a Friend for Her Naked Breast）便勾勒了這種現象，諷刺「讚美」友人迎合短暫的潮流，大膽裸露胸部，其實是為了引誘「放蕩的愛人」。伊萊莎警告友人說上帝無所不在：「祂會穿透裸胸看到罪惡，懲罰乳房之下的惡念。」（見《伊萊莎的寶貝》〔*Eliza's Babes*, 1652〕）

十七世紀另一位更具盛名的女詩人兼劇作家班恩（Aphra Behn, 1640-1689）則將女性情欲書寫推進到英國文學前所未見的境界，遭到「下流娼妓」的惡名詆毀。[62]她的名詩〈砍下的杜松樹〉（On a Juniper-Tree, Cut Down to Make Busks）描繪牧羊女與牧羊郎的結合：「他喘息不止的胸膛，與她的乳房合而為一。」有趣的是，班恩在此詩中以嘲弄的口吻描繪遮蔭兩人燕好的杜松樹，最後被砍下做成女人的馬甲撐架，這種諷刺手法吻合了十七世紀喜好嘲弄乳房的文化，英國王權復興時期（1660-1688）的女性與法王路易十四（1643-1715）的宮廷貴婦可能喜歡這種調調，但是我懷疑不少婦女聆聽了這些嘲諷乳房的抒情短詩後，會忍不住從酥胸裡吐出深沉的嘆息。

班恩有一個學生名叫伊菲莉亞（Ephelia），她的作品〈愛的初探索〉（Love's First Approach）透露出較多真正的女性情欲，她在《女詩集》（*Female Poems*, 1679）中描繪男性的眼光如何觸動她的心，使她祈求神聖的愛能「溫暖他冰冷的胸膛，使其和她的乳房一般炙熱」。此處，男人的胸膛與女人的乳房都是欲望對象。

乳房做為男性情欲的象徵，與它原本的母性功能不斷競爭，十七世紀中葉的兩個作品徹底呈現這種抗爭，首先是著名的抒情詩人赫里克（Robert Herrick, 1591-1674）在〈茱莉亞的乳房〉（Upon Julia's Breasts）一詩中寫道：

> 展示妳的乳房，我的茱莉亞，
> 讓我握住這環狀的世間至潔。
> 我的唇輕吻妳雙峰間的光榮，
> 肆意享受妳美好的乳泉所在。

另一個作品是墓誌銘，它寫著：

紀念
曼徹斯特的艾塞克斯郡伯爵夫人
湯瑪斯奇克之女
暨曼徹斯特艾德華伯爵之妻
死於一六五八年九月二十八日
身後遺下八個小孩
六個兒子與兩個女兒
她親自哺育其中七個
她的孩子將群起
讚美她為受福者[63]

追求肉體歡愉是天賦權利

文藝復興時期的乳房情色化，是史上數波性解放高潮之一。[64]在猶太基督教歷史裡，人類首度取代上帝，掌握了評斷事物的權力，凡人肉身的重要性也首度超越聖體，追求肉體歡愉成為天賦權利。法國人與義大利人掀起的這股性解放熱潮，隨即席捲了全歐洲，連德國也成為放蕩性行為的溫床，宗教改革家路德便曾大發雷霆道：「女人與年輕女孩在人前人後袒胸露乳，卻沒有人懲罰或糾正她們。」[65]

從十四世紀聖母馬利亞掏出一只小乳房，成為神聖哺育的象徵，到十六世紀詩歌與繪畫裡四處可見的裸露乳房，這期間，歐洲經歷了劇烈的社會與文化革命。因新政治、新經濟與發現新世界而刺激產生的世俗欲念，取代了舊有的宗教世界觀。在喜愛冒險的男人眼中，乳房成為另一項征服目標，一個可以自教士、傳道者甚至女人與小孩手中奪取的東西。國王、畫家、朝臣、詩人、探險家、色情業者都有權界定女性的乳房，某個角度而言，他們認為自己才是女性乳房的主人。女人的乳房一度與宗教連結，現在則成為男性欲望的象徵。

文藝復興時期的繪畫，常可見到男人的手放在女人的乳房上，表現觸感之樂，也顯示男人相信他們擁有女人的乳房。當時的德國繪畫便有如下主題：一對相擁的男女，老男人的手放在年輕女郎的乳房上，女的手則伸入他的錢包，藉此譴責男人的欲念與女人的貪財，為情色畫注入道德主題。[66]法國與義大利的許多繪畫，都有男神或邱比特對赤裸女神、女精靈上下其手的畫面，以當時的標準而言，只有上身赤裸還不算猥褻。（那時也有春宮畫，赤裸程度則毫無底線。）

男人的手放在女人的乳房上，既是宣示主權、展現控制，也符合了基督教要求女性服從的訓令，因為女人順從丈夫是「自然之律」。[67]歷史學者蓋朵（Joan Kelly Gadol）仔細分析義大利文獻後，認為義大利女人就是在文藝復興時期失去了優勢，雖然她們可藉由美貌得到愛情，「但是愛情的發動者通常是男人。」[68]法國與英國女人的境遇則稍好。我們很難草率同意蓋朵的說法，論定女人一定是被動的，因為文獻無從透露隱密深閨裡的親密行為；刺激乳房與乳頭既然帶來興奮感，不少女人可能很喜歡這種感覺，甚至主動引導男人撫摸她們的乳房。

至於公共領域裡，也有少數女人懂得掌握美麗肉體的優勢，躋身宮廷生活的中心，甚至掌握檯面下的政治權力，和今日許多西方國家裡的女人一樣，她們的乳房被情色化，成為權力的象徵。矛盾的是，在當時的女詩人筆下——若其文字足以採信——女人（尤其是英國女人）雖然以美貌吸引了男人的愛，卻應該說服男人真正重要的是她的靈魂。這種半推半就是一種極難拿捏的藝術，如果以乳房做比喻，那就是如何「若隱若現」才恰到好處。[69]當然，蓋朵的論點也有部分正確，在講究求愛的文藝復興時期裡，女人可能喪失了部分權力，但是她們在面對男人的追求時，絕非全然被動無助，除非是被強暴了。對當時多數女人而言，她們還是有拒絕與接受追求者的權力。

打從中世紀末期起，乳房的情色化便逐漸成為西方文明的標記，改變的只有理想乳房的大小、形狀與功能差異而已。中世紀的畫家與詩人偏好小而高挺的乳房，乳房之下是宛若懷孕的肥碩大腹。到了十六世紀，法國人始終鍾情乳房小而挺、身材纖瘦修長的女人。文藝復興巔峰時期，義大利人偏好胸膛寬闊、臀部豐滿與大腿肥壯的女性。伊莉莎白時期的英國人則不太在乎女人乳房的大小，反而比較關心它們的口感，喜歡用蘋果、奶油、牛奶與繽紛花園來形容乳房。

整體來說，自從文藝復興後期起，男人越來越喜歡大胸脯女人，中世紀末期崇尚青春小乳房的風潮逐漸退去，五百年後，被一九五〇年代的珍・羅素（Jane Russells）、七〇年代的卡蘿・朵達絲（Carol Dodas）與九〇年代的辛蒂・克勞馥（Cindy Crawfords）所掀起的大胸脯風潮所取代。女人為了迎合男性的偏好，除了以襯墊胸罩來增大自己的乳房外，還不惜冒著失去觸感興奮的危險，以矽膠填充物隆乳，忘了乳房的原始價值之一便在它能感受性興奮。

從歷史角度來看，女性乳房的情色化完全由男性一手主導，如果女人的角度被記錄下來，可能呈現出完全不同的觀點，不幸的是，直到最近之前，歷史紀錄裡幾乎沒有女性觀點。文藝復興時期建立的某些傳統，直到今日都仍未自西方文明消失，無論在造形美術或者文學裡，女性的乳房常被用來取悅男性觀眾與讀者，以激起他們（而非她們）的性興奮。當乳房的形象被過度情色化後，它的性感功能便掩蓋了母性意義。過去數百年裡，透過無數個人與團體的不斷抗爭，乳房才擺脫了情色形象的全然控制，重建了它的哺育意涵。

十七世紀的荷蘭，套句英國歷史學者沙瑪（Simon Schama）的貼切形容，是「羞於驟富」。[1]一五八一年，荷蘭脫離西班牙獨立，成立了荷蘭共和國，進入所謂的黃金時代，以百姓都感到吃驚的速度飛快致富。當時歐洲多數國家都採君王制度，年輕的荷蘭卻實行共和政體，不僅貿易興旺、醫學進步、政治開放、宗教自由、文化蓬勃，荷蘭人的整潔、勤儉更是舉世聞名，這些特徵都反映在餵食母乳的風潮上。

要了解乳房在當時的意義，我們必須先了解那個時代的荷蘭。讓我們先拋開前面兩章所述的異教神壇、天主教會、用來比喻乳房的花園，以及情欲流動的法國閨房，想像自己進入一個井然有序的中產階級家庭。當我們的眼睛適應了穿過鉛框窗子灑入屋內的流金光線後，便會發現屋內只有簡單幾件用品：一把金屬水壺、幾張結實的椅子，還有籃子與紡車。一個母親坐在火爐前的椅上，小孩趴在她的胸前滿足地吸吮乳汁，好一幅家居之樂。

端詳荷蘭畫家胡奇（**Pieter de Hooch**）的畫作〈哺乳女人與小孩〉（*Woman Nursing an Infant, with a Child*），可以幫助我們了解上述畫面。透過穿過窗子的陽光，我們看到一個荷蘭公民母親慈愛地望著懷中嬰兒吸吮乳汁，此畫的重點不在乳房（它幾乎看不見），而是哺乳動作所營造的甜蜜寧靜氛圍，正是理想的家庭和諧畫面。

我們無法判斷這幅畫是否忠實反映了當時的荷蘭家庭生活，藝術史學者法尼斯（Wayne Franits）曾指出，當時的荷蘭繪畫與文學旨在指引父母培養孩子美德，以期孩子長大成為正直的人。[2]這些作品不斷提醒父母：孩子是上帝賜下的禮物，必須在良好的環境中長大，才能夠培養出宗教虔誠心與社會穩定性。在這種信念之下，荷蘭人認為家庭是最適合塑造小孩的場所，其次是教堂與學校；而在家庭裡，從孩子吸吮的第一滴乳汁到他的第一次祈禱，母親必須扛起滋養孩子的所有責任。

拒絕哺乳的母親在上帝眼中是可憎的

當時，荷蘭醫學界、宗教界與道德領袖無不堅定擁護哺育母乳。和英格蘭的情形一樣，嚴格的荷蘭新教徒強力鼓吹餵食母乳，他們相信此舉會取悅上帝，而拒絕哺乳小孩的母親在上帝的眼中是可憎的。荷蘭人認為，凡是動物都會哺育幼獸，這是自然定律，女人也應該餵哺孩子母奶。著名的作家兼行政長官凱斯（Jacob Cats, 1577-1660）的兩句警語，最能呈現當時荷蘭人的信念：

> 只會產下孩兒的人，不是完全的母親
> 懂得哺育孩兒的人，才是全心的母親[3]

因此，真正的母親會餵食孩子母乳，它見證了為人母者的信仰虔誠度。[4]

當時的醫學文獻也支持母親餵食母乳。秉承著傳統看法，醫學界認為人奶與孕育胚胎的子宮是精血同源，為了嬰兒的福祉著想，他在出生前與出生後都應吸收相同的滋養物，那就是由母親精血化成的乳汁。當時的人非常畏懼陌生人的「血／乳」，擔心嬰兒會因吸吮奶媽的乳汁，而得到不好的人格。凱斯在著名的打油詩裡便表現了這種畏懼：「多少好寶寶，健康又可愛，因為壞奶媽，本性不見了。」[5]顯然十七世紀時，荷蘭一般百姓、醫學界也和英國、法國人一樣，非常關切奶媽可能帶來的不良影響。

我們無從判斷荷蘭人比起英、法與義大利人，是否較少雇用奶媽。一位學者認為，當時多數歐洲國家盛行將孩子送到奶媽處扶養，嬰兒夭折率因而非常高，相較之下，荷蘭嬰兒夭折率比較低，是因為他們較少雇用奶媽。[6]但其他專家則不認同他的論點。在缺乏精確統計數字下，我們只能從文學、繪畫去捕捉荷蘭社會的特質，拿來和其他歐洲國家做一比較。

顯然，荷蘭人認為乳房是屬於家庭的，在下面這首凱斯的詩裡，乳房的形象便和當時英、法的情色謳歌大不相同：

年輕太太，多利用妳的珍貴天賜，
讓神聖的吸吮來爽快胸前小果實。
一個正直男人最渴望的莫過看到，

親愛的妻子將孩兒攬向胸前乳頭。
妳的乳房是如此飽滿充滿生命力，
多巧妙的造物，就像一對象牙球。[7]

儘管這首作品的字裡行間隱含性感情味，象牙球的比喻也略顯陳腐，但它還是為乳房建立了新的意義。詩中的男人一再「乞求」親愛的太太給孩子餵奶，擺脫了自私的丈夫形象，因為傳統觀念裡，性行為會使母乳凝固，哺育母乳就必須禁欲，男人多少都「仇視」老婆哺乳。詩中的這位男人是丈夫，也是父親，因為品行正直，所以關心孩子的福祉，照顧了孩子的福祉，也就是為他所屬的公民社會盡力。在當時的荷蘭社會裡，家庭被視為是大社會的小縮影，一個願意親自哺乳、努力維持居家整潔的母親，才能造就對社會有所貢獻的家庭。當然，做丈夫的應當支持妻子的努力，分享哺育母乳所象徵的父母大愛。總而言之，乳房在荷蘭社會裡的形象，是遠離了馬羅筆下「象牙小球」的挑情意象一百年，也超前了摒棄腐化社會、回歸自然的盧梭主義一個世紀。

荷蘭人對母性乳房的崇拜明顯呈現在藝術作品裡。當時荷蘭盛行風俗畫（genre painting），許多畫家都以母親哺乳做為創作題材，胡奇不過是其中一個。風俗畫不僅深入荷蘭富有家庭，也打進中產階級住家，顯示荷蘭人以買畫做為富足的象徵。唯有在十七世紀的荷蘭，我們才能看到一個中產階級的家裡掛了上百幅畫，多數以日常生活為創作主題。[8] 許多風俗畫都是母親敞著胸膛，不是正在奶孩子，就是打算給孩子餵奶或者已經餵完奶。有時畫中的母親並不在餵奶，某名公民婦女隔著窗子和小男孩說話，一個農婦和兩個孩子坐在家門口，都袒露著乳房。顯然，只要畫面裡有孩子，女人裸乳就毋需解釋。

尤其在信奉新教的荷蘭北部，聖母乳子圖已經不適宜了，荷蘭畫家改從真實的母子關係、真實的生活場景尋找靈感，繪畫的主題有時是母親在給孩子哺乳、餵飯、喝水、穿衣、陪他玩耍，甚至連大便擦屁股都可以入畫。這種從謳歌神聖到歌詠世俗母親的創作轉變，在荷蘭盛行了許久，一個世紀後才傳到其他歐洲國家。

沙瑪指出，荷蘭教堂廢除了聖母聖子像後，「取而代之的，教堂裡掛滿了平凡母親的乳子圖。」[9]在這些畫中，母親的比例通常很小，躲在足足有她二十倍大的教堂巨柱下餵奶。這些畫被當做半宗教肖像，掛在教堂裡。對信奉新教的荷蘭人而言，它們的訊息非常清楚：值得崇敬的不是天上聖母，而是凡俗肉身的母親在哺育小孩時所顯現的虔敬。

整潔的荷蘭家庭始於母親雪白的乳房

不管是荷蘭人的真實生活還是藝術作品，哺育行為都應擺在較大的社會架構下觀察，在這個社會架構下，一個母親應當做什麼，不應當做什麼，都是依據嚴格的家庭性別角色分工。凱斯在一六三二年出版的書裡有一幅插畫，畫中，母親正在給孩子餵奶，女兒手上拿著洋娃娃，正在打它的屁股，父親則在教導兒子讀書。[10]這個畫面說明了男女的家庭角色分工，母親照顧孩子的生理需要，父親職司教育。史林吉蘭（Pietr van Slingeland）的〈木匠的家〉（*The Carpenter's Family*）則勾勒了低下階層的家庭生活，畫中，母親哺乳小孩，父親則在後面的房間做木工。[11]顯然在當時的荷蘭社會裡，雙親角色有嚴格的性別分工：父親靠本事賺錢，母親則靠身體裡的乳汁滋養孩子。雖然父母親都有責任教育孩子的品行美德，但是出生頭幾年的教養重責多數落在母親身上。當時的荷蘭母親就和現在的母親一樣，是雙親中責任較重的一個。對那個時代的荷蘭人來說，良好的教養始自母親的乳汁，以及充滿樸素美德、慈愛氛圍的家庭環境。

當時不少荷蘭畫作以哺乳做為愛的同義詞，沙夫特賴文（Herman Saftleven）的一座雕刻是村婦正在奶著壯碩小子，雕像刻文只有一個字「愛」（Liefde）。[12]布倫茲維克—沃芬巴托（Brunswick-Wolfenbüttel）公爵夫人海薇克（Sophie Hedwig）還請了一位畫家為她作畫，畫中，海薇克裸露乳房，身旁是她的三個兒子，此圖象徵慈悲（圖7）。雖然宗教藝術裡，常可見到以哺乳婦人象徵慈悲，但是甚少使用真人做為主角，尤其是公爵夫人。

越來越多的畫以平凡母親哺育幼兒做主題，以母乳對比其他微不足道的東西，傳達一種教誨寓意。藝術史學者杜蘭提妮（Mary Durantini）描述她曾看過的一幅畫，畫中的小孩正在吃奶，卻被旁人玩弄的嘎響玩具吸引得分了心。[13]她指出卡斯楚（Johannes a Castro）的一幅畫（1694）

圖7

摩瑞斯（Paulus Moreelse），公爵夫人海薇克肖像，象徵慈悲，一六二一年。海薇克的姿態讓人聯想到聖母馬利亞，她以兩指輕壓乳房，幫助乳汁流出，象徵著基督徒慈悲美德。

MOREELSE, Paulus Sophia Hedwig, Countess of Nassau Dietz, with her Three Sons, 1621. Paleis Het Loo, Apeldoorn, The Netherlands.

也有相同主題，畫中，一個母親讓嬰兒選擇他要乳房還是嘎響玩具，圖說寫著母親的乳房等同於「上帝的性靈滋養」，母親的責任是讓嬰兒專心吃奶，不受外界輕浮引誘，因為乳汁是宗教與道德教化的泉源。

母親的責任還包括處理所有家務，荷蘭家庭素以整潔、簡樸聞名。著名的荷蘭歷史學者胡辛加便驕傲宣稱，整潔是荷蘭的民族性，指出荷蘭文schoon不僅代表整潔，也意指純淨美麗。[14]它也帶有英文中的「適當」（proper）之意。一個schoon的荷蘭家庭始於母親雪白的乳房，擴散出去，不僅家中每個角落都光可鑑人，連門檻也不惹塵埃。荷蘭母親熱中親自給孩子哺乳、灑掃內外，也用同樣的熱情從事縫紉、紡織與攪拌牛乳等家務。荷蘭人以簡樸自豪，還有什麼比親自哺乳、省下奶媽錢更能縮減開支？當然，呼籲哺育母乳的有識之士並非全然站在經濟觀點，而是懷有崇高的宗教、社會與道德理由，但是一般夫婦應該會考量經濟因素，既然生母有免費奶水，又何必浪費錢請奶媽？

荷蘭婦女雖然從屬於丈夫與父親，但是在家庭領域裡，還是擁有相當的權力。出嫁前在娘家，父女之愛沖淡了父權的嚴密色彩；出嫁後，她們享有荷蘭民風所崇尚的恩愛互惠的婚姻生活。要到一個世紀後，英國與法國的女人才得到了同等待遇。

林布蘭（Rembrandt van Ryn, 1606-1669）的名畫〈猶太新娘〉（*The Jewish Bride*）便呈現了這種亦父亦夫的互惠婚姻關係。畫中，丈夫的手放在妻子的乳房上，這是明顯的擁有象徵；但它又和同類型畫作大不相同，瀰漫著一股柔和氣氛，顯示這對夫妻有著親密、溫柔、友愛與尊敬的關係，妻子的乳房不是被占有，而是用來分享的。

高尚的社會底下潛藏著旺盛的淫欲

不少荷蘭畫作均以男人手的放在女人乳房上做主題，主角涵蓋各種階層。林布蘭筆下的猶太夫婦是有身分地位的人，丈夫的手放在妻子的乳房上，恩愛的象徵大過性感與色欲的意圖。在這類畫中，有時妻子會撫摸著丈夫的手、臉，回報以相同的恩愛。但如果畫中的主角是低下階層，場景為酒店客棧，營造出來的氣息則一定是淫欲的，譬如狡猾的年輕人將手伸入村婦的乳溝，同伴在一旁鼓譟慫恿；或者老色鬼用手指著豐胸婦女，表示勾搭之意。在這類的畫作裡，被調戲的女人似乎都樂在其中。

妓女與顧客的狎歡也會成為繪畫題材，維梅爾（Jan Vermeer, 1632-1675）的〈老鴇〉（*Procuress*）勾勒妓院男客在眾目睽睽之下，用手撫摸老鴇的乳房，畫中男女表情怡然自得，一副相狎甚熟的模樣，似乎也頗符合林布蘭筆下的兩情相悅精神。當時的荷蘭雖然排斥娼妓，但是藝術作品裡，娼妓還是含有「人性」甚至「母性」的一面，顯示中產階級默認娼妓的存在有其必要，尤其是船隻靠港後，可以滿足水手飄浪大海、壓抑已久的性需求。

不過在多數荷蘭繪畫裡，老鴇的形象都是年老、醜惡與貪婪；年輕的妓女則放蕩、淫浪，飽滿的乳房險險撐破低胸馬甲，性欲之旺盛與男客不相上下。許多荷蘭風俗畫喜歡真實勾勒低下階層生活，暗示在穩健的中產階層生活背後，潛伏著旺盛的卑下淫欲，這是高尚的荷蘭社會所極力想要擺脫的。

如果你花時間研究十七世紀的荷蘭繪畫，會得到相當矛盾的印象。一方面，許多風俗畫描繪衣著端整、神情嚴肅的荷蘭公民，男人忙著治理世界，女人辛勤操持家務，他們是穩健踏實與社會和諧的最佳模範。另一方面，我們又看到不少畫作描繪荷蘭人飲酒作樂、喧囂狂歡、毛手毛腳、調情追鬧，腳下還有盡情撒野的孩子與貓狗，他們看起來就是村夫愚婦。這些畫呈現了荷蘭社會的何種真相？是否新教信仰嚴重壓抑情色歡愉、過分強調勤勉勞動，讓荷蘭人只好把所有的放縱形象全部投射到低下階級？是否對中產階級而言，性欲的描繪只宜存在於另一個階層？

史丁恩（Jan Steen, 1626-1679）畫筆下的世界是低下階層狂歡作樂的同義詞，顯示了村夫村婦毫不顧忌社會道德規範，在家中與酒店客棧狂歡的模樣。即便如此，史丁恩的作品在飲酒作樂的場面裡還是隱藏著道德隱喻，譬如安排了一個代表死亡的骷髏頭，或者一個吹著泡泡的男孩，扣合著「人生如泡沫」的俗諺，提醒觀者狂歡作樂不過是虛幻的堡壘，無法抵抗生命深層裡的悲劇真相。[15]

史丁恩有數幅畫作都取名〈有樣學樣〉（*As the Old Sing, So the Young Chirp*），明白告訴觀者大人是小孩的榜樣，如果上梁不正下梁就會歪。在這些畫作裡，大人和小孩的手上不是舉著酒杯，就是捧著酒甕，有些飲酒者吹奏笛子或風笛，每個人的嘴巴都在忙碌著。畫面中間一定有一個袒胸女人，她的乳房巨大渾圓，懷中的胖娃手上還拿著一個陶笛。裸胸母親出現在這樣下流尋歡的場面，似乎頗不協調。從某個角度來看，它可能是史丁恩勾勒酩酊世界的一種手法；另一方面，它也似乎有意讓母親的「自然乳房」與「非自然養分」對立，前者提供孩子所需的肉體與道德養分，後者則迷醉了酒客與菸客的心靈。從這個道德教誨角度觀之，史丁恩似乎在勸告觀者讓乳房遠離罪惡的環境。

大眾文學作品也不斷提醒乳房的墮落危機，譬如作品中的女主角原本是女僕，經常在工作時刻意裸露乳房以吸引男人，最後淪落成為妓女。一首詩寫道：「主人的大兒子經常偷襲我的乳房……」[16]顯然，持家必須謹慎小心，否則它很可能成為妓院的中途站。這類作品旨在警告勞工階層女性抵抗肉體誘惑，因為處女貞潔一旦失去便不可復得；它們也在提醒中上階層的年輕人，小心抵抗下人的誘惑。

更大、更圓、更晶瑩奪目

單就大小而論，這些乳房的誘惑可是十分「龐然」的，荷蘭女人素以胸前偉大聞名。十七世紀中期，荷蘭與法蘭德斯畫家開始大量描繪大乳房女人，這是自古時的豐胸女神崇拜後，史上頭一遭流行大胸脯。法蘭德斯畫家魯本斯率先勾勒豐胸女人，在他死後，其他畫家紛紛在畫布上將女性乳房放大到前所未見的尺寸。賀蘭德便發現一六五〇年之後，荷蘭的繪畫便充斥著「雙乳逼人的女性，似乎比前幾個世紀的女人乳房，要來得更大、更圓、更晶瑩奪目」。[17]

儘管喀爾文教派與浸信會派強調性靈真理，但無論是荷蘭北部的新教徒，或者是南邊的天主教徒，都毫不隱諱他們對世俗感官愉悅的喜愛。他們對繽紛世界的色彩、形狀美感的欣賞，顯現在他們對鬱金香的狂熱上（荷蘭人的鬱金香投機買賣，曾在十七世紀時導致全國經濟崩盤），也呈現在他們喜愛風景、靜物與表現女體之美的繪畫作品上。沙瑪所謂「羞於驟富」的荷蘭奇蹟，不僅製造了大批的中產階級，讓荷蘭殖民勢力擴張，生產起士、水果、花卉，還製造了營養豐富、身材飽滿的女人。

十七世紀到荷蘭一遊的旅客，一定對荷蘭女人印象深刻，她們不僅雙乳飽滿，而且享有其他歐洲女人沒有的行動自由，她們「當眾接吻、大膽直言、單獨一人上街，讓外國人大吃一驚。儘管荷蘭人強調他們的已婚婦女絕對堅守貞潔，法國人仍覺得這些舉止非常不妥」。[18]不過，荷蘭婦女的曲線畢露與言行自由，絕非等同於外國人眼中的「放浪」。

荷蘭在十七世紀裡變成一個強大的殖民國，流行服飾也逐漸反映出它的富裕與異國情調的影響力。十七世紀初期，先是西班牙式縐褶頸紗領（ruff）橫掃婦女圈，讓每個女人的頭都像端放在盤子上的南瓜。到了十七世紀中期，僵硬的縐領逐漸退流行，變成質地較軟的尖形領或扇形領，上面鑲有蕾絲花邊。接著，法式與英式穿著入侵荷蘭，女人的領口開得更低，可以看到鎖骨與隆起的胸部，有時連乳頭都差點清晰可見。

衣著暴露程度端視女人的出身階級、所屬宗教與年紀而定，當然，還有個人的穿著偏好。許多保守的新教徒繼續穿著有巨大領子的衣服，讓脖子與肩膀看起來像帳篷，頭上還戴著帽子緊緊包住頭髮，但是上流社會的女性卻早已流行穿著低胸衣服，露出一頭鬈髮。就和引領時裝潮流的法國與英國一樣，荷蘭的中上階層女性也流行馬甲，把乳房撐得異常之高，這也招來教士與衛道者的嚴厲批評，他們呼籲荷蘭婦女降低乳房高度，不要隨意暴露。

女僕或農婦等地位低微的女性，只穿著胸前繫帶的緊身束衣，裡面穿寬鬆內衣。緊身束衣的帶子很容易鬆掉，內衣也很容易綳開，露出乳房。至於妓女多數穿著內衣式的馬甲或者托胸緊身束衣，擠出迷人的乳溝以吸引男客。

荷蘭女性迷人的乳房並未隨黃金時代結束而消失，雖然十八世紀的法國哲學家狄德羅（Denis Diderot, 1713-1784）曾說過如下有失公允的評語：「荷蘭女性的個性令人失去探究傳言的興趣，不想知道她們的雙峰是否真的巍然。」[19]不過，狄德羅以啟蒙運動聞名，他與同輩學者發現了荷蘭社會施行已久的共和政體，大力推廣它的好處。一個世紀後，英國與法國人才發現哺育母乳與家庭和諧、政府良窳之間的關連，自此，乳房便成為新社會秩序的象徵。

第四章

政治的乳房：雙峰為國

文藝復興時期與十八世紀的情色藝術，

女人是以「不小心」裸露乳房來傳達性感意味；

法國大革命時期的自由女神像則是刻意裸露乳房，以鼓舞人們的政治激情。

一百多年後，二次世界大戰巴黎解放時，

著名法國歌手雪波也跳上汽車頂，扯破上衣，

像德拉瓦克筆下的自由女神一樣露出乳房，大聲唱著法國國歌。

如果說生活模仿藝術，還有什麼比赤裸的乳房更能代表自由呢？

除了當代之外，人類史上就屬十八世紀時，乳房引起最多爭議。當啟蒙運動思想家改變了世界，乳房也變成種族、政治制度等複雜爭議的戰場。十八世紀結束前，乳房首度和國家概念連結起來，我們甚至可以說是西方民主國家創造了「政治化乳房」（politicized breast）的概念，之後便緊咬住不放。

乳房的政治連結並未反映在女人的服裝上，後者純粹以美感、情色裝飾角度來呈現乳房。英國與法國向來是歐洲服飾流行的火車頭，當地女人流行穿著馬甲與緊身內衣，它們的設計是刻意讓肩膀往後縮，用力挺起雙峰，使乳頭呼之欲出。套一句流行服飾史研究者生動的描述，英國的風騷娘兒們可是「不放過任何叫浪蕩男子瞠目結舌的機會」。[1]

在素以好色聞名的法王路易十五宮廷（1715-1774）裡，我們也感受不到乳房的政治意涵。宮廷畫家為了滿足路易十五的情色欲求，以豐滿女郎為主角，畫了許多羅衫半解、裸露程度不一的油畫。對路易十五而言，看不看得見乳溝可是大事一件，他曾對朝臣大發脾氣，因為他們搞不清楚他的未來媳婦瑪麗·安托內特（Marie-Antoniette）是否乳房飽滿，傳說他對朝臣大聲咆哮：「她的乳房呢？看女人，第一眼就是要看乳房！」

當時的上流社會還是偏好「未使用過」的乳房，為了保持乳房年輕美麗，貴婦多半仰賴奶媽哺育孩子。一七〇〇年時，僅有不到半數的英國母親自己哺育孩子，其他人不是聘用奶媽，就是使用半流體的食物做為母乳替代物。[2]法國家庭聘用奶媽的比例更高，十六世紀時，僅有貴族上流家庭才聘用奶媽，十七世紀時，已普及至中產階級家庭，到了十八世紀，甚至一般平民家庭也雇用奶媽。上流社會女人社交繁忙，不克餵奶，必須偏勞奶媽；而勞工階層的女人必須工作養家，也仰賴金錢買來的奶水。

十八世紀中期，約莫半數的巴黎小孩被送到鄉間給奶媽扶養。一七六九年，巴黎甚至成立了「奶媽局」（Wet Nurse Bureau）保障奶媽的預付酬勞。[3] 一七八〇年，二萬名巴黎新生兒中，僅有不到十分之一是在自家中長大，其餘均由父母或養育院送到奶媽處哺乳。[4] 到了一八〇一年，情況改變了，約有半數的巴黎幼兒、三分之二的英國嬰兒是由母親哺乳。[5] 什麼原因造成如此巨變？

哺育母乳是平等政治的教義之一

改變始自十八世紀中期，一群衛道者、哲學家、醫生、科學家開始大力抨擊奶媽制度，扛著崇尚「自然」的大旗，他們說服人們：凡屬人體自然的東西，也就對國家社會有利。換言之，人民身體健康，國家就強壯，乳房可以是細菌與疾病的溫床，也可以為國家帶來福祉。[6] 此種新論點將乳房一分為二：一類是「腐化」、「污染」的乳房，與奶媽連結；一類是「家庭」的、有利社會革新的乳房，與母親連結。

在英國，反奶媽風潮始於連串的論文，強調為了嬰兒的健康與國家的福祉，母親有必要親自哺乳。[7]學界認為，上流社會家庭把嬰兒送到低下階層的奶媽家，使嬰兒夭折率居高不下，餵食母乳是唯一的解決方案。當時的英國有許多勞工階層女性擔任奶媽，這是她們唯一的掙錢方法，如果她不只奶一個孩子，薪資可能比丈夫出外做工還多。沒有人研究奶媽同時哺育兩個以上的孩子，對她自己的孩子有何影響，是否剝奪了孩子應得的營養？

十八世紀中期以前，人們反對奶媽多半是畏懼孩子吸吮奶媽的乳汁，會得到不好的人格或身體缺陷。著名小說家狄福（Daniel Defoe, 1660-1731）便大聲指責那些聘用奶媽的母親，竟然讓孩子「吸吮擠奶村姑、梳羊毛女工的奶水，懶得調查這些女人的脾氣是否良善、心靈是否純潔，身體是否有疾病」。[8]顯然，狄福雖是個才華洋溢的作家，卻也難逃中產階級對勞工階層的偏見。

反奶媽風潮最強的火力不是來自狄福之類的作家，而是醫學界，其中又以卡多甘醫師（William Cadogan）的抨擊最力，他在一七四八年出版的《哺乳論述》（*Essay upon Nursing*）廣受歡迎，在英、美、法國被翻譯成多種版本。他在書中懇請為人母者遵循「不會出錯的自然之律」，擔起哺乳責任；雖然父親被排除在哺育行為外，卡多甘也要求他們扛起「監督者」的角色：「我強烈建議所有父親，讓孩子在他的眼皮底下吃奶。」[9]卡多甘認為孩子吸吮母乳是件大事，不能讓母親全權決定，因為「多數母親不願也無法扛起哺乳孩子的麻煩任務」。

卡多甘認為女人覺得餵奶麻煩，「純粹是因為方法不對，如果女性願意犧牲一點乳房的美麗，親自哺乳，而餵奶方法對了，會在其中得到許多樂趣。」寫作《哺乳論述》時，卡多甘剛做了父親，他向所有母親保證，如果餵奶方法正確，便不用擔心「丈夫因哇哇哭聲而心生不耐，而且孩子會安靜、好脾氣、愛玩、愛笑與安睡」。顯然，卡多甘建議的哺乳方法在他的家裡創造了奇蹟。

套一句當時的陳腔濫調，願意親自授乳的女人不僅對家庭盡責，也是對努力照顧百姓福祉的國家盡了責任。證諸十八世紀歐洲國家戰爭頻仍，卡多甘就和許多國家主義者、殖民主義者一樣，十分憂懼人口減少。

身為醫生，他也深切檢討中產階級的價值觀，認為他們雇用奶媽，不過是為了炫耀身分地位；相反的，他極力頌揚那些「僅有幾條破毯子替孩子保暖，除了母乳之外，一無食物可以餵哺孩子的母親。」卡多甘說，由這類母親哺乳長大的孩子通常都「健康強壯」，彷彿窮人小孩對富人的疾病有免疫力。在卡多甘的理想社會裡，每個女人（不分階級）都親自哺乳，每個家庭都是個庇護所，共同建構國家的「公共精神」。十八世紀中期，哺育母乳已經成為平等政治的教義之一，但還要經過半個世紀，英國女人才大多自己哺乳，但似乎並未鬆動英國的階級結構。

十八世紀的美國不像母國一般流行雇用奶媽，美國女人大多親自哺乳，哺乳期約為一年，有的母親刻意使用哺乳做為節育手段，哺乳期更長。[10]另一方面，美國當時的嬰兒夭折率非常高，據估計，約有四分之一的新生兒活不過一歲，五歲前的夭折率更高達一半；美國母親多數選擇親自哺乳，可能也是憂慮孩子無法存活。

但是從當時的報紙廣告判斷，美國並非完全沒有奶媽，總是有新來的移民、原住民女性或南方黑奴願意出賣自己的奶水，在自己家中或者住到主人家中幫忙哺育孩子。聘用奶媽的人家通常是主母奶水不足，或者難產死亡。[11]

哺乳類動物一半不會哺乳

我們再把焦點移回歐洲，奶媽論戰吸引了許多傑出的學者參與，包括瑞典著名的植物學家林奈（Carolus Linnaeus, 1707-1778），他在一七五二年的論文〈非生母〉（Nutrix Noverca）中寫道，請奶媽哺育孩子違反自然律，危及了母親與小孩的生命，因為哺乳行為能讓母子健康。林奈對乳房史的貢獻不在他呼籲廢除奶媽，而是創建了分類學上的「哺乳綱」（Mammalia）一詞，將吸奶動物與其他動物區分開來。Mammalia 源自拉丁文 mammae，意指泌乳器官，涵括一切生有毛髮、三個耳骨、四個心室的胎生動物。

科學史學者朗達．施賓格（Londa Schiebinger）質疑林奈為何選擇「哺乳」一詞做為分類命名，她說：「擁有泌乳器官不過是哺乳動物的諸多特徵之一。」更何況還有一半的人類不會哺乳。[12]林奈的同輩學者如博物學家巴芬（Comte de Buffon, 1707-1788）也反對這種命名，因為某些哺乳動物沒有乳頭（譬如種馬）。儘管如此，十八世紀人們對女性乳房的病態執著，還是讓哺乳動物這個分類學名詞迅速取代舊有的四足獸一詞，獲得全世界的承認。

英文的哺乳動物為mammals、法文為mammiféres（擁有乳房者），德文稍稍改變焦點，稱之為Säugetiere，意指吸奶的動物，分類命名焦點放在幼獸，而非母獸。老實講，德國人以吸奶做為分類命名標準，似乎較合邏輯，因為它同時涵蓋了雌雄兩性。不過，林奈的哺乳動物一詞影響深遠，也吻合了十八世紀偏好母親授乳、將女性角色局限在家庭的政治氛圍。有趣的是，林奈對女性乳房的關注似乎早有徵兆，在他於一七四六年出版的《動物界》（*Fauna Suecica*）論文集裡，卷頭插畫便是一個四乳的女人，用來象徵動物界。（圖8）

林奈就和許多啟蒙運動的思想家一樣，認為哺乳是一種母性本能，動物（包括人類在內）天生懂得哺育、照護後代，母親不必經由教導，就知道如何哺乳幼兒，因為這是她的天賦本能。奇怪的是，即便在中世紀時代，人們也知道某些女人（主要是貴族）缺乏授乳本能，好幾位法國詩人便曾描繪初為人母者的艱苦，「不知道如何餵奶」，因為她們從未學過，「極端缺乏授乳技巧」。[13]

今日，從眾多醫學文獻與人類學研究，我們發現人類並未擁有授乳本能，哺乳就和許多社會行為一樣，必須經過觀察或資訊的傳遞學習而得。黑猩猩、大猩猩等高等哺乳動物，如果是圈養於動物園裡，有時也必須經由教導，才懂得如何哺育幼兒。為了教導靈長類哺乳，動物園是請人類母親坐在柵欄前，表演哺乳動作給柵欄內的動物看。[14]林奈如果看到這一幕，不知會做何感想？換一個角度想，如果林奈不是深受十八世紀的母性思想洗禮，也不是七個小孩的父親，或許今日人類不會被稱之為「哺乳動物」？

圖8

林奈著，《動物界》，一七四六。此書的卷頭插畫用一個四乳女人象徵動物界，顯示十八世紀人們對女性乳房的過度關注。一七五二年，林奈為舊有的四足獸一詞重新命名為「哺乳動物」，便是以乳房作為最重要的命名特徵。

Linnaeus. Funus Seucica. 1746.

Bibliothèque nationale de France, Paris.

在法國，餵食母奶的論戰掀起革命戰火，哲學家、政論家、政府官員、醫生紛紛帶頭反對奶媽制度，最有名的便是盧梭。他在一七六二年出版的教育論文《愛彌兒》（*Émile*）中指稱，哺乳會使母親與嬰兒、家庭的關係更緊密，提供社會革新的基礎。盧梭說：「一旦女人再度成為母親（此處當然是指授乳），男人也就再度擔起父親與丈夫的角色。」[15]

民主盧梭的性別歧視

不管盧梭的語言多麼誘人、思想多麼具有影響力，還是遭到後世批評者指責，因為他認定女人活在世上只是為了取悅丈夫、哺育孩子。盧梭堅稱，上帝給了男人會思考的大腦、女人會泌乳的乳房，男人如果覺得女人的乳房迷人，都是為了物種延續與家庭維繫等最終目標。在這種把母親塑造為社會救贖力量、強調哺乳超越階級的平等政治表象下，其實隱藏了西方文化根深柢固的性別主義。盧梭式思維認為有愛心、樂於付出、勇於自我犧牲的女人就是理想的母親，爾後兩百年裡，這個觀念一直盛行於歐洲及美國。

如果我們深入盧梭的真實生活，便會發現他的主張頗有可疑之處。首先，他從小失去母親，由父親和奶媽帶大，後世評論者（尤其是偏好精神分析者）認為他童年喪母，導致日後對乳房強烈不變的渴望。從盧梭的著作裡，亦可察覺他對乳房近乎變態的偏執，他在《懺悔錄》

（*Confessions*）第七冊裡，描繪與威尼斯高級妓女吉兒麗塔（Guilietta）的性愛災難。一開始，盧梭先是不舉，等到他好不容易想要享受吉兒麗塔的美麗胴體時，卻悚然發現她的兩個乳房長得不一樣，其中一個似乎變形還是乳頭內凹，這使盧梭徹底失去性欲，將自己的陽萎怪罪於吉兒麗塔的醜惡乳房，詬罵她為：「遭上天、男人與愛情摒棄的怪物！」[16]

身為父親，盧梭更是不稱職得很。他與勒瓦瑟（Thérèse Levasseur）私通多年，生下五個小孩，全部丟給育幼院。這些祕辛一直不為人知，直到一七八八年《懺悔錄》下部出版後，才暴露出盧梭私生活的另一面。但是在這之前，盧梭已有廣大婦女讀者群，她們紛紛遵循《愛彌兒》一書的建議，拒絕雇用奶媽（有時還甘冒丈夫的不悅），親自給孩子哺育母乳。

盧梭的回歸自然論大為風行，強調餵食母乳的觀念甚至吹到了法王路易十六的宮廷（1774-1792），皇后瑪麗・安托內特為了享受田園氣氛，特地在凡爾賽宮內搭建茅屋，擠奶棚、擠奶女工、牧人、綿羊一應俱全。為了向哺乳母親致敬，瑪麗・安托內特還請賽弗爾（Sèvres）藝匠做了兩個瓷碗，長得就像兩個完美的乳房。

這個時期的女人往往以親自哺乳為傲。羅蘭夫人（Madame Roland）是盧梭哲學的追隨者，也是當時最有學養的女人之一，她曾說過如下名言：「我是個母親，也是個哺育者。」[17]她決心不把女兒交給奶媽，即使奶水乾枯了，被迫以液體食物取代，她也不肯放棄。令人吃驚的是，羅蘭夫人的奶水乾涸了七星期，又奇蹟般恢復泌乳。

伊麗莎白．勒巴（Élisabeth Le Bas）夫人雖不像羅蘭夫人那麼有學養，也在回憶錄中指出未婚夫曾在婚前對她進行人格測驗，問她將來願不願親自哺乳。伊麗莎白的丈夫勒巴（Philippe Le Bas）眾議員是堅貞的共和主義者，也是法國革命領導人羅伯斯比爾（Maximilien Robespierre）的忠實追隨者，他希望確定伊麗莎白會追隨共和黨的理念，親自為孩子哺乳。為了考驗伊麗莎白的堅定度，勒巴還故意設下問題陷阱，要讓她說出反對餵食母乳的話，但是伊麗莎白太聰明了，沒有上當。

伊麗莎白後來嫁給了勒巴，也的確在一個奇特狀況下哺乳。一七九四年，羅伯斯比爾被政變推翻，勒巴也被送上斷頭台，伊麗莎白帶著五週大的孩子被關進監獄，在牢房裡待了九個月，這段期間，孩子都是吃她的母乳。勒巴對伊麗莎白的最後遺言是：「用妳自己的奶餵哺孩子……啟發他愛國。」[18]

我們不難理解羅蘭夫人與勒巴夫人何以選擇親自哺乳，因為她們同是奉行共和理念的中產階級女士，追隨著革命的大洪流，接受了哺乳的神諭。比較難以理解的是許多王公貴族也熱烈崇拜盧梭，使他鼓吹的餵食母乳理念跨越了階級差異、政治黨派與國家界限，橫掃了歐洲。

在德國，哺乳的母親成為詩歌與繪畫歌詠的對象，有時母親的乳房還成為家庭和樂的焦點，譬如安東（Johann Anton de Peters）在一七七九年的〈愛育的雙親〉（*Die Nähreltern*）粉彩畫中，便讓父親、小孩圍坐在母親的乳房前，彷彿它是溫暖的火爐。[19]顯然，鄉間父母要比都市父母慈愛得多。

同樣的主題到了英國，便成了諷刺上流階層迎合哺乳潮流的畫作，貴婦的乳房出現在畫面裡，心卻不在那裡。吉爾雷（James Gillray）在一七九六年的〈趕流行的媽媽〉（*The Fashionable Mamma*）中，勾勒了一位穿著高貴時髦的女士，僵硬地坐在椅子邊沿，讓女傭抱著奶娃在她胸前吸乳，窗外，一輛馬車正等著載這位貴婦出外尋歡。（圖9）

圖9

吉爾雷繪，〈趕流行的媽媽〉，一七九六年。畫中的奶娃挺直了身體，極力抬起頭以便吸住奶頭，屁股則在女傭手臂中高高翹起。吉爾雷以這種突兀的吃奶姿勢諷刺餵食母乳的盲目風潮。

James Gillray. The Fashionable Mamma. 1796.

有錢女人控制貧窮女人的社會手段

到了十八世紀末，哺育母乳已經成為宗教般的狂潮。一七八八年時，一群有錢的法國婦人成立「媽媽慈善機構」（La Charité Maternellé），協助貧窮的巴黎母親。資助條件有三：受助婦人必須結過婚；有教區出具的行為良好證明；親自哺乳孩子。根據「媽媽慈善機構」的說法，第三個條件最為重要，因為親自哺乳可以「強化家庭連結、讓母親更有責任心，並強迫這些母親留在家中，預防她們出外從事不當行為或者乞討」。[20]強迫哺育母乳成為富有女人控制貧窮女人的社會手段。

不是只有「媽媽慈善機構」的女人如此，連法國國民議會都在一七九三年六月二十八日通過法案，明訂母親如不親自哺乳，便會失去貧戶補助。另外一項針對未婚媽媽的條款則指出，只要她們願意親自哺乳，就可以和已婚媽媽一樣享有國家的補助。[21]

一年後，德國也追隨法國的腳步，在一七九四年通過更嚴格的法案，身體健康的婦人統統得自己哺乳。[22]如果漢堡的數據可以用來推衍到全德國，我們可以發現許多德國婦人並未遵循這條法案，依然聘用奶媽哺育孩子。十八世紀的最後十年，漢堡地區富有人家對奶媽的需求量依然和以前一樣。一七九六年，「漢堡濟貧所」（Hamburg Poor Relief）成立一個產科病房，免費收容未婚媽媽待產，條件之一就是她們產後得做奶媽，除非她們的身體無法哺乳。[23]至於這些未婚媽媽自己的孩子，可以留下來一起哺育，也可以送到鄉下給村婦哺乳。換言之，貧窮的法國母親要給自己的孩子哺乳，才能獲得補助；貧窮的漢堡母親，情況則完全相反，她們必須為別人的孩子哺乳，才能獲得政府幫助。這兩個例子顯示政府的干預力量深入了家庭領域，不僅法國、德國如此，鄰近的歐洲國家也一樣。由於法國一向是歐洲政治、風尚的領導者，法國土地的輕微震動，都會將震波傳送到鄰近國家，套一句當時的話：法國打個噴嚏，整個歐洲都感冒了。

從許多方面來看，法國大革命對女性的乳房都有深遠影響。有的女人以華麗煽情的詞藻描繪她們對哺乳的期待，一位孕婦便說她等不及要將孩兒攬向胸前，「奢侈灌溉他營養健康的乳汁。」[24]有的母親必須痛苦抉擇，是繼續哺育小孩，還是陪著丈夫入獄、逃亡、作戰。詩人拉瑪丁（Alphonse de Lamartine）的姑媽曾說，哺乳幫助她妹妹逃過一劫，因為「她的丈夫被抓進監牢，獄卒看她還在給孩子哺乳，便放她一馬」。[25]整體來說，當時法國人對孩童的健康極度關注，讓女人擁有許多「方便」。回首法國大革命時期有關哺乳的傳奇故事，當時的女人並不覺得是雞毛蒜皮或無足輕重，因為哺乳行為已被抬舉到半神話的地位。

在法國大革命的論述裡，慈愛母親的純潔母乳常被拿來和舊政體的貴族對比，後者通常由奶媽餵大，吸吮的是污染的奶水。因此，哺育母乳的共和美德與雇用奶媽的貴族腐化相對照，讓女人認為餵食母乳是「愛國之舉」，也是支持新政體的政治表態。在這種脈絡下，克里蒙—費洛（Clermont-Ferrand）地區的女市民寫了下述話語，轉呈全國會議：「茲此立誓我們的孩子不會吸吮到腐化的乳汁，而是自由的喜悅精神純化過的奶水。」[26]自此，哺乳不再是母子間、家庭內的私事，而成為盧梭所期待的公民責任的集體表徵。

譬如當時官方印製的祈禱與儀式手冊，便奉勸婦女讓自己的乳房成為丈夫的安逸處所、孩子的營養泉源，所有孤兒都可以得到保障，因為「祖國聽到你們微弱的哭聲，她將成為你們的第二個母親」。[27]祖國很樂意化身為母親，慷慨哺育所有子民，包括從前法屬殖民地移入的黑奴。

裸胸女人迅速成為法國革命的圖像重點，她們模仿古典女性，穿著希臘式長上衣，露出一只乳房，做為新共和的象徵。有時，新共和的象徵是一個女戰士，如戴安娜女神般戴著頭盔，手持長矛，上面蓋著一頂佛里幾亞帽（Phrygian cap）*，同樣裸露出一只乳房。有時，新共和的象徵是模仿女神阿蒂米絲，身上懸掛著十二個乳房，象徵當時頗受歡迎的自然、理性等理念。無數繪畫、版畫、勳章、浮雕與雕塑都將乳房變成國家圖像。

一七九三年八月十日，法國人為了慶祝革命勝利，在巴黎建造了六座噴泉，第一座噴泉坐落在革命起義點巴士底監獄外，池內是一尊埃及女神雕像，泉水源源不斷自她的乳頭噴出。噴泉揭幕，設計者達維德（Louis David）以華麗的口吻形容她是：「大自然，我們共同的母親，擠壓她豐饒的乳房，賜予我們純淨、有益的革新之液。」[28]巴黎市民吃驚地看著八十六名議員飲下女神

---

* 佛里幾亞帽又稱自由帽，是法國大革命時共和政黨的象徵。

乳頭噴出的水，國民議會議長賽謝勒（Héault de Séhelles）宣稱：「以汝乳泉起誓，法國人將遵此聖約。」賽謝勒鼓勵現場女觀眾要哺育母乳，以俾讓「戰鬥與慷慨的美德注入所有法國嬰兒的心中」。[29]這幕宛如好萊塢電影般的場景，傳達出教條宣傳的感染力，將新共和與大地之母、凡人母親的神聖授乳連結起來。

矛盾的是，新共和如此借重女性的乳房，現實裡，女性卻被排擠在公共領域之外。新法律給予少數宗教信仰者甚至解放奴隸公民權，女人卻仍不是公民。儘管如此，法國人仍以女性乳房象徵共和體制所追求的理念，包括自由、博愛、平等、愛國、勇敢、正義、慷慨與豐饒。從此以後，國家便經常被比喻為豐饒的母親，以飽滿的乳房滿足所有百姓需要。

哺育的乳房也可以很性感

新共和圖像或許和當時的法國女性穿著有關，一七八〇年代，寬鬆衣服首度登場，採用輕柔的衣料與寬鬆的剪裁，和以前拘謹的穿著大不相同。法國女性拋棄了厚重的馬甲與衣料，嘗試模仿古希臘、羅馬女神的輕鬆自由穿著，投合了當時的哲學、政治與流行風潮。法國女性的這種「政治正確」穿著，和當時男性流行的雅各賓褲（Jacobin trouser）*，共同成為平等新社會的象徵。

根據文學評論者蓋兒碧（Barbara Gelpi）的研究，在法國執政內閣時代（1795-1799），英吉利海峽兩岸的女性穿著：「隨意輕鬆簡單，方便孕婦與哺乳婦女，設計上特別方便婦女掏出乳房哺乳。」[30]十八世紀末，有一段短暫的時間，女人完全拋棄馬甲，衣料輕薄透明，重僅數磅。[31]一篇刊載於一七九七年六月二十二日《小郵報》（*La Petite Poste*）的文章提到：

兩名女士跨下敞篷馬車，其中一人穿著端莊，另一人裸露雙臂與胸口，下著薄紗裙子，鮮豔的褲子隱約可見。她們才走沒兩步，便被人群包圍、毛手毛腳，那位近乎半裸的女士飽受羞辱……。不久後，人們就再也看不到這位「新法國」女士的不雅穿著。[32]

一八〇〇年代，一篇英國雜誌評論指出，「現今年輕女士的穿著，不過是一片薄紗飄拂在胸前，輕紗下的乳房清晰可見。」[33]如此「輕薄」的穿著適用於年輕的母親，也適用於單身女郎。文藝復興時代，乳房被區分為哺育幼兒與滿足性欲兩大類型，這時又合而為一，哺育的乳房也可以很性感。

從此以後，帶有性感意味、哺育幼兒的乳房，常被用來做為國家利益的象徵。從十九世紀到

---

* 雅各賓派是法國大革命時的激進共和黨信徒，其代表穿著為相對於貴族馬褲的緊身或直統長褲，表明其下層階級的地位。

二十世紀，法國的象徵常是裸露一只或兩只乳房的女性圖像。這個女性形象又和自由理念結合，譬如德拉瓦克著名的〈帶領百姓的自由女神〉（*Liberty Leading the People*），畫中場景雖不是一七八九年的法國大革命，而是一八三〇年的流血起義，同樣的，象徵自由女神的是一個裸胸女子。

文藝復興時期與十八世紀的情色藝術，女人是以「不小心」裸露乳房來傳達性感意味；這個時期的自由女神像則是刻意裸露乳房，以鼓舞人們的政治激情。[34]一百多年後，二次世界大戰巴黎解放時，著名法國歌手雪波（Anne Chapel）也跳上汽車頂，扯破上衣，像德拉瓦克筆下的自由女神一樣露出乳房，大聲唱著法國國歌。[35]如果說生活模仿藝術，還有什麼比赤裸的乳房更能代表自由呢？

一八五〇年左右，象徵新法國的裸胸女子有了一個正式名字，叫做「瑪麗安」（Marianne），她的臉龐年輕、頭戴佛里幾亞帽、裸露出乳房，出現在無數的繪畫、雕塑、海報、漫畫與紙鈔上，瑪麗安所散發的勇敢、活力、團結與性感，正是法國人引以為傲的國家精神。[36]雖然有時美國、英國與德國也會借用瑪麗安的形象，但都不像法國一般坦然露乳！

白人主子與黑奴乳房的對立

十八世紀，法國帶領了世界的民主運動，一直居於政治理念領先地位，直到國力漸弱為止。

伴隨著大英殖民帝國的日益壯大，以及美國的國力漸強，國際影響力的中心逐漸變成英語系國家。整個十九世紀，英國維多利亞女王、王夫亞伯特親王以及他們的九個孩子，成為家庭價值與公民奉獻的超級象徵。

這個時期，不管英國還是美國，唯有哺育幼兒的乳房才被尊崇，社會鼓勵母親親自哺乳，擔起幼兒福祉的全部責任。慢慢的，人們發現母子的親密聯繫對孩子的心理健全頗有影響，更增強了母親必須親自哺乳的社會壓力；拒絕哺乳的母親不僅自私，也危害社會。英國家庭不再把小孩送往鄉間，即便聘請奶媽，也多半讓她住進主人家，讓主母監視她哺乳小主人。

至於美國母親多數自己哺乳，即使南北戰爭前南方不乏黑人奶媽，也只有兩成左右的母親使用奶媽。[37]當黑奴被主人指派做奶媽，往往得犧牲自己的孩子，專心哺育主人的孩子。北卡羅萊納州一位女黑奴說道：

> 我的姨媽瑪麗屬於奎達克主人，他的太太難產死亡，留下剛出生的露西小姐。當時瑪麗阿姨剛生了小孩，奎達克主人便讓露西小姐也喝她的奶。如果瑪麗阿姨給自己的孩子餵奶時，露西小姐啼哭了，主人就會自瑪麗阿姨手中奪下孩子，打他的屁股，要瑪麗阿姨先去餵露西小姐。[38]

廢奴史上最戲劇化的一場辯論，便來自白人主子控制黑奴乳房的緊張對立。事情發生於一八五八年的印第安那州，曾經是奴隸，後來積極參與廢奴運動的特魯思（Sojourner Truth, 1797-1883）對一群白人演講，演講即將結束時，支持奴隸制度的聽眾起身挑戰特魯思，指控她根本不是女人。根據特魯思傳記的作者潘特（Nell Painter）記載，聽眾指控特魯思說謊，意圖詆毀她的可信度，沒想到卻反而打擊了自己。[39]

根據一八五八年十月十五日的《解放者》（*The Liberator*）記載：

> 特魯思告訴他們說，除了她自己的孩子外，她不知奶過多少白人小孩，有些小孩已經長大成人，儘管他們吸吮的是黑色乳房，在她來看，長得可比台下的指控者還更有男人氣概。特魯思緊接著露出胸膛，問台下的男人可想要吸吮？特魯思說，為了證明她的性別，她可以向所有人裸露乳房，這不是她的羞恥，而是台下眾人之恥！

一個世紀後，不少七〇與八〇年代的女性運動者模仿特魯思裸露乳房，以達到性別政治訴求，但都不及特魯思的沉痛尖銳。廢奴的爭議席捲全美，特魯思裸露乳房之舉就像她著名的演講「我難道不是一個女人？」一樣，強悍地證明了她不僅是個女人，也是一個人！她的乳房哺育了黑人，也哺育了白人，難道不夠格被視為是個完全的人？可是，當時黑奴被認為是「較低等的人類」，站在拍賣台上，讓買主細細檢查他們的牙齒、肌肉與乳房，他們就像是貨品，進了主人家，便完全屬於白人主子，和牛狗一樣。

特魯思要求白人停止剝削黑奴的身體，但是中產階級對她的抗爭無動於衷，黑人女性依舊被當成牛馬，英、美白人女性卻被視為守護家庭的天使。派特莫（Coventry Patmore）的〈家中的天使〉（The Angel in the House, 1854-1856）一詩，便將母親描繪成天上的善心仙女，對家庭無私奉獻。

基本上，維多利亞時期的文學禁止描繪情色乳房，除非是非常隱晦的比喻。以詩人丁尼生（Alfred Tennyson）來說，當他的詩不是用「圓形之物」等委婉比喻，而是直接用「乳房」兩字時，通常就代表災難來臨。[40]譬如「泰爾沙斯」（Tiresias）*看到女神巴拉絲（Pallas Athene）的乳房，因而瞎了眼睛；〈魯奎薛斯〉（Lucretius）†裡，特洛伊海倫的乳房引起了戰爭毀滅；〈美女之夢〉（A Dream of Fair Women）中，克麗歐佩脫拉死於毒蛇噬吻乳房。

相反的，哺育的乳房就是好的乳房。不管是在法國、英國、美國或北歐，母親在家袒胸奶孩子，都不用羞於被人瞧見，中下階層女性甚至可以在公園、火車等公共場所公然奶孩子。[41]英國鄉下，中產階級女士也可以在教堂裡當眾餵奶，完全不受維多利亞時代拘禮文化的限制。

* 泰爾沙斯是古神話裡底比斯的預言家。
† 魯奎薛斯（西元前九五年到西元前五五年）是羅馬詩人，也是伊比鳩魯派哲學家。

需要保護的瀕臨絕種動物

對反對奶媽的人而言，願意親自哺乳的母親簡直就像瀕臨絕種的動物，需要嚴加保護，尤其是巴斯德消毒法發明後，人們發現牛奶加熱完就變得安全可飲，使用奶瓶的風潮越來越盛，到了一八八〇年代，英國大城市已經非常流行使用奶瓶，但是鄉下地方依然很罕見。湯普生（Flora Thompson）在回憶牛津郡歲月的自傳中說：「有人帶著孩子造訪鄉間小屋，這個孩子用奶瓶喝奶，大家都好奇把玩它。」[42]

西方世界對母性乳房的崇拜，從倫敦吹到新大陸，甚至遠襲至東方的蘇俄。同情農奴者為了鼓吹逐漸高漲的國家精神，融合了大地之母與哺育蘇俄子民的農婦，創造了蘇聯之母（Mother Russia）形象。偉大的作家如普希金、杜斯妥也夫斯基都大力支持蘇聯之母形象，讓她與沙皇君父（Father Tsar）並駕其驅，甚至凌駕其上。不管是大地之母，或者是哺育蘇俄子民的農婦，她們都是男性救贖的象徵，也是社會革新的能量泉源。一八六〇年，在一次女性角色的辯證裡，小說家拉斯可夫（Nikolai Leskov）譽揚母性乳房為舊秩序的維繫者，也是「女性公民美德的傳達工具」。[43]

多數蘇俄嬰兒吸食母乳長大，貴族階級則聘有奶媽，到了一八七〇年代晚期，許多蘇俄家庭改用奶瓶。[44]大文豪托爾斯泰強力反對雇用奶媽或者使用奶瓶餵食小孩，在他的想法裡，哺育母乳才是婚姻與公民社會的基石，最重要的，哺育小孩是他的妻子宋雅的責任，夫妻為此時起勃谿。宋雅的日記透露，她罹患痛苦的乳房炎，如果不是托爾斯泰專橫的要求，她會放棄給孩子哺乳。一位文學史研究者分析：「托爾斯泰獲得最終勝利，宋雅強忍痛楚給孩子餵奶，這樣一個勝利，我們很難不視之為男性控制女體的象徵。不管是這場小衝突或者十年後托爾斯泰寫就小說《安娜．卡列妮娜》，他都能稱心如意擺布女性的乳房。」[45]

托爾斯泰的個人勝利呼應了蘇俄傳統的父權價值觀，女人必須服從男人、子女必須順從父母、農奴必須效忠地主。托爾斯泰是當時最受尊崇的作家，他的小說與短論享有近乎神聖的地位，誰能質疑《安娜．卡列妮娜》中親自哺乳的凱蒂是個好母親，而拒絕哺乳的安娜是個壞母親？相較於金錢交易壓迫貧窮女人擔任奶媽、「出租胸部、販賣乳汁」，誰又能不嚮往農婦親自哺乳所代表的蘇俄田園社會景象？在托爾斯泰筆下，理想的社會有數以百萬計親自哺乳的農婦和良善的農夫，這是他企圖使時光佇足的最後困獸之鬥，妄想著延長母性哺育所象徵的農村社會之夢。

值得注意的是，一八九五年蘇俄皇后菲歐朵蘿芙娜（Alexandra Feodorovna）決定挑戰宮廷傳統，親自給長女歐嘉女公爵（Grand Duchess Olga）哺乳。依據規矩，皇后產子，宮中會召集一批奶媽讓皇后做最後挑選。不用說，聽到菲歐朵蘿芙娜皇后要親自哺乳，奶媽們都失望離去。

德國的維多莉亞皇后（Auguste Viktoria）育有七名子女，積極推廣餵食母乳，一九〇四年十一月，她出席「婦女愛國聯盟」（Patriotic Women's League）演講，推廣餵食母乳的好處。「婦女愛國聯盟」由德國政壇與醫學界的保守勢力所支持，認為挽救低落的生育率、打壓日益升高的婦女勞動參與率，餵食母乳是最後堡壘。[46]

同一年，普魯士政府撥款成立第一家孩童福利診所，由「婦女愛國聯盟」擔任義工，補助親自哺乳的母親，鼓勵她們對抗奶瓶餵食與避孕等道德低落的魔鬼行徑。一次大戰前，德國人對人口銳減的恐懼達到頂點，左右了政府的衛生政策，德國政府遂在一九一五年前，於境內普設了一千多家兒童福利診所。雖然德國生育率的下降程度尚不及鄰近的法國，卻足以成為政客推動餵食母乳的藉口，彷彿它是所有身體、道德與社會疾病的萬靈丹。

德國另有一批女人組成了「保護母親聯盟」（League for the Protection of Mothers），反對保守勢力的言論，辯稱只要消毒乾淨，用奶瓶餵食嬰兒沒什麼不好。她們也反對政府的保守作為，提出較進步的婦女政策，包括性解放、提供未婚媽媽福利措施，以及其他更激進的理念。其後二十年，在國家社會主義誕生前，「保護母親聯盟」一直是最勇於挑戰保守政府的組織。

乳房政治化在一次大戰達到頂點

整個二十世紀，各國政府基於各式理由不斷將女性乳房政治化，戰爭時期尤其明顯，一次大戰的宣傳戰讓乳房的政治用途達於頂點。法國的象徵瑪麗安在海報裡便有各式形象，有時她裸露乳房、伸出雙手，懇求民眾購買法國公債；有時她上半身赤裸，踏著敏捷如舞者的步伐，趕跑好戰的普魯士老鷹；[47]有時她不僅裸露乳房，還恥毛畢現（圖10）。其他婦女則以較現代化的形象出現在海報上，扮演著護士、公車駕駛、工廠女工、農人、郵差、織襪者、節儉的家庭主婦、豐饒的母親等各種角色，顯示各領域的婦女對戰事的全力支援（圖11）。

圖10

貝赫納（Bernard）繪，〈向七十五軍致敬〉，法國海報，一九一四年。為了鼓舞愛國情操，一次大戰時的法國海報將瑪麗安情色化，讓她裸身站在加農砲前，髮絲飄揚，堅挺的雙乳不畏德軍的侵襲。

Bernard. Honor to the 75th. French poster.1914.

圖11

李歐納（G. Léonnec）繪，〈郵差〉，一九一七年。一次大戰起，開始有婦女擔任郵差，因而誕生了此種形象。我們只能從寓意的角度來解讀她的裸胸以及手上的玩偶士兵，及膝的裙子則印證了女裝在一次大戰期間產生了歷史性變革。

G. Léonnec. The Mail Carrier. 1917 La Vie Parisienne, 1917 issue.

在崇尚美胸的法國歷史裡，半裸或全裸的女性形象有跡有循，可以遠溯至一七八九年法國大革命時的政治化乳房，或者往前上溯到文藝復興時期的情色化乳房，或者中世紀的神聖化乳房。對德國人而言，法國女人的裸胸形象證明了這個種族的腐敗，他們抓住這個題材發揮，繪製了許多裸胸法國女人的漫畫，畫中，她們不是在從事齷齪性事便是放浪形骸。其中一幅漫畫以肛門為主題，諷刺法國人對乳房的執著，畫中，瑪麗安高坐在凱旋門上，兩片屁股彷若巨大的乳房下垂，對準了法國士兵。[48]

相對的，德國的宣傳很少以女人鼓舞士氣，她們最多只是扮演支援男人、小孩的傳統女性角色。戰爭初期的德國海報裡，可以看到胸部飽滿、垂著金色髮辮的女人向士兵獻花，或者送上飲料；但是伴隨著戰爭接近尾聲，德國女性形象越變越晦暗，四處可見遮著黑紗的寡婦與哀傷的臉龐，提醒人們傷亡人數不斷上升。

美國漫畫則將德國人勾勒成非人怪獸，譬如一隻頭戴普魯士鋼盔、齜牙咆哮的大猩猩，牠右手拿著一支木棍，上面寫著「德國精神」，左手擄著一個無助的女人（圖12）。這幅圖是美軍一九

圖12

霍布斯（H R Hopps）繪，〈毀滅這隻怪獸〉，一次大戰時美國陸軍的徵兵海報。在這幅海報中，德軍被描繪成蹂躪無助婦女的大怪獸猩猩，受害婦女裸露著乳房，雙手遮掩著眼睛，顯示她萬分羞恥於裸露乳房，也極端畏懼被強暴。

Destroy This Mad Brute. Enlist. U.S. Army.

Poster Collection, Hoover Indtitution Archives.

一七年的徵兵海報，圖說寫著：「摧毀這隻瘋狂的怪獸！」暗示德國人是會玷污婦女的野獸。相對於瑪麗安的裸乳象徵力量，此畫中的乳房卻是女性柔弱無助的象徵。美麗柔軟的雙乳旨在感動美國年輕人，讓他們勇敢上戰場保護歐洲人，以免本國婦女成為下一個慘遭蹂躪的對象。由於這幅漫畫的概念十分強烈，二十二年後，一九三九年二次大戰前夕，德國宣傳部長戈培爾還將它大量複製散發，提醒德國民眾英美敵人以前是如何對待他們的，海報的圖說最後一句寫著：「絕不重蹈覆轍!!!」

一般來說，美國的戰爭宣傳除非是呈現婦女受到敵軍強暴，或者受美軍保護的場景，很少出現裸露的乳房。一九一七年的另一幅徵兵海報，圖說寫著：「全靠你保護國家的聲譽。」海報中，山姆大叔警戒地站在自由女神的背後，後者的身軀微往前傾，露出迷人的頸項、毫無遮掩的肩膀與雙臂，以及一覽無遺的乳房。這幅充滿戲劇氣氛的海報由「電影廣告人聯盟」（Associated Motion Picture Advertisers）設計，利用直接的性想像激勵美國男人奮起保護祖國不受玷污，而祖國的象徵就是柔弱的女子。

雖說美國傳統不使用裸乳做為形象（受暴場合除外），但是到了一次大戰後期也快速改變了，衣不蔽體的自由女神與哥倫比亞*形象逐漸出現，改變源自一九一七年到一九一九年間的自由公債系列海報。第一張海報裡，自由女神雕像穿著厚重的披衣，從頭裹到腳（圖13）；數個月後，第二張海報面世，自由女神的形象有了大幅改變，身體變得較柔軟、女性化，雙手前伸做出懇求狀，面色略帶哀淒，胸前交叉的繫帶清晰勾勒出她飽滿的乳房（圖14）。公債系列的第三、第四、第五張海報均由克里斯帝（Howard Chandler Christy）執筆，畫中的女主角變得更年輕、更性感，捨棄傳統披衣，改穿類似睡衣的性感衣裳（圖15）。美國人終於學會了一件事，穿著清涼

圖13

〈趕快購買自由公債，以免我滅亡！〉，一九一七年。自由女神頭戴尖刺王冠，深著厚重披衣，是完全去性化的希臘女神戴安娜。

You Buy a Liberty Bound Lest I Perish! 1917.

Poster Collection, Hoover Indtitution Archives.

＊哥倫比亞為美國的女性擬人名。

圖14
英格斯（Maurice Ingres）繪，〈購買自由公債，快快結束戰爭！〉，一九一七年。很顯然地，英格斯自前輩希臘、法國畫家身上學習到不少技巧，可以讓女性凹凸有致的胴體既凸顯又遮掩，使自由女神變得較溫柔而女性化。
Maurise Ingres. American poster. 1917.
Poster Collection, Hoover Indtitution Archives.

圖15
〈掃除障礙，購買公債，自由公債第四期發行〉，一九一八年。此圖中，自由女神胸口的布料纖薄，近乎透明，頭髮在風中飄揚，微微張開的櫻桃小口，給人好萊塢豔星在呼籲全民支援戰爭的感覺。
Howard Chandler Christy. American poster. 1918.
Poster Collection, Hoover Indtitution Archives.

的女人最適合推銷，不管是自由公債，還是徵兵或戰爭！

一次大戰的宣傳如何運用乳房端視各國的民情與品味，[49]譬如義大利的公債海報女郎胸部飽滿結實，散發出性感與力量（圖16）；奧地利以民間故事中的女英雄為圖像，乳房部位鑲上國家標誌或神話圖案；[50]英國則大量使用布列塔妮（Britannia）*的形象，頭盔、護胸甲、劍、盾一應俱全。

蘇俄女人則大不相同，她們有的真正加入戰鬥行列。一九一五年起，英、美報紙陸續出現蘇俄女

* 布列塔妮是英國的女性擬人名。

圖16
茂湛（Luciano Achille Mauzan）繪，義大利海報，〈自由公債……收復失土！〉此幅海報使用成熟女子命令全民忠心、服從。她的肩膀裸露，上衣斜斜遮掩飽滿的乳房，令人聯想起裸露一乳的瑪麗安，卻絲毫不暴露，以免引起觀者不雅之感。

兵英勇抵抗德軍的新聞；一九一七年革命爆發，蘇俄在北邊防線組了一支兩百五十人的女子步兵營。[51]一九一七到一八年間，布爾什維克黨宣傳他們擁有與男人肩並肩、勇敢參與革命鬥爭的「新女性」，當時的漫畫海報描繪蘇俄農婦用耙子叉著奧地利士兵，或者用腳踩死普魯士蟑螂，藉以激起大眾的愛國心。不是所有人都把蘇俄女兵當成一回事，不少諷刺畫質疑蘇俄女兵在軍隊的性角色，描繪她們裸露乳房坐在男同袍腿上，甚至全裸做出猥褻動作。

當世界大戰終於結束，女人的宣傳角色也告終結，自大眾視界消失。法國的瑪麗安依然占有一席之地，但形象已不如戰時那麼激進。哥倫比亞與山姆大叔依然守衛著美國，但不再那麼小心警覺。至於德國，另一隻怪獸等著伺機崛起，它的形象異常男性化，誇示男性肉體的力量與父權連結，偶爾女人也會出現在納粹的宣傳品上，角色卻被定型為亞利安孩童的哺育者。（圖17）

海報女郎的乳房是海外戰士的慰藉

二次大戰期間，美國、歐洲海報上的女人形象有了大幅轉變，比較少被用來象徵國家，而是呈現她們在各式工作場合的面貌。美國海報出現了「婦女陸軍部隊」（WACS）、「婦女預備部隊」（WAVES）、陸軍與紅十字護士等形象，頭戴俏皮的帽子，忙碌地投入戰事服務。這些女人大多非常漂亮，白膚金髮，穿著高領衣服，並肩和男人抵禦外侮、保護小孩或照顧傷兵。舊有的哥倫比亞、自由女神形象消失無蹤。

但是乳房並未在這場戰爭中消失，而是出現在戰鬥機的鼻翼上，乳房的主人經常是性感美女，搭配的文字寫著「有點危險」、「輕佻小姐」（Mis-Behaving）或者「做愛小姐」（Miss Laid）（圖18）。十九世紀的船首也常繪有上身赤裸的女人，二次大戰時繪製於機身的裸胸美女，讓飛行員有一種掌握性力量與摧毀力的感覺。

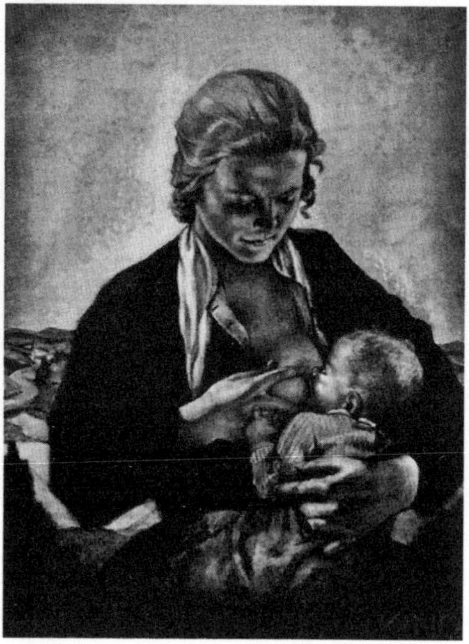

圖17

德國海報，一九三〇年代，〈德國因強壯婦女與健康小孩而茁壯〉。德國納粹期間大力推廣哺餵母乳，這幅海報模仿了聖母乳子圖形象。

Germany grows from strong women and healthy children, Hoover Institution Archives.

海報女郎的乳房則成為無數海外戰士的慰藉品，不管是展現逼人豪乳的色情照片，或是雜誌夾頁女郎照片，都可以免費郵寄海外給前線士兵打氣。一九四二到四五年的短短四年間，美國人一共郵寄了六百萬份《君子》（*Esquire*）雜誌夾頁女郎圖片，這些照片由瓦格斯（Alberto Vargas）

圖18
〈有點危險〉，一九四三年八月十二日。駐紮於英國空軍基地的波音B-17飛行保壘轟炸機三八八轟炸大隊。二次大戰的機身繪圖藝術融合了乳房、危險、摧毀與勝利。

"Slightly Dangerous." The Boeing B-17 Flying Fortress, at an English airbase.

National Archives photo no. 342-FH-3A45945-A61559ac

掌鏡，使用高超的照片修整技術，使女郎看起來漂亮完美，全部以衣不蔽體、胸部高聳、雙腿修長聞名。[52]有些瓦格斯女郎身著軍衣，被當成空軍、步兵、海軍與陸戰隊的吉祥物，美國軍人將瓦格斯女郎照片貼在臥鋪上，細心折疊攜帶，跟著他們搶灘諾曼第。瓦格斯女郎的衣著永遠曲線畢露，有時身著無肩帶或露背晚禮服，展現出紙娃娃般的性感，讓男人期待戰爭結束後返鄉，也會有這樣一雙美腿與豐乳等待著他們。

另一個官方認可、為前線戰士提供海報女郎的是《洋基》（*Yank*）雜誌，它是專為美國士兵而辦的刊物，成立於一九四二年，一期只售五分錢。美國大兵可在《洋基》雜誌裡讀到戰事報導，也可撕下當期的夾頁女郎，滿足自己的性幻想。《洋基》海報女郎多數活潑開朗，像鄰家女孩，但也有一些《洋基》女郎風騷性感，曲線畢露的上衣險些滑落肩頭，隱約露出豐滿的乳房。女星珍·羅素、琳達·妲妮爾（Linda Darnell）便是其中的佼佼者，靠著賣弄此種風情星途大展。

一九四五年，美國軍隊攝影師史坦（Ralph Stein）被派到好萊塢，拍攝一系列的海報女郎照片，他發現好萊塢的化妝師習慣加大女星胸部，以達到「眩人」的效果。他說：「……女化妝師對女星毛衣下的胸部尺寸並不滿意，先是塞進一對直徑兩吋的襯墊，然後她向後退兩步，仔細端詳女星，又塞進兩片襯墊，問我們：『夠大了嗎？』我們清了清喉嚨，支吾了一下，女化妝師便逕自為我們做決定：『管它的，這是為了戰場上的男孩。』又為女星兩邊的乳房各塞了三片襯墊。」[53]

二次大戰前後美國的「戀乳房癖」其實扣合了最基本的心理欲求，從最簡單的層面而言，乳房是男女差異的最大象徵，越是特殊的歷史時刻越能凸顯其意義，二次大戰便是這樣一個時刻。當男人遠赴海外打仗，女人的乳房提醒了他們戰爭所摧毀的愛、親密與慈育等價值。對二次大戰那一代的軍人而言，乳房除了母性與情色的象徵外，還有另外一層意義，直到戰後回復正常生活，依然影響深遠。

接著，瑪麗蓮・夢露、珍娜・露露布麗姬妲、珍・曼絲菲、愛妮塔・艾柏格*等明星，又在電影裡延續了大胸脯海報女郎的傳統，乳房成為全國熱潮，因為它是最明顯的女性象徵，男人必須確信戰爭夢魘終會結束，他們所企求的乳房終會夢想成真。強調乳房的熱潮也給了女性一個信息：女人的角色是提供乳房，而非麵包，懂得安於現狀的大胸脯女人就會擁有理想生活——四個孩子、兩輛車子、鋪著地毯的房子。足足過了一個世代後，女人才懂得抗議這種「女性成就」。

裸不裸有關係：鈔票上的乳房

二十世紀多數時候裡，女性乳房都從各個層面為國家利益服務。戰爭時期，它是鼓舞軍心的女性圖像；戰後，它成為性感與母性的象徵，以扣合鼓勵生育的政策。當然，女性的圖像不必然代表真實女人，但我們也不能忽視圖像的影響力，而應細究一個時代的形象與真實人物的交互影響。譬如一七八九年法國大革命時代，法國女人被描繪成哺乳者，她們也真的大多親自哺乳，又如二次大戰期間的海報女郎，讓美國女人競相仿效「魚雷般」的豪乳。不管是間接還是直接，乳房的圖像的確影響了全民的意識型態。

女人的身體既是意識型態的載體，兩百年來，也就經常出現在紙鈔上。[54]打從紙鈔流通世界以來，它一直是國家形象的傳播工具。早在一六九四年，英國國家銀行便選擇布列塔妮做為鈔票圖案，她的臉龐十分女性化，卻全身盔甲齊全，好像一個去性化的戴安娜女神，象徵著英國王室的力量與權威。當然，你看不見布列塔妮的乳房。

誠如前面所述，法國人向來不顧忌袒露瑪麗安的乳房，這和法國情色文化深植有關。但有時情色象徵也會產生惡果，一九七八年，法國所發行的一百法朗紙鈔以德拉瓦克所繪的裸胸自由女神做圖案，嚇壞了不少人，有的國家因而拒收這種圖像的紙鈔！

當法國還是殖民帝國時，法屬印度支那、西非與新喀里多尼亞（New Caledonia）發行的紙鈔，均曾出現有色女人的裸胸圖案。對法國當局來說，不少殖民地女人的確是袒胸露乳，將這種形象印在鈔票上，是現在的旅遊宣傳。不過換個角度來看，法國人處理裸胸白人女性圖像時，大多採取寓意手法，換成殖民地女性的乳房時，卻是赤裸裸呈現在紙鈔上，不免有種族主義剝削之

＊　這幾位均是乳房豐滿的豔星。

嫌。其他殖民大國也有同樣毛病，葡萄牙殖民的安哥拉在一九四七年發行的紙鈔，便繪有一名衣冠整齊的白人女性，正在照顧袒胸露乳的黑人小女孩。赤裸著上身的黑人女孩用以象徵殖民地的原始落後，有待西方文明殖民勢力的保護（圖19）。

圖19

安哥拉仍是葡萄牙屬地時所發行的五十元紙鈔，一九四七年。殖民地鈔票上的有色女人裸胸，常被用來象徵需要外來白人的保護。

Fifty-angolar banknote from Angola, then a Portuguese colony. 1947. Portuguese colonial banknote.

此外，一九五五到七四年間發行的五十元瑞士法朗紙鈔，以蘋果豐收做為圖案，畫面中是一個正在哺乳的母親。豐收天堂的意象指出瑞士雖是個小國卻擁有鉅富，同時也暗示瑞士女性泌乳的乳房就像可食的蘋果，都是國家財富。

複雜的政治議題，各方角力的場域

相較於其他國家，美國政府較少涉入乳房的私領域，它不像大革命時期的法國政府，規定貧戶母親必須餵食母乳，才能申請社會救濟金；也不像二十世紀初的德國或今日加拿大的魁北克一樣，獎助餵食母乳者。[55]最奇特的政府干預是在納粹德國時，德國母親必須按照固定時間餵奶，並接受泌乳量檢查。[56]

同一時間，法國政府曾推動「捐贈母乳」計畫，讓需要母乳「治療」的嬰兒都能吃到母乳。法國政府與巴黎波特洛克產科診所合作，設立了「捐乳」中心。[57]裡頭每次可安置四到五名母親與新生兒，供她們吃住，給付她們酬勞，診所員工則一天四次用類似擠牛奶的器具，抽取產婦額外的泌乳冷藏起來，分每天清晨與下午兩次販售。這類捐乳中心雖然有政府支持，但並不普遍，二次大戰爆發後便全面消失了。

直到今日，我們仍可看到政府強力干預哺乳行為，譬如在澳洲塔斯馬尼亞省，「澳洲哺乳母親協會」（Nursing Mothers's Association of Australia）勢力龐大，產婦如想放棄餵食母乳，必須先簽訂同意書，這是美國人完全無法想像的政府干預。[58]不過，餵食母乳在美國也是複雜的政治議題，是政府政策、商業利益、宗教信仰、醫學與性政治各方角力的場域。

試想過去一世紀裡，美國女人哺乳的形式產生了多少變化。二十世紀初到三〇年代，美國母親普遍親自哺乳，誰又能想像從四〇年代到七〇年代，餵食母乳風氣會大為衰退？只有不到四分之一的女人親自哺乳，而且多數只餵幾個星期。巨大改變源自嬰兒奶粉的誕生，在乳品公司與醫學界的推波助瀾下，嬰兒奶粉市場一年以百萬美元計，光是商業利益便足以促使餵食奶粉的人口激增。

至於醫學界方面，不管是在戰前或戰後，強調技術至上、男性導向的醫療體系，都把女人看成被動的治療對象，否定女性「積極」參與生產過程的欲望，也不認為女人有必要親自哺乳，因為嬰兒奶粉是很好（甚至更好）的母乳替代品。一九七五年，一份哺乳研究顯示，美國婦產科的生產照護設計，根本不讓母親有選擇餵食母乳的機會，而二十世紀末的美國文化也極端排斥哺育母乳。[59]研究者特別提出一九七五年七月二十七日《紐約時報雜誌》的一篇文章為證，該報導指出三名母親在邁阿密公園裸胸哺乳，被警方依猥褻暴露罪名逮捕。

根據報載，美國女人曾因為公開哺乳、暴露不雅，被逐出俄亥俄州托利多市博物館、紐約奧巴尼購物中心、加州的百貨公司……[60]直到一九九三與九四年，佛羅里達州與紐約州政府才允許女人公開哺乳。紐約州是在一九九四年五月十六日通過公開哺乳權利法，該法說：「女人擁有公開哺乳的權利，即便與其他法律牴觸，一個母親依然有權在任何地方餵哺嬰兒，不論它是私人場所或公開場合，也不論她餵乳時是否遮掩著乳頭。」這個法條令人狐疑哺乳怎麼可能不露出乳頭！至於加州方面，儘管論戰激烈，公開哺乳在一九九六年前依然是違法行為。加州的民意代表雖然支持女人親自哺乳，卻只允許哺乳母親免除擔任陪審員，實在令人難以苟同這就是著名的加州自由社會精神。

九〇年代以降，不少團體包括世界衛生組織與「哺乳聯盟」（La Leche League）在內，都大力呼籲餵食母乳。「哺乳聯盟」是最古老、勢力最龐大的餵食母乳推動組織，堅稱婦女可能兼顧工作與哺乳，毫不掩飾它偏袒家庭主婦的立場。從好的方面看，「哺乳聯盟」讓世人認識了女人的哺乳渴望；從壞的角度看，它讓不哺乳的女人充滿罪惡感，也讓女人覺得她們不應在孩子尚未斷奶前，就出外工作，這不符合孩子的最高利益。套一句初為人母者的話，「哺乳聯盟」是一種「信仰」，無法容忍其他的哺乳形式。

如果抽菸時間跑去餵奶

當然和納粹德國或大革命時期的法國比起來，「哺乳聯盟」所代表的社會壓力較為輕微。一個美國母親如果拒絕哺育母乳，不會被剝奪社會補助；相反的，她如果選擇親自哺乳，卻可能威脅生計。職業婦女便飽受這種挫折，如果她將孩子帶到工作單位餵奶，可能會遭到恐嚇、解聘甚至吃上官司。[61]

美國婦女面臨矛盾的要求：既要她們哺育母乳，又要她們在職場上和男人並駕齊驅。統計數字反映了她們面對這種社會壓力的焦慮，約有三分之二的美國母親擁有全職工作，其中只有六成給小孩哺乳半年以上。當美國公司附設托兒機構的比率偏低、有薪產假仍十分罕見時，美國小兒科協會提議母親至少給孩子哺乳一年，便完全忽略了職業婦女面對的現實。

今日，多數美國白人婦女還是親自哺乳。一九八七年的統計顯示，約有六成的白人母親生產後，在醫院裡哺育母乳，西班牙裔只有五成，黑人哺育母乳者僅有兩成五。[62]白人哺育母乳比率較高，可能是因為教育程度與收入較高、工時較有彈性。不過，種族間的哺乳行為差異也可能和複雜的種族史有關，長期以來，黑人女性擔任白人嬰孩的奶媽，自然會認為嬰兒奶粉解放了她們被奴役的身體，這也是她們對美國資本主義的正常反應。

講到這點，我們必須點出先進的工業國家中，美國是唯一未實施產假及育嬰假的國家。*包括義大利、德國、伊拉克、烏干達、巴基斯坦、阿根廷等一百多個國家，均訂有產假及育嬰假政策，讓婦女有十二到十四週產假，北歐國家的有薪產假（全薪或部分薪資）更長達五到六個月。[63]早在一九一九年，國際勞工組織便投票通過婦女上班時，一天可有兩次、每次半小時的哺乳休息時間，許多國家也通過這條法案。但是不少自由經濟國家的婦女不敢堅持此項權利，深怕在職場上遭受性別歧視。不僅在缺乏法律保障的美國如此，英國也一樣，社會期望職業婦女「像個男人」。[64]但如果她們和男人一樣，每天兩次休息半小時，跑去抽菸而不是餵奶，可能不會遭到歧視。

另一個有趣例子可用來觀察哺乳行為的變化。一九九三年，美國一幅廣告以母親哺乳為主題，主角身穿天鵝絨上衣、下著熱褲，這身打扮顯然不是家居服，而是外出工作或上高級餐館的穿著。美國電影與雜誌素來不吝袒露女人的乳房，實在很難想像這幅廣告會引起爭議。或許它有違常態，讓女主角穿著外出服哺乳，結果引起了爭議，悄悄地自洛杉磯地區的公車招呼站消失（不曉得是民眾太喜歡，把它撕回家，還是嫌它太刺眼，撕毀它）。[65]顯然，美國民眾贊同甚至頌揚餵食母乳，只要它是在家裡為之，如果哺乳行為拓展到公園、餐廳、法庭或辦公室，美國民眾便感到「亂七八糟」，覺得公領域與私領域失去了界限。

在澳洲，半數女人親自哺乳三個月以上，她們可以自在地公開哺乳，因為這個國家極力支持哺育母乳。澳洲女人在產後的五天住院期裡，醫院會指派護士指導她們哺乳技巧（譬如用包心菜葉冷敷乳房，可以消除血腫），也教導產婦返家後可自哪些機構得到哺乳協助。就因為餵食母乳的支援系統健全，澳洲母親鮮少拒絕餵食母乳。

美國的一般外科醫師艾德絲（Joycelyn Elders）也積極呼籲餵食母乳，照她的計畫，到了二

* 美國至今仍無全國性的帶薪產假，僅在某些州有十二週無薪產假，且具有各式限制。

十一世紀初，美國女人哺乳率將增至七五％。艾德絲醫師曾因大膽的性教育言論遭到醫院開除，打從一九九四年八月起，便致力於推動減少奶瓶餵奶。[66]她的努力令人想起之前的「嬰兒奶粉醜聞」，醫界發現開發中國家吃食奶粉的嬰兒死亡率很高，原因是這些國家缺乏乾淨的飲水，也沒有冰箱。「嬰兒奶粉醜聞」爆發後，聯合國兒童基金會、世界衛生組織都大力鼓吹第三世界國家的母親放棄嬰兒奶粉，改採餵食母乳兩年。

聯合國兒童基金會在一九八九、九〇年度所做的宣導廣告寫著：「奶瓶餵奶增加感染機會，聯合國兒童基金會正循各式途徑保護並推廣餵食母乳。」[67]嬰兒如果食用半年以上的母乳，將會增強他們對抗下痢（這是貧窮國家的頭號嬰兒殺手）與其他疾病的能力。餵食母乳同時也可降低聯合國兒童基金會投注在開發中國家嬰幼兒保健的支出，該組織的經費多半來自英國與義大利等工業國的捐款，諷刺的是，這些國家女人的哺乳率都很低。

誠如前面所述，十八世紀開始，乳房便被賦予政治意義，為國家或國際利益服務。有時，國家要求女人親自哺乳，以提高生育率、降低夭折率，促進國家的革新進步；有時，醫學界又建議母親使用嬰兒奶粉或其他母乳替代品。戰爭期間，國家鼓勵女人墊高乳房，做為「男孩戰士們」的撫慰，或者要求她們敞開乳房，做為自由的象徵。女性乳房的政治意涵包括了政府、商業、宗教與保健資源等層面，這些由男性支配的傳統建制並不把女性的利益放在第一位，一直要到二十世紀末，女人才開始奪回乳房的性政治詮釋權。

第五章

心理的乳房：照顧身體

直到今日，人們依然深信佛洛伊德所批評的：美國人還停留在口腔期階段。法國人則覺得美國男人對乳房的偏執，其實是長不大的男孩心理，渾然忘記法國人沉迷乳房的歷史更悠久。

當我們回顧精神分析學派這些著名的乳房論述，可能會為我們一度將它們視為聖典而不覺莞爾。

> 乳房，可以當做解剖學上的器官，也可視為主體對乳房所持的概念（客體陳述），它是口腔欲望、衝動、幻想與焦慮的對象，也等同於母親……「乳房分割」（splitting the breast）是一種心理過程，意指嬰兒將完整的乳房印象區分為二，一個成為「好乳房」，完美、可愛，滿足他的所有欲求；另一個則是討人厭、可恨的「壞乳房」。
>
> ——李克夫特（Charles Rycroft）著《精神分析學辭典》

雖說乳房的某些特色永遠不變，譬如它會泌乳、易受疾病侵襲，但是我們賦予乳房的某些意義卻會隨潮流而變動。誠如前面幾章所言，乳房的意義產生過幾次重大變革，譬如十四世紀的聖母乳子像、十六世紀的乳房情色化，以及十八世紀起乳房被賦予政治意義等。二十世紀初，佛洛伊德的理論又為乳房的意義掀起一波震撼。

在精神分析領域裡，乳房是個人深層情感的源頭。佛洛伊德斷言吃奶不僅是嬰兒的第一個活動，也是「整個性生活的起始」。[1]「母親的乳房與父親的陽具，對男孩、女孩的心理發展有重大影響。對佛洛伊德及其追隨者而言，乳房與陽具是建構人類心理學的兩大範疇，主宰了人類的心靈，也是精神分析學派頭一百年裡最重要的分析工具。

早期的精神分析圈中，學生不是誓死效忠佛洛伊德的理論，就是得叛出師門。佛洛伊德的基本理論認為，每個男孩都畏懼父親的陽具，擔心被父親閹割，這叫伊底帕斯情結（亦稱弒父情結），女孩則有陽具欽羨情結，這兩個理論都是佛洛伊德理論的基石，不容質疑。

在佛洛伊德的理論裡，乳房的地位顯然遜於陽具，被陰莖的光彩遮蓋。但是就像深埋於地底的女神雕像，乳房遠早於陽具，而且從未失去它的力量。佛洛伊德一直承認乳房的重要性，只是不願它蓋過陽具，一直要到晚期的佛洛伊德派學者克萊恩（Melanie Klein, 1882-1960），才重建了排列順序，讓乳房排在陽具之前。

佛洛伊德認為，乳房是嬰兒的第一個「快感區」，小孩是從吸吮乳房的口腔期，慢慢發展到肛門期與性器期。吸吮乳房帶來的性快感會以潛意識型態持續一輩子，套一句佛洛伊德扼要著名的話說：「找到某個對象，其實只是是重新發現它。」[2]從早期到晚期的作品，佛洛伊德始終堅信性始自乳房，母親是孩子的「第一個引誘者」。[3]

在這樣的概念下，夢境裡的圓形物體如蘋果、梨子都被解釋成乳房，譬如一名三十五歲的男子向佛洛伊德述說他四歲時做的一個夢，夢中，一男子奉男孩父親的命令，拿兩個梨子給男孩，男孩的母親也在場，兩隻鳥停在她的頭上，其中一隻飛入她的嘴啄食。佛洛伊德是如何解析這個謎樣的夢呢？他說：「此夢應當解釋為：『母親，我曾吸吮妳的乳房，請再度給我妳的乳房，或者展露妳的乳房。』」[4]

在沒有乳房的荒漠中流浪

只要有機會在病患晦澀的思想叢林裡挖出隱藏的乳房，佛洛伊德絕不會放過。有一次他請一位年輕病患自由聯想，患者從與女明星的私通聯想到幾句詩，佛洛伊德說：「毫無疑問，詩中的蘋果樹與蘋果代表乳房，更重要的，美麗的乳房是吸引這位年輕人愛上女星的原因之一。」[5]佛洛伊德的夢的解析，不管多麼牽強，都像教皇無謬*般不容質疑。

在佛洛伊德的精神異常理論裡，乳房亦扮演重要角色，對性發展錯亂有重大的影響。對佛洛伊德而言，所謂的性錯亂是指不依異性戀、不以性器官交合為主的性行為，最有名的例子是少女杜拉。佛洛伊德說杜拉是「一個歇斯底里的女孩，約莫十九歲」，從她的咳嗽及喉頭發癢來看，佛洛伊德判定她幼兒時期潛意識裡渴望吸吮乳房，童年時轉化成吸吮手指，長大後則幻想吸舔陽具。[6]

為了徹底了解杜拉，佛洛伊德借用了另一個病人的經歷，這位年輕女病人始終戒不掉吸吮手指的習慣，她記得小時候「躺在奶媽的胸前吃奶，一邊吸吮，一邊很有韻律地用手拉扯奶媽的耳垂」，後者被視為是手淫的象徵。從這位病人跳躍到杜拉身上，佛洛伊德斷定杜拉的咳嗽源自渴望吸舔陽具，再從此處溯源到母親的乳房，說：「不需要太大的想像力，便可發現目前的性欲對象（陽具）其實是原始性對象（乳頭）的替代物。」佛洛伊德結論說：「這個噁心可憎的吸吮陽具欲望，其實有一個無邪的源頭。它是新的欲望版本，翻拷自吸吮母親乳房的原始印象。」[7]佛洛伊德的偵探工夫，加上排斥口交的維多利亞時期保守思想，讓他的理論週而復始：終其一生，我們都緊緊黏附母親的乳房。一個人的許多晚期行為，尤其是精神異常病徵，均可追溯到早已失去原始哺乳意義的乳房。

為了證明人對乳房的早期印象與晚期印象多麼容易混淆，佛洛伊德經常提起下面這個例子：一名年輕男子極端愛慕美麗女人，當他回憶起小時候的奶媽十分美麗，禁不住慨嘆他當年吸乳時：「未能好好掌握機會。」[8]顯然他將成年男人與小孩的心智混為一談，期望小男孩能以成年男子的態度對待女人的身體。

在佛洛伊德的巨著《精神分析綱要》（*An Outline of Psychoanalysis*）中，他將乳房還原為「孩子的第一個性快感對象」、「男女兩性日後情愛關係的原型」[9]。他堅稱嬰兒無法區分乳房是客體，不知道它不是自己身體的一部分，這個理論被部分後繼的佛洛伊德派學者奉為圭臬，但它也和許多嬰兒經驗世界的假說一樣，無法證明真偽。佛洛伊德更進一步將吸吮乳房擴張為人類經驗原型，他說：「不管小孩是吸吮母乳，還是使用奶瓶、無緣感受母親溫柔的照拂，兩者的心理發展其實並無差別，只是後者長大後，對乳房的渴望會更為強烈。」佛洛伊德堅信一個人不管是

* 天主教信仰裡，教皇針對信仰與道德的說話，不可能有錯，謂之「教皇無謬論」。

吃母乳或者吸奶瓶，也不管吃奶時間長短，「斷奶後，他會始終認為自己吸得不夠多，吃奶時間不夠長。」[10]

因此，乳房在精神分析上成為伊甸園的象徵。一度，我們倘佯於樂園裡，後來，卻被母親的乳房（或奶瓶）放逐，被迫在沒有乳房的荒漠中流浪。長大成人後，我們無止盡地追求原始乳房所代表的舒適，偶爾，性結合會給我們同樣的撫慰。照佛洛伊德的說法，性愛是成人早年快感的替代物。他說：「任何人只要看到嬰兒吸吮乳汁，雙頰通紅、滿足地酣睡於母親的胸前，就會聯想到這是成人在性滿足後的表情原型。」[11]

我們不難發現，這兩個看似相仿的現象其實並不相同，就因為嬰兒吃飽奶與成人做愛後都會熟睡，不代表後者經驗發展自前者。就算我們接受佛洛伊德的論點，同意嬰兒從乳房得到的滿足是他日後快感的原型（尤其是性快感），我們也很難排除心頭疑問：佛洛伊德堅稱乳房是兩性的第一個性快感對象，他如何解釋男女後來的發展差異呢？針對男孩的發展，佛洛伊德提出了伊底帕斯情結，因為畏懼被父親閹割，男孩在這個階段為了保住性器官，只好放棄擁有母親，轉為尋求替代性的乳房。這個理論雖然迂迴曲折，象徵上，還是有它的可信度。

如果佛洛伊德是女人

至於女孩呢？根據佛洛伊德的理論，女孩的早期發展並不排斥母親的乳房，而是依據更為曲折的「陽具欽羨」理論，她們不能原諒母親生下她們，卻未給她們完整的「配備」。在這種憎恨心理下，她們放棄了母親，改以父親做為依戀對象。[12]在佛洛伊德的發展理論裡，「陽具欽羨」是最站不住腳的論述，只能用來比喻男人在父權社會占有的社會優勢。此外，它並未解釋女孩何以放棄以女性乳房做為情欲對象。

據我看，佛洛伊德的下段談話倒比較接近真相：「女孩對母親的認同可能取代了對母親的依戀。」[13]女孩對母親的認同絕非源自憎恨母親讓她少了一根陰莖，使她「殘缺」地來到人間，而是她與母親的身體日益相似，從而產生一種同是女性的共享感。當小女孩慢慢發育，長出乳房、月經來潮，她就變得和母親一樣，擁有女性性欲與生育的能力。

過世前幾個月，佛洛伊德開始修正「陽具欽羨」理論，留下了幾頁筆記。一開始，他重新思考女孩的「陰蒂認同」理論，不過比起陽具來，陰蒂認同依然象徵女孩較男孩次等。最後，幾行潦草的字跡透露出他重新思考乳房在孩童心理發展的地位：「孩童喜歡透過認同來表達客體關係（object-relation），亦即『我就是那個客體』。拿乳房為例，幼兒剛開始的認同是：『乳房是我的一部分，我就是它。』稍長後，才發展成：『我有乳房』，亦即『我不是它。』」[14]

佛洛伊德臨死之前草草書就的筆記，究竟代表何意？如果照佛洛伊德所述，不管男孩或女孩，在幼兒階段都無法區分乳房不是他們，長大後，才發現哺育他們的乳房屬於別人，這個人有權給他們乳房或者不給。不管男性或女性，都會從原始的「我就是乳房」（假設我們接受佛洛伊德的理論，同意幼兒無法區分乳房不是他們），發展到「我不是乳房」，但是女孩長大後有機會得回乳房，到了青春期，她們就可以說出男孩永遠沒機會說的話：「我有它！」

如果我們將佛洛伊德臨終前草草寫就的理論充分推演，重新得回乳房、成為身體的一部分，應當是女孩極大的心理優勢，她們在成人時重新得回幼年渴望的乳房，讓它成為自己、情人與子女的快感泉源。佛洛伊德因為禁錮於男性中心的思維架構裡，只能從局外人的角度來理解乳房；但是女人的生命始自吸吮女人的乳房，長大後，她也成為一個哺育者，乳房對女人的意義，自然不是佛洛伊德能夠理解的。

如果佛洛伊德是個女人，或許他會發展出「乳房欽羨」，而非「陽具欽羨」理論，而「乳房欽羨」理論的陳述很可能如下：

> 母親是男孩的第一個依戀對象，她的影響力終身不墜。打從男孩首次吸吮母乳開始，他就永遠不能饜足。如果母親生下弟妹，奪取了她的乳房，他就會視弟妹為侵入者，並憎恨母親不再哺乳他，他才是最早、最有資格擁有母親乳房的人！因此，許多家庭會出現男孩對母

親愛憎並存，並與手足敵意競爭的情形。

當小孩逐漸邁入青春期，他幻想著重新得回母親的乳房。潛意識裡，他相信自己和妹妹一樣，也會發育出乳房，結果卻沒有，令他深感挫敗。他怨怪母親讓他擁有缺陷的胸部，永遠不能原諒母親讓他居於此等劣勢。他覺得空虛，自覺比不上胸部隆起的妹妹，終此一生，男孩都無法克服這種缺陷感。

不能擁有乳房的絕望感烙印在男孩的每一個發展階段，深深影響他的人格形成。他終身渴望報復女人，因為她們擁有他所欠缺的乳房。女人的乳房激起他的擁有欲，也激起他對自我缺陷的憤怒，前項情緒往往轉化成觸摸與吸吮乳房的需求，目標乳房越大越好；後項情緒則轉化成自我鄙視，再轉化為對女人的攻擊，乳房成為首要報復目標。

即使做了父親，成年男子依然嫉妒吸吮妻子乳房的嬰兒，他永遠視孩子為乳房的非法侵占者，因此內心潛藏著謀害子女的欲望，導致不可避免的親子衝突。人類對乳房的渴望是各個文化的基石，亦是生之欲與死之欲爭奪乳房所有權的殊死戰場。

上述這四段模仿佛洛伊德女性理論的「戲謔」推論，暗示男人對女性乳房的性欲望與戀母渴望、手足競爭，甚至嫉妒子女均息息相關。[15]當我們看到一個男人手挽著波霸女郎、顧盼自雄的模樣，彷彿女伴的乳房證明了他的男性氣概，我們就不會覺得上述三段推論匪夷所思！

母親與愛人共享一個乳房

今日，精神分析師總是詢問病人對母親乳房的記憶：「小時是否吃母奶？」已成為精神分析的標準問題，吸吮母乳與斷奶不再是深埋於記憶、不可觸及的經驗，透過心理治療工具，它們可以再現。

根據佛洛伊德及後來的佛洛伊德學派的說法，對母親的憎厭常是源自母親哺乳孩子不夠，讓孩子形成愛的匱乏。更糟糕的，幼童對「壞乳房」或「毒汁乳房」的幻想，會使他們畏懼遭到母乳毒害。[16]有關母親的惡意形象原本就有「閹割的母親」、「精神分裂的母親」，現在又增添了一個「毒害的母親」，這個論述在一九四〇與五〇年代的美國精神醫學界，廣為盛行。

佛洛伊德派學者伊沙克瓦還創建了「伊沙克瓦現象」（Isakower phenomenon）一詞，意指成年人在半夢狀況下，會幻想出一個柔軟、團狀的物體趨近他的臉龐，伊沙克瓦認為它是幼兒時期乳房印象的重現。[17]不少精神分析醫師發現病人的確有「伊沙克瓦現象」，也使用它做為檢驗早期童年回憶的工具，或者用來支持其他更具臆測性的理論，例如去勢焦慮、亂倫幻想或其他成年退化性行為。[18]

不管我們對佛洛伊德的乳房理論有何保留，不能不承認他的成就，他將乳房歷史的兩股勢力統合成一個強有力的心理學典範，讓母性乳房與情欲乳房合而為一。母親與愛人永遠共享同一個白熱源頭，那就是乳房，雖然我們已遠離了它的原始溫暖，它的光芒卻一直照耀到現在。在佛洛伊德之前，從未有人如此了解乳房對人類心理的影響力。

納粹占領奧地利後，佛洛伊德從維也納出走，避居終老於英國。在那裡，佛洛伊德的影響力持續不墜，不少傑出的精神分析學者承續他的研究，最有名的是克萊恩、費爾班（**Ronald Fairbairn**）與溫尼考特（**D.W. Winnicott**）。他們常被通稱為客體關係學派，致力於闡揚佛洛伊德的理論，認為嬰兒會吸納原始客體的特質（譬如母親的乳房），此後，這個原始客體就永遠存留於他的潛意識，像一個萬花筒般幻化出無數形狀。克萊恩認為人對乳房的幻想從出生後幾個月便開始，成為個體潛意識的一部分，影響爾後的所有心理發展。佛洛伊德發現了人對乳房的性欲，克萊恩則為他的理論增添新的觀點，堅稱嬰兒對母親的乳房有「口腔虐待」情感（**sadistic-oral feeling**），讓他對乳房（母親）產生愛恨並存的關係。

克萊恩認為人有一種兩極對立的本能，它們有點像佛洛伊德的「生之本能」與「死之本能」。按照克萊恩的理論，「死之本能」是嬰兒焦慮的源頭，他將這種焦慮投射到第一個外在對象——乳房上，它就變成了「壞乳房」；相對的，滿足嬰兒的乳房和「生之本能」相連結，它就成為「好乳房」。克萊恩說：「……嬰兒依戀能夠滿足他的乳房，覺得它是好的。如果乳房成為挫折的來源，嬰兒就憎恨它，認為它是壞乳房。」[19]好乳房與壞乳房的對立表現在「外射作用」（projection）與「內射作用」（introjection）等心理機轉上*，嬰兒將愛的衝動投射在好的乳房上、毀滅衝動則投射到壞乳房上，目的在獲得好的對象（乳房），並做內向投射，將壞的對象（乳房）阻擋在外。透過如此的機轉，在嬰兒的心理同時建立了好乳房與壞乳房的印象。

克萊恩根據自己的分析，再加上二〇年代時曾觀察過兒童在遊戲室裡的行為，她深信自己可以透視兒童的心靈——乳房如果讓嬰兒的欲望受挫，對嬰兒而言，它就是一個「可怕的迫害者」。在嬰兒的毀滅幻想中，「他啃咬撕扯乳房，吞噬它、消滅它，他擔心乳房也會如此攻擊他」。他畏懼自己「吸血鬼般的吸吮行為」會引來壞乳房的報復，也擔心自己「挖食乳房」的幻想會使乳房裡的好成分一吸而乾，僅留下不好的物質，譬如他的唾液。談到描繪嬰兒心靈景觀的想像力（記住，我們所討論的嬰兒僅有三到四個月大，不會表達自己），佛洛伊德比起克萊恩來，顯然要膽怯保守得多。

慢慢的，嬰兒心中的母親形象從「全然壞母親」或「全然好母親」，逐漸統合成一個完整的人，好乳房（好母親）與壞乳房（壞母親）日趨靠近，匯成一體。如果是病態發展，乳房做為母親的形象，在嬰兒的心中就永遠只有一個面向，不是極端理想，就是全無價值。

如果說佛洛伊德的驚世駭俗處是發現嬰兒也有性欲，那麼克萊恩的「魔鬼吸吮」就更令人不安。讀過克萊恩論述的現代母親會覺得她的理論頗值得深思，美國女詩人奈狄姿（Minerva Neiditz）便寫道：

梅蘭尼克萊恩說
小孩子
豔羨母親的乳房
想像自己可以進入其中
挖食所有的美好
如果此說正確

---

* 心理學上，外射作用指具有某種態度與特徵的人，無意識地將這些態度與特質歸於他人，它是一種自衛機轉，人們藉此將自己的邪惡感、自卑感與攻擊性歸諸他人，否認自己具有這些特質。內射作用則是指個人將他人（團體）的態度、信仰、價值或其他特性納入自己的思想與行動中，它是內化的發軔過程，在心理分析理論裡，特指個人的衝動與反應是朝向某個客體的內化主觀意象，而不是朝向客體本身，因此客體被併入主體的自我之中。詳見《社會學辭典》，朱岑樓主編，台北：五南圖書公司（1991），pp.449-450, 667.

只有少數女人
願意哺乳魔鬼[20]

複製社會既存的父權思想

到了現在，乳房已經成為數代精神分析學者與心理學家的論戰場域，連對乳房論戰始終保持沉默的榮格，也無法阻止他的學生以榮格理論定位乳房。佛洛伊德將人類原欲的口腔快感（libidinal orality）與母親連結，榮格派學者則將它轉化為「陰半」（anima）。陰半意指男人潛意識裡的女性印象，相對的，陽半（animus）是指女人潛意識裡的男性印象。*

根據榮格派分析學者畢比（John Beebe）的論點，對嬰兒而言，乳房的心理意義不僅是對母親的口腔亂倫欲望。[21]它還會經歷幾個原型形象階段（archtypal stage），每個階段，乳房意義都會產生變化。首先它是「正面母親階段」，然後變成「負面母親階段」，最後進入「父親階段」。在「正面母親階段」，嬰兒覺得乳房是哺育的、舒適的；在「負面母親階段」，它成為迫害、窒息與吞噬的形象；到了「父親階段」，乳房或乳房替代品開始與創造性、性靈可能性產生連結。

榮格派學者認為，男人如果發展了自己的「陰半」，就不會陷入乳房欽羨情結；女人如果發展了「陽半」，便不會羨慕男人的陽具，因為她也會有自己的「陽具創造力」。榮格派論述與佛洛伊德理論最大的差異在：他們不認為乳房永遠象徵「退化回口腔期」。儘管如此，兩派論述都難逃男性偏見：成熟的人一定是從依戀母親階段成長，最後擁抱了父親的形象，不管這個形象是佛洛伊德所謂的「超我」、榮格派所謂的「陰半」與「陽半」，還是法國精神分析學者拉岡（Jacques Lacan）口中的「父之名」。換言之，母親永遠是我們必須擺脫的對象，顯然，這些二十世紀的學者在界定成長時，還是難以跳脫複製社會既存的「父權層級」思想。

我們在英國分析家奧斯圖（James Astor）的著作裡，可以看到他融合佛洛伊德學派、榮格學派與克萊恩派學說，重新定位乳房。他描繪嬰兒如何看待乳房：「出生後的頭幾個星期，乳房是嬰兒全部的經驗世界，不是部分，而是全部。稍長後，他才開始探索自己與母親的身體，乳房才成為整體的一部分。」[22]奧斯圖並將乳房論述從母子互動擴展到分析師與病患的互動，他以母親乳子做比喻，強調「精神分析醫師的心智就如同乳房，哺餵思想，讓分析過程提升病人的成長」。就比喻意象而言，將精神分析師比做乳子的母親，當然有它的魅力，雖然它無助於我們了解治療的過程。

＊陰半，坊間亦翻譯成「阿尼瑪」；陽半，則譯成「阿尼姆斯」。阿尼瑪與阿尼姆斯是一個男人的潛意識朝女性特質人格化，以及一個女人的潛意識朝男性特質人格化的過程。詳見《榮格自傳》，台北：張老師文化（1997），pp.459-460。

在吸吮與性欲之外的意義

我們應該感謝精神分析學者，他們釐清乳房在心理發展過程中扮演了重要象徵，雖然他們的解釋通常局限在母親與性欲的連結上，無法探討乳房在吸吮與性欲之外的意義。我們就拿偏執於減輕體重的精神性厭食症（anorexia nervosa）為例，一八七三年，當法國醫師拉塞格（Charles Lasegue）與英國醫師葛爾（William Gull）首度發布此種飲食失調病例時，厭食症尚被認為是罕見現象，[23]但是過去二十五年來，它已從零星個案變成年輕女孩的「流行病」，美國的厭食症患者中便有高達九成是年輕女孩。

以往，精神分析都將厭食症解釋為「逃避成為女人」，也就是逃避成年異性戀行為。一九七〇年代初期，當厭食症人口逐漸增多後，根據主流的精神分析理論，它是患者對性的深層精神官能衝突，源自患者的家庭關係，可用強迫餵食或者家庭治療法（family therapy）矯治。但是不少女性主義評論者認為，厭食症患者強迫自己挨餓，較有可能是因為「苗條至上」的文化氛圍，以及自覺有必要以「男孩」的模樣活在男性宰制的環境裡。[24]她們指出，許多厭食症患者潛意識裡畏懼乳房與臀部的肥肉，擔心這會使她們在男性面前顯得蠢笨，容易受傷害。年輕女孩拒絕乳房不僅是拒絕女性性徵、排斥成為一個母親，也是拒絕了未來將要面對的所有社會、經濟與知識劣勢，她從母親的生活即可察覺自己未來的命運。厭食症患者知道自己無法掌控所處的世界（小自她的家庭，大至整體文化），但是她卻可以控制體重。事實上，厭食症患者體重減輕到某一個程度後，便無法控制自己的進食失調，體重降到危險甚至致命的標準。現在，大眾日益重視厭食症與其他進食失調疾病，精神分析學者也擴大原本的病因解釋，進而發展出較為複雜的治療模式，將文化看待女體的想法，以及它對年輕女性的心理烙印統統納入論述。

跨過專業領域，乳房的心理意義已成為大眾文化主食，無數的漫畫卡通以蘋果、雞蛋與山丘來表現人類心理的原型乳房形象。想想電影《性愛寶典》（*Everything You Always Wanted to Know About Sex but Were Afraid to Ask*）裡，不是有一個怪物乳房逃出科學家的實驗室，摧毀了鄉間，然後被反諷式的男主角伍迪艾倫神勇揮舞十字架打敗嗎？

我們再想想看作家菲利普・羅斯（Philip Roth）的中篇小說《乳房》（*The Breast*），書中的主角變成一個巨大的乳腺，當這位步上卡夫卡*後塵的主角企圖理解自己的困境，嘴裡吐出來的卻是純東岸†的精神分析囈語：「為何我會變成嬰兒時期的原始認同？哪種未獲滿足的欲望、童年困惑以及來自遙遠過去的片斷，會衝擊出這樣古典、簡單的錯覺？」[25]以男人蛻變成乳房做為自我滿足的象徵，這種表現形式足足流行了二十年。

---

* 卡夫卡的著名小說《蛻變》描寫一個男人變成蟲。

† 此處，東岸意指《乳房》一書的主角使用高級知識分子的語言。

直到今日，人們依然深信佛洛伊德所批評的：美國人還停留在口腔期階段。法國人則覺得美國男人對乳房的偏執，其實是長不大的男孩心理，渾然忘記法國人沉迷乳房的歷史更悠久。當我們回顧精神分析學派這些著名的乳房論述，可能會為我們一度將它們視為聖典而不覺莞爾。畢竟，沒有多少人會全盤接受佛洛伊德所說的神聖信念：「人類永遠無法擺脫失去母親乳房的痛苦。」[26]我們也不會指責無法哺乳的母親是「病態的歇斯底里」，像佛洛伊德在處理某名病例時一樣，用催眠法來治療她。[27]雖然我們對決定人生選擇的潛意識因素日益敏感，卻不再臣服於教條，也不再盲從披著科學外衣而立論薄弱的解釋。有時，乳房就是單純的乳房！

第六章 商業化的乳房：從馬甲到虛擬性愛

不管是男性導向的《花花公子》、《閣樓》、《好色客》雜誌，或者是一般口味的《浮華世界》與《滾石雜誌》，封面都經常出現裸體女郎，追逐著世界風潮，從一個雜誌蔓延到另一個雜誌，再從一個國家橫渡到另一個國家，擺弄姿勢或有不同，展現的都是相同的渾圓乳房。

文學家史坦貝克曾經說過：「如果外太空智慧生物來訪地球，一定會以為地球生物的生殖器官是乳房。」

在一個執著於乳房的社會裡，乳房簡直帶來無限商機，不僅衍生出胸罩、乳液等相關商品，連不相干的汽車、啤酒等商品廣告，如果出現乳房也會帶動銷售。一位法國醫師戲謔地說：「你可以用乳房來促銷任何東西！」[1]

女人是賣方，也是買方

在乳房的商品市場裡，女人是賣方也是買方。

身為乳房商品的消費者，女人被各式支撐、保護、美化、擴大乳房的產品包圍，打從中世紀時馬甲誕生以來，女體之美的標準便不斷改變，時裝業也靠著不斷翻新的內衣款式大發利市。我們不再能分辨何謂「自然的」女性身材，因為雕塑、遮掩、擠壓、填塞、打造、訓練，甚至「肢殘」女體的概念已經深植人心，成為一種集體潛意識。不少性別史研究者認為社會文化對身體具有強大的建構力量，賀蘭德還據此寫了一本《透視衣服》（*Seeing Through Clothes*），主張服裝與人體密不可分，緊貼著身體的衣裳也是一個性欲對象，是大眾服飾幻想的崇拜物。[2]

今日，有關乳房的商品與服務如胸罩、馬甲、美胸霜、健身課程、手術隆乳與減胸，已形成龐大的國際企業，西方婦女在乳房上的花費高達數十億美元，輕信美麗的乳房會增加性感與職場籌碼。為了「不可能達成」的女性形象，她們成為魔術胸罩、矽膠隆乳的活廣告，熱中購買任何號稱可以創造標準乳房的商品。

我們太容易像傅柯（Michel Foucault, 1926-1984）所言一般，視女人為「順從的身體」，將她們定位為商業剝削的受害者與共同壓迫女性的從犯。[3]但是，現代女人（或許自古皆然）從來就不只是被外在壓力洗腦的受害者，或許我們會屈從於男性眼光與服裝流行的宰制，但如果以為女人在這些事物上毫無個人選擇權，那就太愚蠢了。當然，女人有時會盲目選擇；更多時候，我們的選擇是為了取悅他人，毫不自覺它只是反映別人而非自己的欲望；但有時，我們的選擇也符合了自我的內在審美標準（不管它是否為社會建構下的產物），我們因而快樂、自覺性感，從中得到不可否認的愉悅。

至於身為賣方，打從歷史初始，女人就開始販賣乳房。當奶媽流行時，無數女人以泌乳營生，在極高貴的法老王家裡，奶媽的地位有如宮廷貴婦，掌控複雜的權力網絡。法國皇后的奶媽可得到許多賞賜，包括「乳房夫人」（Madame Poitrine）頭銜，直到君主制度消失後，某些曾出過「乳房夫人」的家族，依然把這個頭銜當做一種榮耀。

許多英國奶媽賺的錢和丈夫一樣多，在悠久的男尊女卑文化裡，這是十分罕見的平等待遇。當然，不是所有奶媽都值得欣羨，她們多數只被當成母牛，如果住在主人家，還可能必須忍受責打或性騷擾，如果她們把奶娃接到家中扶養，主人可能拖欠薪資，甚至把孩子丟給她們。一旦女人的部分身體被當做商品販賣給富人，受到剝削的機率便很高。

為了情色目的裸露乳房更是引起爭議的販售行為。人類歷史上，娛樂表演或大眾媒體上只要出現裸乳女人，總會招來撻伐或查禁，更遑論為了色情或販淫目的而裸露乳房。即使如此，女人總也不乏裸乳賺錢的機會，從古希臘的「海泰拉」、古羅馬與文藝復興時期的歐洲高級妓女、著名女演員、國王的情婦、有錢人包養的小老婆，到現代的電影女明星、模特兒與脫衣舞孃，都精於以「衣不蔽體」獲取豐厚的物質報償，而且精益求精。

當女人裸露乳房牟利時，我們很難說她是剝削者還是被剝削者。她們的行為是出自自由選擇，還是被無法抗拒的金錢報酬所驅使？少數女人以裸乳賺錢做為自我賦權（empowerment）的手段，無數女人卻受害於性玩物的集體印象，兩者之間，可有一條清楚界線？在美國，因為女人甚少公開哺乳、不可裸露上身游泳，電視也不准播出此種畫面，物以稀為貴，不少男人願意付錢一窺女性裸露乳房，因為沒有其他管道。

為了勾勒乳房的商業史，本章一開始將焦點放在乳房產品的沿革史，然後探討藝術、媒體、娛樂工業以及色情行業裡的裸乳。

沒有內衣就沒有服裝工業

服裝設計師克麗絲汀・迪奧曾說過：「如果沒有塑形內衣，就沒有服裝工業。」這句話非常適用於過去數百年的服裝史。所謂的塑形內衣包括馬甲、胸罩、束腰等，它提供了女人「第二層皮膚」、「第二種骨架」，幫助她們打造符合時代要求與身分地位的體態。[4]打從十四世紀初，女人拋棄早期男女通用的寬鬆長衣後，緊身內衣便成了時髦的代表，一種名為 cotte 的束腰外衣，僵硬緊貼著身體，塑造出瘦削的女體新美感。乳房豐滿的女性用布條緊緊紮捆胸部，以趕上小乳房的潮流；雙乳下墜的女人則在衣服內裡縫製小口袋，竭力將乳房托高。從此，任何端莊女性都必須穿著有支撐乳房作用的服裝。

從那時起到二十世紀，女人多數用馬甲支撐乳房。根據文獻，中世紀時期便有馬甲，英國皇室一二九九年度的帳本上，便登記了兩件鑲有毛皮的馬甲，一三八七年的法國王室帳本也登記皇后擁有六件馬甲。我們無法確定的是，這些早期的馬甲和後來的馬甲是否式樣相仿。不過，不管十四世紀初期女人使用何種馬甲，它的確將乳房托到前所未見的高度，搭配著時興的低胸衣服，乳房清晰可見。這種強調女性性徵的穿著，引起了神職人員與民間權威人士的注意。一三五〇年，德國林堡（Limburg）地區的紀事便憂慮女人衣服領口過低，形成駭俗景象，只會引起猥褻好色之心。

十五世紀時，西班牙發明了「兩片式胸衣」（pair of bodies），讓馬甲變成恐怖的東西。西班牙式胸衣形似盔甲，前後各一片，在兩脅處綁起，於十六世紀時，從西班牙宮廷流行到法國與英國上流階層。西班牙式胸衣由木板條、鯨骨、金屬或皮革製成，可以當內衣穿著，偶爾也當成外衣。雖然金屬胸衣（少數博物館有典藏）可能只用做整形框架，多數上流女子卻受苦於木板條、鯨骨與皮革胸衣的壓迫束身。嘴尖舌利的英國批評家譏諷女人是「繫腰身於鯨骨囹圄」，或者「將乳房壓縮成餅，不久之後，連呼吸都發出臭味」，因此極容易染上肺病。[5]

法式緊身束衣叫做corps，比較像束腰，從乳房之下的胸部緊緊束到胃部，一向反對虛榮流行的蒙田（Michel E. de Montaigne, 1533-1592）批評女人甘願受苦，愚蠢地接受束腰：「為了擁有西班牙式的苗條身材，女人什麼苦不能忍受？綁緊胸衣勒帶，緊緊箍紮，直到兩脅出現長而深的傷口，深入肌膚，甚至因此死亡。」[6]

多數法式與英式胸衣，中間都有一根鯨骨、木頭、象牙、獸角或金屬撐骨，維持它的直挺，四百年來，它一直都是馬甲、塑形內衣的設計原型。撐骨多由專業工匠打造，上面刻著情愛的詩文，它本身就是男性愛欲的對象，也是閨房詩與大眾戲劇歌詠的物品。一個女人如果抽出胸衣的撐骨，拿在手中比畫，會被視為是輕浮大膽的調情。[7]

十六世紀到十七世紀中期，有時女人以平胸為美，有時又流行豐乳。風尚如果流行女人托高乳房、衣領低到乳頭處，那就是男人畢生難忘的奇景。詩人兼醫學作家賀爾（John Hall, 1529）永遠不能忘懷他在亨利八世的宮廷裡，看到一個酷似小男孩的女人：「那個女人露出了她的乳房，展示給眾人看。」《不幸的旅人》（*The Unfortunate Traveller*）一書作者納許（Thomas Nashe, 1567-1601）顯然不能適應厚顏無恥的女人，他寫道：「她們以乳房突襲男人，不雅地露出玫瑰花蕾般的乳頭。」寫作《戲言暴富新潮仕女》（*Quippes for Vpstart Newfangled Gentlewomen*, 1595）的無名氏則譴責，「裸露的乳房」是魔鬼的傑作。[8]

每當低胸衣服流行，男人便起而批評甚至暴力相向。法王路易十三（1601-1643）不像父親亨利四世那麼風流，完全無法容忍宮廷貴婦穿著低胸衣服。據說，有一次他覺得某名貴婦穿著暴露，忿而朝她的胸部吐了一口酒。[9]他的兒子路易十四（1638-1715）雖然不討厭女人穿著低胸衣服，但是他在位期間，憎恨女人露乳的衛道人士依然不放鬆攻擊。今日，法國學生在課堂上讀到莫里哀的小說，看到虛偽的塔妥夫責罵朵琳：「遮起我不應窺見的乳房，」都忍不住咯咯發笑。

在法蘭德斯地區，一名神職人員寫了一本《遮起乳房，不然就得癌症》（*Cancer or the Female Breast-Covering*, 1635）的陰險小冊，企圖誤導大眾相信裸露乳房和乳癌有關。一六八六年，一份德國小冊提醒男人注意「年輕裸乳女性的危險，它是點燃一切魔欲的火種」。[10]教皇殷諾森十一世（Pope Innocent XI, 1611-1689）在一六七六到八九年在位期間，甚至威脅女人，如果不以不透明布料遮起胸部、肩膀與手臂，將把她們逐出教會。

當風潮流行平胸，女人求助於賣藥人的各式偏方，希望保持乳房小而堅挺。當大胸脯變成潮流，譬如英王查理一世在位（1625-1649）時，女人也求助走方郎中提供各式擴胸乳液、軟膏與乳霜，但顯然不會有任何效果。

男人打造女體，左右內衣市場

乳房做為流行圖像的文化日漸深植，到了一六七〇年，製作馬甲變成有利可圖的新行業，歐洲各地都有這類師傅的專門店。他們不僅壟斷了打造女體的市場，許多十八世紀的雕刻並且顯示女性前往量身時，馬甲師傅還會和她們眉來眼去，抓住機會觸摸她們的乳房。[11]

對中產階級與貴族婦女而言，馬甲是必要配件，讓她們和平民女性有所區分，有的甚至睡覺時都還穿著撐骨較輕的夜間胸衣（corps du nuit）。勞工階層女人或農婦穿不起昂貴的馬甲，就算負擔得起，馬甲也會妨礙她們工作，所以多數穿著小馬甲（corselet）。這種胸衣在胸前而非背後繫帶，不需要僕人幫忙就可以穿上。

十八世紀中期起，歐洲掀起一股由醫生發起的反馬甲運動，打著科學的旗號，與反奶媽運動並肩作戰。就和今日的反菸人士一樣，這些醫師列舉馬甲的各種壞處，宣稱它會使婦女身體變形，希望說服女人放棄馬甲。法國的波諾（Jacques Bonnaud）曾寫了一本著名的宣傳小冊，超長的標題說明了馬甲的所有爭議點──「使用鯨骨胸衣導致的人類物種退化：本書證明使用鯨骨胸衣違反自然律、增加人口減少的危機、劣化男人的品質，換言之，女人名為孕育男人，卻讓他打從受孕成形的一剎那便開始受苦。」[12]以現代的觀點來看，我們不禁懷疑作者以「男人」代表全人類，對那些被批評的女人而言，不知是什麼滋味。

馬甲業者擔心商業利益受損，立刻跳起來捍衛，宣稱它可以「塑形」。里昂地區一名裁縫發表了一篇評論，標題是〈使用鯨骨胸衣雕塑並維持年輕體態〉，宣稱穿著馬甲的城市女孩比鄉下女孩身材好，後者因為沒穿馬甲，容易肩膀肥厚、胸部平坦、胃部突出。[13]這和醫界的看法正好相反，醫師們認為鄉下女孩的體態自然發展，不受限制，因而乳房比較渾圓突出；相對的，城市女孩與貴婦穿著馬甲，反而讓乳房萎縮了。

不久，女人開始聆聽醫師的警告，法國大革命時，第一個時裝大變革便是拋棄馬甲，改穿拋開束縛的新式服裝，其中又以執政官夫人塔寧（Madame Tallien）的作風最是大膽出名，她在一七九五年參加巴黎歌劇院的舞會時，只穿一件無袖絲質長衣，裡面沒穿內衣。

雖然，可能只有極少數婦女作風如此大膽，英、法兩地的諷刺家、漫畫家卻喜歡譏笑這種半裸式穿著，另一個嘲諷目標是胸墊。一七九九年，英國《泰晤士報》的一篇文章寫著：「胸墊風潮至少有一個好處，它迫使女人至少在身上穿點東西。」[14]

但是沒多久，馬甲風潮又回來了，這一次分為長、短兩款。拿破崙時期（1804-1815）盛行歐洲的「帝國腰」打破舊有傳統，將腰線拉高至乳房之下的部位，乳房因而成為視線的焦點。但是當法王在一八一五年復辟、保守主義瀰漫全歐洲時，馬甲的腰線又降回正常的高度。

一八一六年，歐洲盛行女人雙乳分得越開越美，法國馬甲師傅勒赫矣（Leory）發明了「分離式馬甲」（Divorce Corset），並申請專利。這種馬甲使用三角形金屬襯墊，置入馬甲的正中央，將乳房用力擠向兩邊，三角尖則朝上。分離式馬甲迅速在英法兩地造成風潮，但是不久後英國人又開始流行平胸。

當時，英法兩國的勞工婦女都買不起馬甲，直到瑞士企業家渥利（Jean Werly）在法國巴露杜克（Bar-le-Duc）建了第一家馬甲工廠，大量製造、售價便宜的馬甲才問世。一八三九年，渥利開發以織布機量產馬甲，並申請專利，人人才買得起價格合理的馬甲。

一八三〇年，歐洲的服裝雜誌開始大量出現馬甲廣告，多數是鋼筆畫或水彩畫的全頁插圖，但是走高級路線的美國雜誌《高蒂仕女書》（*Godey's Lady's Book*）與《葛蘭姆雜誌》（*Graham's*）卻遲遲沒有出現馬甲廣告，直到一八六〇年代末，頗受尊敬的《高蒂仕女書》才開始刊登這類廣告。美國媒體的馬甲廣告均號稱是法國製，但其實都是美國廠商在密西根州底特律、麻州屋斯特、康州新哈芬等地生產的。

十九世紀中期，塑形內衣的製作產生了重大變革：內衣上的帶眼改用金屬環；印度橡膠與塑膠取代了鯨骨做為撐骨質材；腰線在一八四〇年代降至正常高度，但是到了一八五〇年代，又因女裙襯架（crinoline）的誕生而往上提。當時流行沙漏形身材，女人必須緊緊束出小蠻腰，據傳有女人因為勒腰過緊而死亡。纖腰十七吋到二十一吋是最理想的身材，不少女人興沖沖地買了十八或十九腰的馬甲，可能還是得偷偷鬆開繫帶數吋。[15]一八五〇年，英國引進胸前繫帶的馬甲，慢慢的，需要僕人服侍穿著的背後繫帶馬甲便被淘汰了。

十九世紀中期，英、法兩地製作馬甲的女師傅人數已超過男師傅，雖然女工的薪資還是很低廉，法國的馬甲市場卻已緊緊控制在女性企業主、女性工廠監督與女工手中。德國則在一八五〇年左右引進機器生產馬甲，裁縫工多數仍是男人，女工則負責清洗曬熨，或者在家按件計酬縫製馬甲。

市場越做越大，馬甲搖身變國寶

英國馬甲工業越變越大，除了本國顧客外，還外接歐洲其他國家與美國的訂單。服裝史學者郝桑（Rosemary Hawthorne）專門收藏英國馬甲，其中一件製作於一八六〇年到七〇年間，郝桑形容它：「質料為暗黑色絲綢，內有細棉襯裡，設計極端複雜，針腳細密，用了二十根鯨骨，一百零四條繫帶線。」郝桑並說，如此精美的手工源自數個世紀以來代代相傳、無與倫比的手藝。[16]

法國人也將馬甲製作當成「國寶」，以款式豐富、材質多樣、色彩繽紛聞名。十九世紀末，法國馬甲專家維樂（Violette）描繪法國女孩一生穿著馬甲的階段變化：十歲時穿上第一件馬甲，通常是及腰的軟質緊身胸衣；十八歲踏入社交圈後，換穿上等細麻布的軟質馬甲；結婚後，再換上所謂的「婚後馬甲」（nuptial corset），質地堅固緊繃。

從廣告分析，法國馬甲式樣真是多到叫人吃驚，有休閒、睡覺、懷孕、餵乳、騎馬、游泳、騎車等各式場合適用的馬甲，不禁讓人懷疑法國女人每天光是換穿馬甲就夠忙了。女性舞者還有專用馬甲，胸前縫有鯨骨三角衽緊緊固定乳房，背部則開得極低，讓人飽覽風光；身材變形者還有矯治型馬甲。到了十九世紀末，法國的馬甲製造業已經達到巔峰。

鄰近的德國業者不讓法國專美於前，也製造了配合各種場合的不同馬甲，包括醫療用馬甲、懷孕馬甲，方便掀開的哺乳馬甲、運動與游泳馬甲，更有瘦削者、肥胖者、年輕女人、老女人專用馬甲，甚至還有專門給七到十二歲女孩穿著的馬甲。一位德國作家在一八八二年寫道：「只有極少數的女人終其一生都不必穿著馬甲（或者更精確地說，不必使用乳房撐托物）。」[17]

那段時期裡，胸墊（falsies）與擴胸產品大行其道。英國製造業者宣稱在馬甲的乳房部位，加入罩杯式鋼絲、彈性賽璐珞或者任何杯形襯墊，都可以使「太瘦的女人變豐潤」[18]。法式胸墊則有軟革、絲質襯墊、橡膠等材質，美國女人則可在塑形內衣店或者從喜爾仕百貨（Sears）的郵購目錄購得胸墊（圖20）。

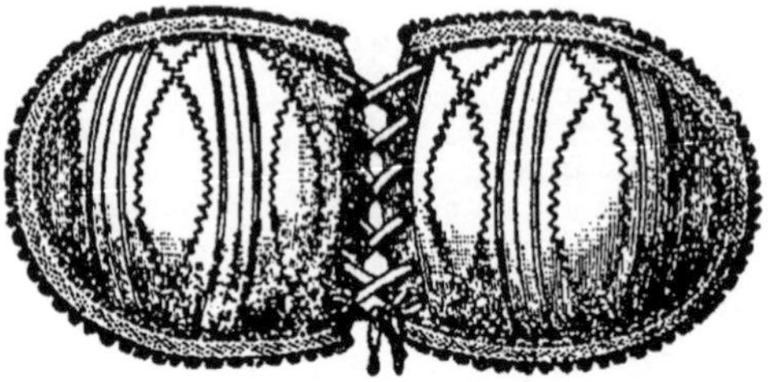

圖20

乳房襯墊，喜爾仕百貨郵購目錄，一八九七年。只要二十五分錢，即可買到一對這種胸墊，壯大自己的乳房。Bust pads. Sears, Roebuck & Co. Catalogue, 1897.

擔心脫掉襯墊胸衣，乳房就會過於平坦的女人，可以選擇各式擴胸產品。一種售價十美元的「居家美胸療程」（Bust Beauty Home Course）宣稱，平胸女人使用後，可以將高領衣服束諸高閣，改穿最大膽的低胸衣物。在這些擴胸產品中，最奇特的莫過「擴胸器」（The Bust Developer），它包含一瓶乳霜、一瓶美胸乳液，以及一支長得像通馬桶器的東西（圖21），由鎳與鋁製成，分成直徑四吋與五吋兩種大小。

圖21

公主擴胸器，喜爾仕百貨郵購目錄，一八九七年。「擴胸器」保證讓乳房「圓、挺、美」。

The Princess Bust Developer.

Sears, Roebuck & Co. Catalogue, 1897.

法國報紙則不斷刊登神奇美胸液的廣告，宣稱它有「擴胸或維持乳房不墜」的效果：

有人埋怨老婆太漂亮!!!
使用「美乳膏」過量，就會如此。
如果使用「美乳膏」後胸部過大，
我們建議您調水稀釋使用……

「絲卡辛雅柏汀」的好處：

它可以保持乳房堅挺，
讓乳房如雪花膏般潔白。
使用了「絲卡辛雅柏汀」，
就可以和馬甲說拜拜，
因為馬甲有害女人健康……[19]

第二則廣告企圖抓住歐美兩地反馬甲的趨勢，越來越多的女人、男人、醫師甚至醫學門外漢，再度發聲警告馬甲對身體的傷害，英、美、法三地醫師指控馬甲造成女人呼吸困難、肋骨變形、壓迫腹部器官，使得女人「身體逐漸敗壞」。[20]

女性健康政治宣言

一八七四年春天，五名女性在波士頓舉行了連串演講，致力於服裝改革，當中四人是醫師。會中，史塔芙布萊克（Mary J. Stafford-Blake）醫師批評：「馬甲相當於六到十層厚的衣服，緊緊裹住女性的身體，是讓女人無法行動的包袱。」[21]海絲汀（Caroline E. Hasting）醫師則指責，馬甲造成女性胸腔肌肉無力，讓自小穿著「人類刑具」的女孩，長到十六、十八歲後，會誤以為沒穿馬甲就活不下去。潔克森（Mercy B. Jackson）醫師則認為，馬甲對西方女性的殘害，比中國女人的纏足還「致命」。海妮絲（Arvilla B. Haynes）醫師提供了明智的建議：「女人應當拋棄馬甲，如果非穿不可，也該選擇非鯨骨與金屬彈簧製的馬甲，附有肩帶設計。不能有任何設計阻礙腹肌與橫隔的運動。」

壓軸演講者是吳爾森（Abba Goold Woolson）女士，她是位教師也是個評論家，在會中提出強有力的女性健康政治宣言，為百年後的女性主義開了先鋒。吳爾森說「受過教育、有進取冒險精神」的新女人，「注定要投入職場、為男人所注視，但也要享有自己的生活，不是光為了別人，而是為自己而活。女人唯有在滿足自身需求的前提下，對眾人才有貢獻。」吳爾森提出了女人的存在主義，以現今的眼光看來依然很先進：「我存在……首要的角色不是妻子，也不是母親、老師，而是女人，我有做為女人而存在的權利。」新女人有權穿得「堅強、舒服與快樂」。可惜的是，當時多數美國女人忽略了吳爾森的女性存在教義。

十九世紀時，美國的女體美標準不斷大幅改變。南北戰爭以前，流行蒼白如弱柳般的女人；戰後，變成凹凸有致的豪乳女人最美；十九世紀的最後十年則風行自然體態、運動選手般的女人。[22]一八九〇年，光是喜爾仕百貨的郵購目錄，便至少有二十種不同款的馬甲，適合各類體態的女性（圖22），其中以「華納博士健康馬甲」（Dr. Warner's Health Corset）最受歡迎，它有兩條肩帶而且質材輕盈，十七年內賣出六百萬件以上。

十九世紀末，馬甲四處可見，不僅穿在成熟婦人與青春少女身上，陳列在內衣專賣店、百貨公司裡，也印製在郵購目錄與雜誌上。它是詩人與愛人的遐想對象，也是演說家與表演者極力諷刺之物，視之為現代社會所有病態的象徵，甚至還有人倡議政府應當立法抽取「馬甲稅」來杜絕它。

美國經濟學者凡柏倫（Thorstein Veblen, 1857-1929）在一八九九年發表的《有閒階級論》（*Theory of Leisure Class*）一書中，攻擊馬甲讓女人身體虛弱，不適宜工作，逐漸成為丈夫的負擔。套句凡柏倫的話：「從經濟理論的角度來看，馬甲就是一種肢殘，目的在降低女人的活力，使其永遠不適合工作，並使養活女人日益昂貴。」[23] 凡柏倫建議廢除馬甲。

二十世紀的頭十年，馬甲逐漸轉型為胸罩，為女性服裝帶來重大變革。史上頭一次，女裝出現了專為乳房設計的分離式內衣，毋需靠乳房之下的馬甲支撐，而是以肩帶從上拉住固定。

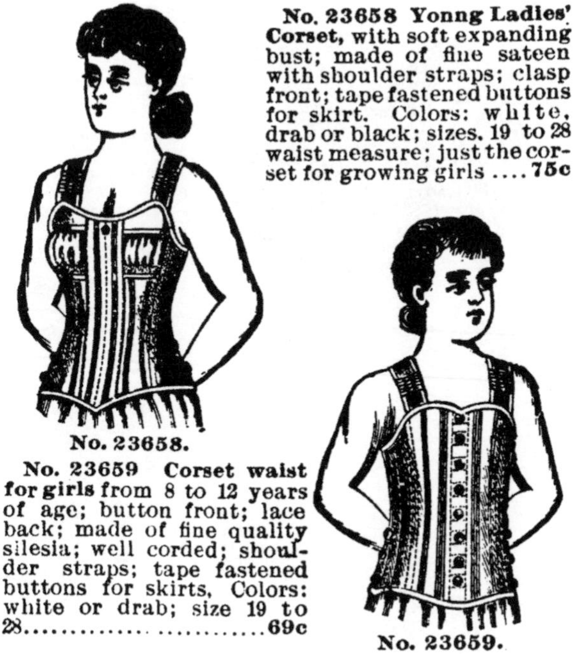

圖22

喜爾仕百貨郵購目錄，一八九七年。標準型的成年女性馬甲，腰身從十八吋到三十吋不等，重約一磅，售價在四十分錢到一美元之間，通常採用斜紋牛仔布製成，也有給八歲女童穿的尺寸。

Sears, Roebuck & Co. Catalogue, 1897.

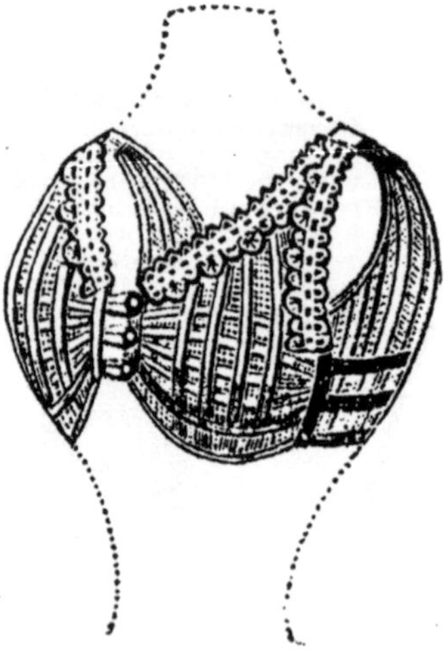

圖23
巴黎羅維利百貨公司的馬甲目錄，一八九九到一九〇〇年。第一件申請專利的胸罩當時被視為僅適宜女人居家休閒穿著，因「長度未及腰」，共有玫瑰色、藍色與淡褐色三種。
Comptoir des corsets at the Galerie Rivoli, Paris. 1899-1900.
Bibliothèque de Arts Décoratifas, Paris.

一八九九到一九〇〇年間，法國一家百貨公司推出了新款馬甲，取名 soutien-gorge（亦即乳房支撐），開創了今日的胸罩原型，堪稱胸罩之母（圖23）。到了一九〇七年，真正的現代胸罩誕生了，它以上等棉麻製成，不使用撐架或鯨骨，純靠特殊剪裁撐起乳房，以「蘇赫夫人乳房支撐」（Mme Seurre's new soutien-gorge）品牌名稱銷售。

價值一千五百萬美元的專利

美國第一件專利胸罩卻是項無心之作。初入社交圈的少女潔可布絲（Mary Phelps Jacobs）不想穿厚重的馬甲參加舞會，在法國女僕的協助下，以兩條手帕加上一條粉紅色絲帶結成一件胸罩，穿著赴會。之後，她也為朋友製作了幾件，頗受歡迎，便在一九一四年以克瑞絲．可絲比（Caresse Crosby）

的名字申請專利，稱之為「無背式胸罩」（Backless Brassiere）。後來，潔可布絲以區區一千五百美元代價將專利權賣給「華納兄弟馬甲公司」（Warner Brothers Corset Company），有人估計這項專利後來至少值一千五百萬美元。

過了一段時間，「胸罩」（brassiere）這個法文字才完全取代其他英文的「乳房支撐物」名詞，廣為大家使用。《時尚》雜誌於一九〇七年首度採用此字，《牛津英文辭典》則在一九一二年正式將此字納入，一般法國人則通用 brassiere 與 soutien-gorge 兩字來指胸罩。早期的胸罩非常花稍，缺乏真正的支撐力，但是乳房就像逃出牢籠的鳥兒，享受了一段無支撐、自由無羈的日子，最後才在較具功能性的胸罩裡找到真正的家。

一次大戰前後，女人可以選擇的馬甲與胸罩式樣繁多。一九一二年起，法國人便顯露偏愛平胸的徵兆，戰後果然蔚為流行，那年「俄羅斯芭蕾舞團」五／六月的節目單上，出現舞者穿著無肩帶、鬆緊式胸罩的圖片，這種胸罩叫「朱諾縮胸胸罩」（Junon Reducing Brassiere），目的在縮小乳房。相反的，德國人堅決排拒法式邪惡，還是偏好用馬甲托出的豪乳。一九一四年一次大戰剛爆發不久，一幅刊載於《萊比錫新聞》的廣告，痛批巴黎的女性內衣是「非德國且危險」的，並強力促銷「真正德國精神」的「塔利西亞胸罩」（Thalysia Brassiere），它直扣至腰部，提供乳房盔甲般的支撐。[24]不過，胸罩戰爭就和真實大戰一樣，法國人贏得了最後勝利。

二〇年代是史上少數幾波平胸風潮之一，初入社交界的女孩努力使身材平扁如紙板，好讓長串珍珠項鍊可以完美地順著連身長衣直直垂下。服裝界順勢推出「窄奶罩」（bandeau），將女人的乳房壓縮成男孩般平板。年輕女孩越來越晚開始穿胸罩，有的甚至根本不穿。薄如蟬翼的紗質衣料與絲質薄紗大行其道，不同於風騷女士以乳房襯墊製造雄偉效果，也和愛德華七世時期的女士穿著大異其趣。

一九〇〇年人造絲問世，大量運用在內衣製造上，使得胸罩成本下降，經濟拮据的女孩也可以穿得很「高貴」。從一九二八年的一幅廣告便可得知，當時的流行品味是簡單、自由與風格化的放任，廣告中的女主角身穿一件式內衣，快樂地拋掉舊式胸罩、束腰、燈籠褲與襯裙（圖24）。

但不是所有女人都想看起來像男孩，紐約一家服裝公司兩位合夥人羅森莎（Ida Rosenthal）與碧賽特（Enid Bissett）便覺得平胸不吸引人，縮胸奶罩也不舒服。二〇年代初，她們設計出能夠襯托乳房自然曲線的胸罩，穿在身上，吸引了不少顧客購買，以致到了一九二五年，公司業務轉為專門產製這種胸罩。在羅森莎的設計師丈夫威廉（William Rosenthal）的協助下，她們在一九二六年為這種「自然支撐乳房」的胸罩申請專利，這就是「仕女造形胸罩公司」（Maiden Form Brassiere Company）的由來。[25]

到了三〇年代，女人的內衣哲學更為簡便，只穿胸罩與內褲，成為後來的主流（也就是在這段期間，bra 一字取代了 brassiere，成為胸罩的縮稱）。雖然百貨公司的貨架上依然陳列琳琅滿目的連身襯裙、半身襯裙、束腰、吊襪帶、馬甲與連身式內衣，但是胸罩與內褲變成主流。在鬆緊

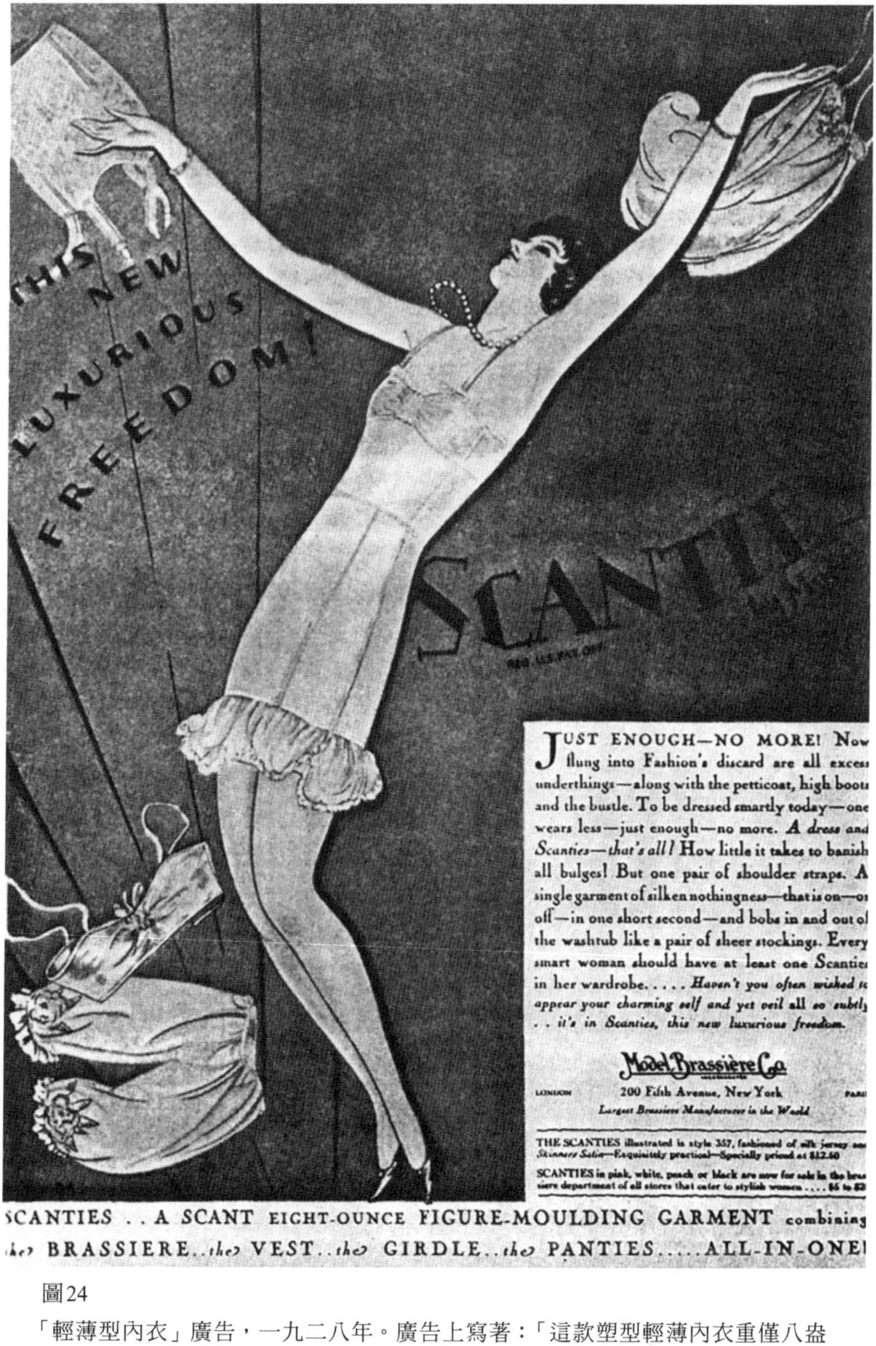

圖24

「輕薄型內衣」廣告，一九二八年。廣告上寫著：「這款塑型輕薄內衣重僅八盎司，包括胸罩、背心、束腰、短褲，連成一體，絲緞般輕薄，有如無物。」

Scanties advertisement, 1928. Private Collection

帶問世後，胸罩的功能性越來越好，當年以一千五百美元買下潔布可絲專利胸罩的華納公司，是一家產製推廣鬆緊帶胸罩的公司，一九三五年，率先推出從A到D不同罩杯尺寸的胸罩，成為全球的胸罩規格標準。

從魚雷到子彈，胸罩的黃金年代

一九三八年，杜邦公司宣布發明了超彈性布料尼龍，在服裝業掀起大革命。一九三九年，玻璃絲襪與尼龍胸罩問世，可惜兩年後二次大戰爆發，尼龍布料全部供應戰爭所需，必須等到戰爭結束，女人才能真正享用尼龍胸罩。戰爭為內衣製造業帶來重大打擊，英美許多內衣工廠被暫時「徵收」，用來生產軍用物資。絲緞與尼龍用來製造降落傘，棉布、寬幅黑呢、緞子、細網與蕾絲全部缺貨，鋼鐵與橡膠更是稀少。

「仕女造形胸罩公司」則以替代性布料，維持幾款胸罩的生產不墜，它也投入支援戰爭的生產行列，生產項目甚至包括傳信鴿所穿的背心！雖然供應來源不定，「仕女造形胸罩公司」還是持續做廣告，在一九四四年三月份的《婦女家庭雜誌》刊登：「戰時物力維艱，『仕女造形胸罩』稀少，但我們還是固定出貨給經銷商，如果你沒買到合意的款式，請再試試看。」那時盛行的是正經端莊的胸罩款式，顏色以美國國旗色為大宗。

英國的內衣製造業也努力在物資困乏與配給的年代裡求存，「柏莉」（Berlei）公司做了一系列廣告，提醒消費者他們正投入支援戰爭生產的行列，不要忘了他們的存在。穿著內衣的海報女郎照片則郵寄到前方，給戰士們打氣。

二次大戰結束後，美國公司推出全新的降落傘絲、人造絲與尼龍胸罩系列，也開發了十字交叉、迴旋織法來製造圓錐形罩杯，這種俗稱「魚雷」的胸罩讓女人的乳房看起來像蓄勢待發的飛彈。「仕女造形胸罩公司」則在一九四九年開發出圓形織法的「輕歌」（Chansonette）奶罩，馬上贏得「子彈胸罩」美名，成為最流行的款式，往後三十年共在一百多個國家賣出九千萬件。乳房瘦小的女人求助於「襯墊式胸罩」與其他矇騙男人的東西，試圖使自己的乳房看起來豐滿。

一九四八年出版的《乳房衛生》（*The Hygiene of the Breasts*）一書表示：「每個女人都服膺好萊塢的標準，胸圍要比臀圍大一吋。」多數女人即使穿上特製胸罩，也達不到這種標準。[26]連少女都感受到壓力，幽默作家艾鳳（Nora Ephon）便在一篇著名短文裡回憶，五〇年代時她才十一歲，胸部十分平坦，跑去買了一個「馬克艾丹擴胸器」（Mark Eden Bust Developer）、一件二十八AA罩杯的少女胸罩，另外買了三件有襯墊的胸罩，罩杯一件比一件大，艾鳳說：「這可讓我第一個禮拜乳房微凸，但不十分明顯，第二個禮拜『長成』中等大小、微微尖聳，第三個禮拜便波瀾壯闊、顛倒眾生。」[27]

大戰剛結束時，英、法兩地的內衣業者雖比美國復原得晚，但是法國在一九四七年再度扮演時裝火車頭角色，創建了所謂「新形象」，強調女人要有沙漏形身材、束得緊緊的細腰、高聳的乳房，這個形象主導了整個五〇年代的西方世界。

同時間，媒體也日漸蓬勃，提供了更多的廣告機會。一九四九年，「仕女造形胸罩公司」推出「夢想」系列廣告的第一篇，一個女人身著緞質胸罩，廣告語寫著：「我夢到自己穿著『仕女造形胸罩』逛街。」這個系列廣告前後持續了二十多年，成為無數卡通、賀卡與美國大眾文化模仿與反諷的對象。一九六一年，《哈佛諷文雜誌》（*Harvard Lampoon*）刊登一幅照片，照片上的女人頭戴帽子，手套、皮鞋、裙子一應俱全，上身卻只穿胸罩，被兩名憤怒的警察逮捕，圖說寫著：「我夢到穿著『仕女造形胸罩』，因不雅暴露被捕。」「夢想」系列揭露了美國即將來臨的性革命，雖然女人的乳房仍被胸罩保護遮掩，大幅胸罩女郎廣告卻開始出現在公眾場合，象徵大眾的性革命幻想正逐步邁向真實。

戰後，當電視機逐漸取代收音機，胸罩廣告也開始出現在家庭螢光幕上。一九五五年，「普萊泰絲」（Playtex）率先在美國推出胸罩與束腰的電視廣告，一九五七年，「柏莉公司」也在英國跟進。同時間，定位於女性的雜誌如《時尚》、《浮華世界》、《哈潑時尚》、《柯夢波丹》、《婦女家庭雜誌》、《十七歲》，與《瑪丹摩莎》如雨後春筍般誕生，讓胸罩廠商可以瞄準各階層與年齡的女人，青少女則有特殊的「少女胸罩」市場，標榜著青春活潑。戰後，商業市場資本充裕，女人的乳房成為商品，那是胸罩的黃金年代！

無形、隱形到上空，穿不穿有關係

到了六〇年代初期，胸罩造形不再如五〇年代般僵硬。一九六三年，「華納公司」推出鬆緊帶的「彈性胸罩」（Stretch-bra），成為劃時代的新產品，其他廠商馬上跟進。發明無肩帶泳裝的葛雷奇（Rudi Gernreich）在一九六五年設計了所謂的「無形胸罩」（no-bra bra），可以讓乳房得到充分支撐，但是質材透明到好像沒穿。

六〇年代末的性革命以及七〇年代的拋棄胸罩運動，都讓胸罩變成「壓制」的象徵，女性主義者指控廠商，迎合男性（而非女性）的需求打造胸罩，質疑女人為何要迎合男人的幻想，穿上僵硬的「魚雷胸罩」，而非輕軟舒適的胸罩。為了迎合男女不分的時代潮流，廠商推出輕軟、不顯眼的胸罩，「華納公司」一九六九年的「隱形胸罩」（Invisible bra）便幾乎吻合了不穿胸罩的政治訴求。

新時代潮流與四〇、五〇年代的雙峰聳立大相逕庭，英國名模崔姬（Twiggy）與美國名模潘妮洛普．崔（Penelope Tree）的小野貓形象，標示了時髦女子瘦削扁胸，根本不需穿胸罩。崔姬等模特兒當然不是政治激進分子，只是恰巧與坦率的女性主義者同一陣線，推廣男女不分的形象。

和二〇年代一樣，六〇年代是女人的改變時代。二〇年代，摩登女子削短頭髮、縮小胸部，高學歷女人就業率為美國史上之最。六〇年代的美國女子和其祖母輩相似，不僅長得像男孩，也渴望較多的政治與社會自由。「焚燒胸罩」的口號成為廢除所有政治壓迫的象徵*，即便那些排斥「女性主義」思想的女人，也從婦女解放運動中獲益。

對應於美國的「焚燒胸罩」，法國掀起的是上空游泳的熱潮。打從六〇年代初期，便有一些激進的法國女性在聖特羅佩（Saint-Tropez）海灘裸露上身，但一直要到六〇年代末期，上空游泳才成為熱潮。一九六八年五月，法國學生與工人掀起大型政治革命，整個法國都面臨了巨大震盪。對法國女人而言，她們渴望兩性平權，希望展現身體自主權，邁出去的第一步便是拿掉泳裝的上半截。在一個左派、右派理念永遠激烈爭鬥的國家，上空游泳卻意外獲得全方位的支持。二十五年後，不管是法國、義大利、西班牙的海灘，都可看到女人裸露著上身，絲毫不擔心引起反感，也不畏懼臭氧層破洞對皮膚的傷害。現在每年春天，歐洲廠商都大力促銷各式保護上空乳房的特殊乳液、防曬油與潤色防曬乳。[28]

七〇年代末，美國掀起了慢跑狂潮。[29] 一九七七年，兩名熱愛慢跑的女士用兩塊男性的護身三角腹帶（jockstrap），縫出慢跑胸罩（Jogbra）的原型，廠商遂開發運動胸罩市場，讓女人慢跑時可以加強乳房的保護。護身三角腹帶是男性用來保護私處的，現在卻穿到了女性的性徵乳房上，不免讓某些人覺得怪怪的，但是「慢跑胸罩」提供了震動保護，很快便成為胸罩市場上主要副產品線。

從七〇年代末期到八〇年代中，部分傳統型內衣慢慢重回市場。一九八二年，專門製造平價性感內衣的「維多莉亞的祕密」（Victoria's Secret）成立第一家店後，以極快的速度攻占美國各地的購物中心。其他廠商也紛紛推出極端女性化的內衣，款式新穎，材質有棉、緞、尼龍、萊卡、蕾絲等，市場規模絲毫不遜早年的馬甲。

平胸、豐胸四十年一輪迴

一九八八年十二月，《華爾街日報》宣稱：「大胸脯潮流又回來了！」[30] 指出新一代的塑形內衣——魔術胸罩——銷售業績超過數百萬美元，市場上又開始流行美胸產品與豐胸模特兒。雖然「大胸脯潮流」背後可能有它的政治與心理形成因素（譬如，和雷根政府時代的男性保守主義有關？），但是《華爾街日報》認為較可能是經濟因素使然，因為大胸脯潮流會帶動滾滾商機。

當期的《自我》（*Self*）雜誌也刊登了一篇文章，標題為〈乳房狂潮：三億美元商機的美國新寵〉，探討的是隆乳手術。[31] 過去二十年，時尚流行平胸女郎，現在風水輪流轉，大家又開始尋找大胸脯的模特兒。八〇年代末流行的是大而圓且挺的乳房，被《自我》雜誌稱為是「新亞馬遜

* 一九六八年，美國婦女解放團體早期的行動之一，是到「美國小姐」的選美會場抗議，設置一個「自由垃圾桶」，裡面放滿了壓迫女人的象徵物品，包括胸罩、抹布、束腹等，並燒毀這些物品，第二天的報紙標題寫著「女性解放者燒毀胸罩」。

女戰士」的黃金時代。一位女心理學家宣稱隆乳是一種「地位表徵」，暗示女人可以用金錢買到完美的身體，就像「用錢購買其他東西一樣」。對當時的美國人而言，用金錢打造的完美身體，通常是指「傲人的雙峰」。

不少觀察家也對隆乳風潮抱持正面評價，認為它不是男人欲望下的產物，而是展現女性新的自我管理力量。也有人不同意此種看法，女性主義評論者布朗米兒（Susan Brownmill）便說，對乳房的病態執著是女性反挫氛圍的一部分，一如五〇年代一樣，會將女人與她的大乳房逐出職場、趕回家庭。即便學界質疑隆乳有害健康，也未能阻擋隆乳的狂潮，直到一九九四年，美國食品藥物管理局才下令禁止矽膠隆乳。

但是，沒有任何力量可以阻擋服裝工業促銷性感內衣，女性雜誌更是推波助瀾，一九九二年一月號的《時尚》雜誌社論寫道：「顯露乳溝、遊走於『走光』邊緣的胸罩，最能展現新的女性魅力。」同年二月號的《柯夢波丹》雜誌一篇標題為〈胸罩就是要給人看〉的文章，則建議女人：「別害羞，露出乳溝正流行！」過去二十年，時尚尊崇胸部平坦，現在，大膽展示豪乳似乎也不算壞品味。現代男人要有本事與乳房曲線分明的女性並肩共事，女人也毋需畏懼忌妒的眼光而遮掩乳房。到了一九九四年，胸罩在美國已成為年營業額三十億美元的工業。

這也是胸罩業者最感興奮的一年，因為魔術胸罩席捲市場。魔術胸罩其實發明於三十多年前，卻一直要到一九九一年超級名模在紐約拍照，展示她們在倫敦購買的魔術胸罩後，這款內衣才在市場綻放異彩。美國「莎拉李親密公司」（Sara Lee Intimate）取得魔術胸罩在美的銷售權，撒下千萬美元的廣告費，展開精心策劃的銷售計畫，猛烈進攻胸罩市場。

一九九四年五月，美國的魔術胸罩在紐約首度登場，十天之內便賣出三千套，工廠日夜加班生產，以應付全美各地的市場需求。同年八月，當魔術胸罩終於登陸舊金山時，顯露乳溝的內衣風潮已攀至另一個高峰，舊金山的梅西百貨擺出驚人陣仗迎接它的來臨，門口不但有管樂隊吹奏樂曲恭迎，還有一隊歌劇男高音高唱讚美歌，運送魔術胸罩的則是一隊美豔的足球啦啦隊，乘坐專用電纜車抵達。安培羅百貨（Emporium）的陣仗更驚人，魔術胸罩是由防彈運鈔車護衛送抵。急著購滿魔術胸罩的民眾，在兩家百貨公司還沒營業之前就開始排隊，開門後一會兒便搶購一空，稍晚才到的顧客只能下單等候。安培羅百貨的經理說：「我從未看過任何一種商品有這種『戲劇化』的魅力。」[32]

其他家內衣廠商被魔術胸罩狠狠擊敗，也忙著開發新的產品。最令人吃驚的是一九九四年巴黎秋冬服裝秀裡，馬甲居然重出江湖！一九九四年十月號的《哈潑時尚》雜誌封面故事是「高級時裝的曲線與馬甲」，刊出系列文章教導讀者「如何穿得女性化」。根據《哈潑時尚》雜誌的描寫，馬甲在銷聲匿跡四十年後，又重返巴黎的服裝伸展台。當記者詢問服裝設計師唐娜・凱倫（Donna Karen），在婦女解放運動三十年後，馬甲還有什麼空間？唐娜・凱倫說：「不同時期的服裝總在強調某一個身體部位，現在輪到乳房了。」

長度及腰的馬甲再度攻進百貨公司，拜塑膠撐骨與流線型設計之賜，現代馬甲無疑比數世紀前的老骨董舒服得多，卻依然不適合日日穿著，消費者往往在一夜激情約會後，便將它和其他無用的物品一起束之高閣。即便如此，在邁向千禧年之際，馬甲與魔術胸罩仍將引起激辯與野火般的銷售熱潮。

以目前來看，平胸風潮已過，乳溝正當道。一九九五年春天，《紐約時報雜誌》的服裝版以略帶憂慮的語氣宣稱：「高聳的乳房已經流行了好幾年，顯然趕流行的消費者已經習慣了大胸脯。」如果說乳房大小是一種政治指標，美國民眾可能面臨的是往右派靠攏的保守氣息，以及女性主義的反挫。在崇尚大乳房的風潮下，隱藏的可能是五〇年代的意識，希望女性重返家庭、希望她們的胸部用來哺育。「解放的二〇年代」與「自由的六〇年代」裡，都可看到雌雄同體形象的風潮，足以驗證美國平胸潮流是四十年一輪迴，或許我們再等個十年*，會再度看到平胸潮流。內衣製造業者，要小心囉！

只要看到乳房，男人就會買

男人一向喜愛觀賞女人裸體，無數女人就靠男人的這項癖好賺錢。

十六世紀時，布拉頓說，視覺是男人的首要情欲快感，有關美國人的當代性行為調查也證明此言不虛。[33]文藝復興時期，大畫家提香販售裸胸美女的肖像給歐洲王室，同輩義大利詩人亞里提諾（Pietro Aretino, 1492-1556）則靠著便宜的春宮畫與淫詩穢句撈錢。十七、十八世紀的藝術市場充斥著美女穿著蕾絲馬甲、乳浪洶湧的畫作；十九世紀的畫家則將裸體美女置於自然景致中，大膽的畫風震驚了中產階級，悄悄成為私人收藏品。根據歷史學者諾琳（Linda Nochlin）的看法，這些畫作沒有一幅是「根據女人的情欲需求……不管性欲對象是乳房、屁股、鞋子或馬甲，以女人做為對象的性幻想或性刺激，永遠都是出自男人的手筆、滿足男人的快樂」。[34]

我們對這些畫中的裸體模特兒所知多少？她們從這些高價畫作裡又獲利多少？幸好，透過傳記作家的努力，我們才得知十九世紀著名模特兒莫杭（Victorine Meurent）的故事，她是印象派畫家馬奈著名畫作〈草地上的野餐〉（*Le Déjeuner sur l'herbe*）與〈奧林匹亞〉（*Olympia*）的模特兒。在這兩幅畫中，莫杭以無比自信的眼光直視觀者，赤裸的雙乳和臉蛋一般俏麗。一八六〇與七〇年代，莫杭是著名的模特兒，之後的三十年則從事繪畫創作。八〇年代初期，莫杭貧病交迫還患有嚴重酒癮，馬奈的繼子看到她時都認不出來，說：「只有她的乳房沒變。」[35]

到了現代，廣告業給了裸體模特兒新的機會，拜現代科技之賜，廣告商可以製作出便宜的彩色海報，大量貼在歐洲各大城市的牆上，不僅推銷美麗的乳房、相關的內衣產品，還有各式與乳

---

* 作者意指約在西元二〇〇〇年左右。

房不相干的商品。以英國一幅著名的商品海報來說，彷彿只要看到赤裸的女性乳房，消費者就會衝動購買可可。某位英國紳士發現女人看到這幅海報，都羞赧地轉過頭去，不禁為文慨嘆：「即便在英國，所謂的禮儀之邦，女人也可以不著一縷、啜飲可可。」顯然是以隱晦手法點出廣告海報女郎裸露乳房。[36]

腳踏車率先使用乳房推銷術，二十世紀初，美國吉普森（Gibson）腳踏車的海報女郎大多穿著高領衣服與燈籠褲，但是歐洲的自行車海報卻常出現裸露乳房的女郎，瀟灑的英國女郎與強健的法國女郎經常裸露上身，騎著「林登牌腳踏車」（Spinner Linton）或「解放牌腳踏車」（Liberator Cycles），海報廣告的重點在營造一種自由、行動力與性感的氣氛。一八九八年，捷克藝術家慕夏（Alfons Mucha, 1860-1939）為「搖曳牌腳踏車」（Waverly Cycles）繪製的海報，畫中女郎的肩帶鬆落、乳房蹦出，觀眾必須很細心，才能看到藏在草叢裡的腳踏車，暗示騎車到鄉間有可能碰上豔遇。

慕夏以許多新藝術（Art Nouveau）海報聞名，這些海報善用女體推銷商品，他替「海蒂席克香檳」（Heidsieck Champagne）所繪的海報，畫面中的女人手捧成串水果，好似自乳房處長出象徵豐饒的羊角。另外一幅海報繪著一個母親，胸前捧著三杯熱騰騰的巧克力，腳邊三個小孩仰著快樂的臉，彷彿在期待母親的乳房。這類女人胸前捧著可可、牛奶、蘋果、葡萄或芒果的形象，都是將乳房等同於食物的原型。

最驚人的例子可能是二十世紀初的一張義大利海報（圖25）。畫中，一名豐乳女郎俯向一杯「女巫酒」（Liquore Strega），她的一只乳房靠在桌上，另一只雪白的乳房則隨時有自衣領掙脫而出的危險。從很早以前起，廣告商便喜歡將乳房與美酒並置，暗示女人與好酒均能紓解男性的「渴欲」。

圖25
「女巫酒」海報，約一九〇〇年。圖中顫巍巍的乳房與那一杯酒相互映照，兩者皆很容易傾倒，飽滿渾圓的乳房與小小的酒杯對比，形成一種性感興奮的緊張。
Poster for Liquore Strega. Ca. 1900

一九二〇到五〇年代間，美國人也喜歡運用乳房促銷水果，水果箱上經常印著大胸脯女郎的圖片，至於有沒有水果圖片，倒是無所謂。「洋基娃娃蘋果」（Yankee Doll Apples）的品牌貼條上便印著一個紅衣女郎，乳房滾圓，漂亮得引人嘸口水。四〇、五〇年代裡，不少美國人心目中的女性形象都來自這種散發甜蜜、飽滿與健康氣息的蘋果女郎。

性感明信片的歷史和胸罩一樣久

大胸脯模特兒的另一個出路是拍攝性感明信片。性感明信片的歷史幾乎和胸罩一樣悠久，約莫有一百年了。

二十世紀初，所謂的「調皮明信片」（naughty postcard）在法國已經是門大生意。[37]照片中女郎的裸露程度不一，常常擺出撫摸愛人的姿勢，蕾絲、絲緞衣裳下的豐滿乳房若隱若現。有時她們在澡盆裡擺出撩人姿態，有時她們三兩成群，衣不蔽體，擺出令人遐思的姿勢，帶著或隱晦或直接的同性戀暗示。相較於二十世紀末的「淫穢」明信片，這些早年的性感明信片帶著淡淡的感傷甚至愛戀氣息，有時男女擺出深情的愛撫姿勢，而女方和男伴一樣主動。這些明信片旨在挑情，軟調的情色氛圍卻也留給觀者想像的空間。

到了二十世紀中、末期，早期的軟調情色終於變成赤裸裸。一張五〇年代的明信片最能顯示乳房在明信片工業甚至整體文化的顯著性。照片中，一位金髮女郎下著比基尼泳褲，上身赤裸，只用一條布尺橫遮著乳房，圖說寫著：「我及得上標準嗎？」這句話總結了那個時代美國女性所面臨的自我評價壓力（圖26）。

同時間，夏威夷、漢堡等觀光勝地也用體態豐滿的泳裝女郎做為招徠手段，許多旅遊宣傳卡片的設計反映了淺薄文化的性幽默，譬如將乳房變形為卡通動物，圖說寫著「全倫敦的乳房」，

圖26
明信片，約一九五〇年，圖說「我及得上標準嗎？」點出女人的價值在於乳房的大小。
Postcard. Ca. 1950. "Will I measure up?"
Photography: Theda and Emerson Hall.

或者「我們是一對倫敦山丘」，除了拘謹人士外，一般人看了倒是頗覺莞爾。

旅遊業的作法只是廣告善用女體的一例。時至今日，處處可見帶有性暗示的廣告，只要畫面表現「藝術」、能夠「促銷」商品，便能得到大眾的默許。[38]現代廣告已經拋棄十年前的裸露乳頭禁忌。

今日，裸體模特兒多是從事攝影工作，有機會登上流行雜誌，這是馬奈時代的莫杭無法想像的；不變的是，她們必須擁有社會所認同的性感乳房。

不管是男性導向的《花花公子》、《閣樓》、《好色客》雜誌，或者是一般口味的《浮華世界》與《滾石》雜誌，封面都經常出現裸體女郎，追逐著世界風潮，擺弄姿勢或有不同，從一個雜誌蔓延到另一個雜誌，再從一個國家橫渡到另一個國家，但不管檀香山或者布拉格的雜誌，展現的都是相同的渾圓乳房。一九九三、九四、九五年的雜誌封面姿勢流行「雙手放在乳房上」，有時是男模特兒從背後捧起女模特兒的乳房，有時則是女模特兒自己用手遮住乳房。誠如前面章節所述，女人捧起乳房是歷史悠久的圖像比喻，可以遠溯至古美索不達米亞女神雕像的「獻出乳房」。如今「獻出乳房」再度蔚為潮流，卻純粹只是為了刺激性欲。

一位化名為「蓋兒」的模特兒，回憶七〇年代末期為雜誌拍封面，有各種讓乳房看起來性感的法門。蓋兒說：「攝影師最喜歡硬挺的乳頭，認為它能激起性欲。所以我們便把冰塊放在乳頭上，讓它受刺激變硬，實在受罪！乳頭不是變得很敏感，就是冰得麻木了。」[39]如果男性讀者知道那些硬挺的乳頭其實是「冰凍」的，不知道會不會毀了他們的幻想？

就和其他裸體模特兒或表演者一樣，蓋兒明白乳房戀物癖對女性有負面影響：「這個社會過分強調乳房為首要的女性象徵……實在很不好，因為這會讓不少平胸女人誤認自己根本稱不上女人！」蓋兒體認到雜誌「給了人們錯誤的女體印象」，因為它們只刊登苗條、年輕的大胸脯女郎；但是蓋兒也預期裸體照片市場看好（印證七〇年代至今的發展，也確實如此），把「錢」途押在拍攝裸照上。蓋兒說：「我靠拍攝雜誌封面維生，這是我的賺錢之道，但是，對那些乳房不如花花公子女郎的女人而言，這類雜誌封面可能形成許多傷害。如果我能隻手改變這種現象，我或許會考慮，否則我只是做個無私女孩，失去賺錢良機。」

蓋兒似乎為整個時代的淘金女性發言，她們或許擔心自己的工作會對廣大女性造成心理傷害，還是只顧著追逐金錢。不管是雜誌封面女郎所代表的狹隘女體美，還是許多小女孩手中把玩的雙腿瘦削、臀部窄扁、乳房巍然的芭比娃娃，都讓許多女人對自己缺乏「洋娃娃」般的身材感到不滿。

一九七三年，一份針對六萬兩千名美國女性所做的調查顯示，二成六的女人不滿自己的乳房，還有高達四成九的女性不滿意自己的臀部。[40]一九九六年四月，電視新聞節目「完美視界」（20／20）更指出，某些女人嫌惡自己的乳房。社會科學家開始研究此種現象，發現多數女人厭惡自己的身材，因為她們達不到男人喜歡的身材苗條、乳房豐滿的標準。事實上，女人在評估自我魅力的時候，往往高估了乳房大小的重要性。[41]由此我們可以斷言：美國社會已為完美身體與完美乳房的執著幻象，付出了遠超過金錢的社會代價。

一九六〇年代末期，《柯夢波丹》雜誌主編布朗（Helen Gurley Brown）曾發表過如下的女性主義言論，捍衛封面裸體女郎的正當性：「女人其實很少看到其他女人的裸體，尤其是在美國，女人難得看到其他女人裸露乳房，因此她們總是美化了別人的乳房。天老爺，如果女人只認識自己的身體，卻不了解其他女人的身體模樣，又何能奢談解放呢？」[42]當然，布朗的談話並未敲開流行服裝的攝影門禁，使老女人、胖女人和年輕苗條的女人擁有同樣的露臉機會，而《柯夢波丹》雜誌也和其他流行雜誌一樣，依然只展露年輕迷人的乳溝。

好萊塢不成文規矩：乳房越大越好

電影明星與模特兒一樣，就算演技傲人，也仍須擁有完美身材。一九二〇與三〇年代，女明星全都苗條性感，飽滿的乳房在襯裙與胸罩下呼之欲出，一如瑪琳．黛德麗（Marlene Dietrich）在《藍天使》（*The Blue Angel*）裡永恆的蛇蠍美人形象。也有大剌剌如梅．蕙絲（Mae West）者，挺著超大乳房煙視媚行銀幕，迷惑了數個世代的電影觀眾。一九四三年，波霸女星風潮攀至最高峰，珍．羅素在《不法之徒》（*The Outlaw*）裡穿著鋼絲襯墊胸罩，將乳房托到眩人高度，震驚了全國觀眾，使這部電影因「不道德」遭到禁演六年。從二次大戰期間到戰後，波霸女星主宰了美國銀幕，拉娜．透納（Lana Turner）身著緊身毛衣襯托出巍然胸部的形象，引領了「毛衣女郎」（the sweater girl）女星風潮。

五〇年代的電影業有個不成文規矩：「只有大胸脯女星才有試鏡機會。」珍．曼絲菲、戴安娜．朵絲（Diana Dors）都是靠「充氣般豪乳」[43]崛起銀幕，前者眩人的四十二吋D罩杯豪乳，據傳還投保了百萬美元。另外一條電影業不成文的規矩是：「非金髮女郎不必試鏡。」一九五九年暢銷電影《熱情如火》（*Some Like It Hot*）裡的瑪麗蓮．夢露是這種金髮（染的也無所謂）波霸的最佳代表。《熱情如火》就如許多美國電影一般，將大胸脯女郎與低下階層連結，靠著原始的肉體之美吸引多金丈夫，攀爬上社經高層。

法國女星碧姬．芭杜也以波霸聞名，一頭金髮同樣是染出來的，她以「性感小貓」的形象挑戰瑪麗蓮．夢露的性感女神地位。義大利女星安娜．麥格娜妮（Anna Magnani）、珍娜．露露布麗姬妲、蘇菲亞．羅蘭，則以烏黑秀髮、巍然乳房呈現出令人窒息的熱情，甚至略帶復仇女的性感氣味。這些女星給人一種印象——乳房是性感所在；或者如一九四七年，文學家史坦貝克（John Steinbeck）對月曆、海報女郎乳房越來越大的評語：「如果外太空智慧生物來訪地球，一定會以為地球生物的生殖器官是乳房。」[44]

如果大乳房才是性感與生育力的指標，平胸女人又如何呢？凱薩琳．赫本、奧黛麗．赫本這類乳房毫不突出的女星，呈現了另一種形象，她們不是性感象徵，而是代表了上流階層的優雅，超越了肉體。就算她們在電影裡談情說愛，也是以慧黠世故的言語取代肉體熱情。

在好萊塢大亨眼中，熱情性感只能與大胸脯連結，波霸女郎「一定」比平胸女孩熱情，他們無法認清，胸部大小其實和女性性欲無關，而是反映了男性的幻想。對這些電影大亨來說，乳房是全然赤裸還是半遮半掩，都無所謂，只要是精挑細選、精心包裝的豪乳就行，畢竟，五〇年代的電影還不能出現全裸的女性胸部。

搖臀晃乳，這也算娛樂嗎？

相較於電影，現場表演裸露尺度較開放，尤其在歐洲。二〇年代的柏林與二次大戰前後的巴黎，都以幾近全裸的駭俗表演聞名。觀眾與觀光客願意付出高昂票價，觀賞搔首弄姿的表演女郎，她們多數身著羽衣、蕾絲或錢幣綴成的衣服，僅以胸貼或者輕輕一動便擺盪的流蘇遮著乳頭，這是當時最頂級的夜生活娛樂。輕鬆歌舞劇（Folies Bergeres）成為奢華裸女秀的同義詞，適合招待國王（至少是阿拉伯王子）欣賞。

美國方面，裸體演出受到強有力的清教徒信仰壓抑，直到開放的六〇年代才改觀。一九六四年六月十九日，上空豔舞在舊金山登場。卡蘿朵達原本在百老匯兀鷹俱樂部表演阿哥哥舞，有一天，老闆要求她穿上葛雷奇新設計的上空泳裝，表演由天花板凌空降到鋼琴上的噱頭。[45]第二天，「兀鷹俱樂部」外大排長龍，隊伍足足繞過半條街，幾天內，百老匯各俱樂部紛紛推出上空秀。

其中一家俱樂部推出法國、波斯混血女星，上圍高達四十四吋；另外一家則推出「八個小孩的上空媽媽」；還有人開了一家上空擦鞋店。兀鷹俱樂部的觀眾越來越多，卡蘿朵達的乳房似乎也日益增大，可能是拜注射矽膠隆乳所賜。一九六六年，舊金山商會統計該市一〇一家俱樂部，有將近三分之一表演上空歌舞，有的俱樂部有全裸演出，甚至推出「X級窺視秀」。整個六〇與七〇年代，舊金山成為「上空」新道德觀的中心，或者如批評者所言：不道德的中心。

蘇珊曾在七〇年代擔任上空舞孃，她回憶道：「一開始，我覺得上空演出好詭異，看到一堆人進來喝幾杯酒，就為了看我脫去上衣，盯著我的乳房看，這也算娛樂嗎？」但是後來蘇珊的態度慢慢改變了：「一旦羞澀褪去，我就覺得還好。那些男人想要坐在那裡付錢觀看我的乳房？好呀！反正我也需要錢。」[46]與酒客聊天，蘇珊訝然發現，部分男人真的相信她所創造的舞台幻象：「他們以為那是真的。」這些男客因而瞧不起自己的老婆，認為老婆的表現比不上酒吧的表演。深入這些男人的想法後，蘇珊開始懷疑上空豔舞對整體社會的影響。她感到猶豫，最後還是繼續跳豔舞謀生，套一句她的話：「滿足我的自戀與自由。」

蘇珊對上空豔舞的整體評價還是相當正面的：「對我而言，它是一個解放經驗。上空女郎之間有一種堅強的同志友誼，不是同為淪落人的團結，而是訝異居然有這麼多男人付錢來看我們的乳房！」

的確如此！倫敦、阿姆斯特丹、紐約、洛杉磯的紅燈區就像磁鐵，吸引數百萬男人掏出英鎊、馬克、美金，只為了五分鐘的窺視秀，或者一個小時的「搖臀晃乳」。色情表演的名目繁多，有時表演女郎在玻璃圍起的小臥室裡，一邊撫玩自己的乳房，一邊與興奮注視的男客通電話；有時在狹小舞台上表演自慰舞蹈，刺激被鐵欄隔開的興奮男客。不管是破舊殘敗的偷窺秀，或者是豪華的脫衣舞表演，乳房都是視覺重點。拉斯維加斯的「歌舞女郎」（showgirl）通常都上空表演，她們和衣著整齊的舞者（dancer）不同，不僅行頭較奢華，週薪也多出五十美元；不過她們的週薪高達五百至八百美元，多五十元並不算多。

今日，人們不必出門也可看到女藝人裸露身體。有線電視與錄影帶將乳房、臀部送進家庭起居室，偷窺秀也現身在十三吋到六十吋不等的電視上，供全家大小色瞇瞇欣賞。

最懂得利用這種市場的女人莫過於瑪丹娜，她集歌手、舞者、演員與超級巨星於一身，將她的形象投射到數百萬歌迷的心中與家裡，不管青少女、同性戀男女與異性戀成人，統統視她為文化偶像，她的身價高達一億二千五百萬美元。[47]在她的第一部電影《神祕約會》（*Desperately Seeking Susan*）裡，瑪丹娜盡情展示飽滿的乳房與腹部，這種放浪形骸從此成為她的特色。後來瑪丹娜減去不少體重，配合大量激烈的運動，幾年內，身材變成苗條且肌肉發達，更符合美國人的理想體態。

瑪丹娜曾經創下內衣外穿潮流，最令人印象深刻的是設計師高第耶（Jean-Paul Gaultier）為她設計的圓錐形胸罩。[48]瑪丹娜也曾在引起軒然爭議的《真實與大膽》（*True or Dare*）裡，身著細條紋西裝，上衣的乳房處開了一條裂縫，露出兩個巨大的粉紅色罩杯，吊襪帶則懸掛在西裝褲外。將性感內衣與西裝結合，成功地反諷了傳統的性別角色。另一幕的反諷顛覆對象卻是瑪丹娜以前穿過的圓錐胸罩，兩名黑人男舞者在乳頭處綁上兩條巨大醜惡的陽具，每個足足有一呎長。這兩名男舞者不時輕撫著他們的假乳，或者撫摸瑪丹娜的乳房，她則撫弄自己的身體，做出自慰動作。這幕景象猥褻異常，公開演出時，差點遭到警方取締。

購買性感商品是通往幸福生活的關鍵

不管是瑪丹娜、瑪麗蓮夢露的挑逗風姿，或者雜誌封面上無名女郎的乳房，「性」都是銷售利器，因為它穿透了我們的潛意識網絡，這個網絡連結了我們對母性乳房的早期回憶，也連接了我們對自己身體的印象。就像巴夫洛夫（Ivan Pavlov, 1849-1936）制約實驗中的狗，聽到鈴聲，即使眼前沒有食物，依然會流下口水*；同樣，乳房雖然不再哺育我們，我們依然期望它能滿足我們。人類的潛意識隱藏著對母性乳房的回憶，覆蓋其上的是長大成人後的乳房興奮經驗。對許

* 巴夫洛夫是蘇俄生理學家，提出古典制約理論，證明制約是一種學習過程。他以狗做為實驗對象，每當鈴聲響過，便伴隨食物出現，狗便分泌較多唾液。連續予以制約訓練後，即便只出現鈴聲而無食物，狗也會分泌較多唾液。

多女人來說，乳頭是高度敏感帶，男人亦是，因此對兩性而言，看見乳房或者撫摸乳房，都能激起強烈的亢奮。

透過蘋果與乳房的視覺連結，男人誤認購買蘋果，就是購買了女人與性感；同樣的，透過胸罩與乳房的連結，女人誤以為買了魔術胸罩，就算不能因此吸引理想情人，也能使現有的性伴侶變成敏感浪漫。當然，消費者也不全然如此好騙，他可能一眼看穿廣告的簡單陷阱，詰問腳踏車與裸胸女郎何干？女性消費者也可能懷疑，穿上「維多利亞的祕密」出品的神奇胸罩，就能如廣告女郎般滿臉幸福笑容嗎？但是也有許多心理不設防的消費者掉入陷阱，因為廣告告訴他們買了某項產品，就能得到床笫幸福。

畢竟，到了二十世紀末期，「性」已經被放大為人類的首要幸福。在這之前（尤其是佛洛伊德以前），「性」不過是人類廣泛經驗的一環，對不少男女來說，與其說「性」帶來歡愉，不如說它只是婚姻義務。在佛洛伊德的原欲理論廣為運用與庸俗化後，「性」不僅成為形塑成人人格的力量，也是通往生命滿足的大道。慢慢的，對許多美國人來說，追求幸福就只等同於追求「性幸福」。

根據歷史學者狄奧米羅（John d'Emilio）與斐曼（Estelle Freedman）的說法，美國人的性觀念在過去三百五十年裡不斷改變，從拓荒時代奠基於家庭體系的觀念，到了十九世紀改變為浪漫母性觀念，再演變為現代的純然商業化。[49]一九二〇年後，因為刺激情欲的商品大量上市，「性」

的商業化更形快速。[50]排山倒海的廣告不斷灌輸女性必須擁有「新的自我形象」，她必須性感又顧家，擁有了廣告中的性感商品，她就能隻手締造性生活的滿足。商品＝性＝幸福的觀念是如此深植人心，以致許多成年人相信購買性感商品就是通往幸福（性感）生活的關鍵。

美國人已經變成仰賴商品來吸引與滿足性伴侶、防止性病、避孕與驗孕，也仰賴大眾文學指導床第之事、享受性生活。不僅康夫特（Alex Comfort）出版於一九七二年的《性之樂》（*Joy of Sex*）一書賣出一千萬冊，個人廣告中的伴遊服務有時也以便宜的價格，滿足了我們對「理想伴侶」的幻想。

譬如倫敦小報《週日體育報》（*Sunday Sport*）便有「玩伴女郎」（Play Mate）廣告，附有女郎照片，連刊三期才收費三英鎊。雖說裸體照片不被接受，但是不少廣告中的女郎是遮住臉龐，卻大方露出乳房！一九九四年一月十六日的幾則露胸女郎廣告寫著：

> 豪乳女郎，非常豐滿！三十歲已婚女性誠徵慷慨男性，年齡、地位不拘，共享成人床上遊戲。丈夫同意。
>
> 豐胸金髮女郎！撩人、四十D、二十六、三十六，家住南倫敦，盼望讓男士一樂。
>
> 成熟女性，年近五十，四十八D，體態豐滿，誠徵三十至六十歲之間的男性共赴巫山雲雨。你可能試過其他女人，該嚐嚐最棒的女人了！蘇格蘭。

這些無臉、裸胸的廣告，和《紐約書評》（*New York Review of Books*）或其他高格調書刊上的個人廣告，截然不同，它揭示了全然訴諸於肉體（甚至只是某部位）的性感，相較之下，臉龐上用來表情達意的嘴唇與眼睛（但丁所謂的靈魂之窗），完全不重要。畢竟，這年頭誰還擁有靈魂，剩下的只是乳房。對許多人來說，顯然這就夠了！

近來每當我為女體商品化，或者為這個瘋狂市場的受害者感到沮喪時，便想起我在〈親愛的艾比〉（Dear Abby）專欄裡讀到的一封信（一九九三年十二月二十二日《舊金山紀事報》）：

> 十年前，我的丈夫為了一位做過矽膠隆乳的女人，拋棄我們長達十八年的婚姻。上大學的兒子勸我：「以其人之道還治其人。」所以我跑去找整形醫師，做了所謂的「上軀幹擴大手術」，胸圍從三十二B變成三十六D，你無法想像它如何改變了我的生活。
>
> 譬如我需要一份工作，第一次面談就獲錄用。第一天上班，便有三名男士邀約晚餐。一年後，我嫁給一個比我年輕十歲的男子，他深愛我，讓我置身天堂。

這位女士請教艾比，她是否應當告訴現任丈夫隆乳之事，艾比勸她「不要」。

陰莖增大術，歡迎男士一試

根據這個邏輯，男人或許應當考慮做「陰莖增大術」。在報紙廣告、電台脫口秀與猛烈的廣告促銷術圍攻下，某些歐美男人開始嘗試陰莖增長手術。一位隸屬「美國泌尿科理事會」（American Board of Urology）、目前在舊金山開業的醫師，登廣告宣稱他曾為三千五百位男士做過陰莖增大術，患者手術後都十分滿意，歡迎有興趣的男士一試。不令人訝異的，其他醫界人士對此項手術批評甚厲。舊金山加州大學的一群醫師便曾在一九九五年「美國泌尿科協會」年會裡，指責陰莖增大術毫無必要且有潛在危險，實施此項手術的醫師是在剝削病人。

針對陰莖增大術風潮，女人的反應該是嗤之以鼻、憤怒還是憎厭？風水輪流轉，某些女人可能因此得到報復快感，但是沉思後，不難發現身體任何部位的整形擴張（不管男體還是女體）都是值得關切的現象。撇開健康理由不談，接受乳房或陰莖的整形擴張，無疑是悲哀地承認，我們無法與「完整的個人」建立連結關係。如果男人與女人只被簡化為陰莖與乳房，為什麼男人不乾脆到成人商店購買「奶傭」（Milky Maid）或者「塑膠女娃」（Lastex Lass）等充氣娃娃，而女人去購買合意尺寸的假陽具？這些商品在任何色情用品店均可購得。所謂的「助性商品」真是無所不包，從塑膠性器、乳頭環、皮製內衣、皮鞭到手鐐腳銬，樣樣不缺。

熱愛新式科技的男人，則可以在虛擬實境軟體裡得到互動式的性滿足。就拿某個德國出品的軟體來說，使用者戴上護鏡與觸摸手套（Tasthandschuh）後，便可撫弄螢光幕上的乳房。廣告宣稱兩人性交的快感逐漸退流行，取而代之的將是神奇的「虛擬性愛」[51]。

喜歡真正女體的男人也可自春宮電影得到滿足（不管影片中的場面多麼荒誕）。色情電影女星的下場各式各樣，有活潑樂觀的史嬪可（Annie Sprinkle），也有令人感傷的硬蕊色情女星莎瓦娜（Savannah），前者成功蛻變為攝影師，後者則在一九九四年自殺了結生命。莎瓦娜的故事引起人們的不安，開始沉思飾演春宮電影對女人的負面影響。

自殺前五年，莎瓦娜靠著少女般的婀娜體態與傲人豐胸走紅春宮電影，日進斗金。事業走下坡後，她日漸依賴酒精與藥物，加上惱人的財務糾紛，終於舉槍自盡。當然，我們不能斷論是春宮電影讓莎瓦娜走上了絕路，但她的自我認同紊亂與自我了結，春宮電影絕對難辭其咎。莎瓦娜臨死前幾個月，喃喃自語說「壓力大太了」，竟成了她的墓誌銘。[52]

打從一開始，色情行業便連結了性與金錢。色情（pornography）一字源自希臘文的妓女（porne）與書寫（grapho），亦即書寫妓女。慢慢的，色情代表一切有關妓女與顧客的文學書寫，根據《牛津英文大辭典》，色情指「猥褻的書寫與圖片畫面」，當然，困難處在如何界定猥褻。史上多數時刻，猥褻意指觸犯性道德標準，不為社會所接受，但是所謂的「可接受的性行為」常隨時代、國情與社會不同而改變，也因個人差異與生命階段而有所不同。

我也和自詡寬容的人一樣，通常不覺得赤裸的性有何不妥。譬如，大文豪勞倫斯的作品曾引發二十世紀最轟動的猥褻審判，但是對我而言，無論是他的作品，或者雜誌封面上捧著乳房的女人照片，都不叫色情，因為物化身體部位或許引人厭惡，卻不是色情。

就我的標準而言，真正的色情是結合了性與暴力，它的施暴者多數為男人，施暴對象則多數是女人。社會學者羅素（Diana Russell）對色情有如下謹慎精確的定義：「結合性與（或）性器官的暴露，伴隨著施虐或貶抑情節，表現手法顯示其認可、原諒或鼓勵施虐與貶抑的行為。」[53]

這類作品通常和情色（erotica）作品有顯著差別，後者即使露骨性感、挑逗萬分，通常都不會出現有害的情節。我之所以強調「通常」，是因為不同的人對傷害的起點有不同的判斷。有的人認為打從文藝復興時期，畫家讓裸女與衣著整齊的男人出現在同一個畫面，傷害便開始了，它顯示了兩性的權力落差，直到今日都未消失。有的人則認為將女性身體部位視為商品，就是一種傷害，應當堅決反對。[54]

因此，情色與色情之間的確存有灰色地帶，但是女人如果被迫從事性行為，譬如被剝光衣裳、手銬銬住、鞭打、強暴，出現上述任何一種情節，這就是色情！當饒舌歌手「冰T」（Ice-T）在歌詞中描繪輪暴場面，描寫用手電筒照亮受暴婦女的乳頭，這就是色情！當《好色客》雜誌刊登男子用鉗子夾住非洲女人乳頭的照片，圖說寫著讀者如果能看到拍攝現場，保證陰莖當場硬起四分之三，這也是色情！[55]當五花大綁的照片顯示男子用針戳刺、用剪刀割剪、用火鉗夾住女人的乳房時，這就是色情！

在一本名為《乳頭與身體酷刑照片》（*Tit and Body Torture Photos*）的雜誌裡，幾乎統統都是肢殘女性乳房的照片。我們不難理解何以女性乳房會成為性虐待者偏好的目標，因為精神騷亂者往往會攻擊他們最畏懼的東西。羅琳娜（Lorena Bobbit）便因屢遭丈夫強暴毒打，終於趁丈夫巴比特熟睡時，閹割了他的陰莖（巴比特後來跑去拍春宮片）。男人肢殘女性的乳房（或者觀看女性乳房被肢殘）、攻擊想像中的女性力量泉源，從中得到虐待的快感。唯有出於龐大的恨意，男人才會肢殘女性最性感、最母性的所在。

魚與熊掌：言論自由與免於恐懼的自由

你不妨走進色情商店，翻翻架上的雜誌，然後自問你希望所處的社區、所居住的城市裡出現這類東西嗎？你的態度很重要，因為如果沒有細看過它們的內容，便很容易站在言論自由的立場捍衛色情出版品的存在權利。

色情捍衛者之一史卓珊（Nadine Strossen）認為，檢查制度與反猥褻法實質上對女人有害，箝制了女性自我表達的途徑。[56]史卓珊指出閱讀色情出版品的女性人口日益增多，包括女性主義者、異性戀者與女同志。史卓珊的敵對陣營是反色情的女性主義者，包括麥金儂（Catherine MacKinnon）與德沃金（Andrea Dworkin），她們起草了一項反色情草案，將色情定義為「歧視」，使其適用於反歧視法。印第安納波利斯市通過了這條反色情法案，一九八六年卻遭最高法院判為違憲，倒是鄰國加拿大採用了此條反色情法。

目前，有關色情的烽火論戰其實反映了美國人所信奉的兩大自由：言論自由，與免於恐懼的自由。在暴力籠罩全美的陰影下，許多人（包括作者在內）相信放任的色情就如同缺乏管制的槍枝一樣，正逐漸侵犯人民免於恐懼的自由。對許多女人而言，免於暴力加身（性侵犯、毆打、槍殺與強暴）是一種恆常的關注，唯有完善的立法才能讓她們獲益。就我的觀點而言，色情出版品既然連結了性與暴力，加深女人對性暴力的真實恐懼感，言論自由的保護傘便不應為它而張，羽翼它壯大成長。

色情出版品與消費商品如此強調乳房，讓許多女人對自己的乳房愛恨並存，大胸脯的女人不是被男人言語騷擾，就是遭到祿山之爪偷襲。如果女人向這股拜物熱潮投降，結果便會發現自己花大錢購買豐胸產品，雖然吸引了男人，也招來色狼進襲。

毫無疑問的，乳房在二十世紀末已經變得全然商品化，我們從《鐵達尼乳頭》（*Titanic Tits*）、《胸罩剋星》（*Bra Buster*）等雜誌便可嗅出鈔票味，也可從冰敷乳頭的模特兒、外科隆乳整形手術、創造豐乳假象的內衣工業、保證乳房美白平滑堅挺的化妝品工業、刊登誠徵床上男伴廣告的英國女人……嗅出乳房創造的濃厚鈔票味。如果我們持續剝削女性的乳房，到了千禧年，將看到更多失控的西方乳房拜物狂潮。

首先，我們便不能忽視乳頭環現象，透過專業打洞師父的促銷，乳頭環已經在倫敦、洛杉磯等大都市造成風潮，成為喜愛冒險的年輕男女的時髦配件。雖然據說穿打乳頭環便宜、省時，過程無痛，我還是很好奇人們為何要穿乳頭環，乳頭環的意義是什麼？

就如同乳房的其他意象一樣，穿乳頭環也有其意識與潛意識的動機。女人穿上乳頭環可能是「標示生命轉折」、「創造新的性感認同」，讓乳房「更令人興奮」，甚至只是顯示自己不同於傳統女人。還有可能，她們想藉此向可能的性伴侶表白自己不是個哺育者，至少現階段不是。對不少觀察家而言，乳頭環就像維多利亞時代的馬甲，與其說它代表了生命過渡與情色裝飾，不如說它是自殘身體。

不管哪種形式的身體穿刺——耳洞、鼻環、臍環、乳頭環，都是人類企圖美化自然身體，也是一項歷史悠久的傳統，盛行於全球各地，不同文化的身體穿刺各有千秋。就拿穿耳洞來說，大多數文化都流行在耳垂上穿洞，懸掛上各式材質與形狀的耳環，但是日本人便極端鄙夷穿耳洞，認為它是自殘身體，會招來厄運。印第安婦女的鼻環一度被美國拓荒者視為野蠻，但是現在每四個美國女孩就有一個穿鼻環。不管我們如何美化自然的身體，都有被他人視為野蠻的可能；而不管最新流行的體態與乳房多麼奇怪，也總是有人等著大發其財。各式利用女人乳房的產品如胸墊、魔術胸罩、豐胸乳液、乳房填充物、乳頭環（或者乳暈胭紅與紋身）讓商業巨輪運轉，饜足無數男女的幻想，對他們而言，乳房值得以一切手段增大與照料！

第七章

醫學上的乳房：生命給予者與生命摧毀者

從古代到十九世紀，醫界對乳房的興趣著重於兩方面：一是哺乳，二是乳房疾病。一直到二十世紀，醫學界才將注意力從乳房的維生功能移轉到乳房致死上，尤其是乳癌。一如中世紀的瘟疫、文藝復興時期的梅毒，或者十九世紀的肺結核。在所有的癌症當中，乳癌的普及率堪稱達「流行病」標準，直到今日，科學家依然不明白乳癌為何會發生。

探討乳房不能略過醫學史。如要詳盡探索乳房的醫學史，必須包括三千五百年來的醫學紀錄與文明記載，從古代的捲軸橫跨到現代複雜的乳房X光攝影，也必須包括解剖學、婦科、腫瘤學、外科整形手術、精神醫學等專門領域，最好還能觸及乳房正統醫療與民俗療法之間的關係。無奈，本章只能大約勾勒上述領域的輪廓，側重在史上有關乳房生理、病理學的知識新發現。

從古代醫師到十九世紀的醫事人員，醫界對乳房的興趣著重於兩方面：一是哺乳，二是乳房疾病（乳房整形手術還是新領域，尚未建構出屬於自己的醫學史）。一直到二十世紀，醫學界才將注意力從乳房的維生功能（哺乳）移轉到乳房疾病（致死）上，尤其是乳癌。本章的討論也將側重哺乳與乳房疾病的醫學研究史，並連帶探索乳房的外科整形。

在現存的乳房古醫學紀錄裡，最早的是古埃及十八王朝（西元前一五八七到西元前一三二八年）的紙莎草卷（papyri），它們記錄了刺激母乳分泌的方法，譬如「用油熬煮愛斯拉魚的骨頭」，用它按摩背部；或者「兩腿交叉而坐，食用酸玉米製成的麵包，一邊用罌粟按摩乳房。」[1]不管功效如何，這兩個祕方至少可以紓解哺乳母親的壓力。其他有關巫術療法的紙莎草卷，則記載了測驗母乳良窳的方法。

古埃及人相當看重母乳的療效，某幅紙莎草卷記載了失眠療方，其中一帖是食用剛產下男嬰的產婦乳汁。古埃及人相信生育男嬰對母乳的品質大有助益，這種「重男輕女」的偏見持續了近三千年！一般來說，古人相信人乳有多種醫療用途，出土古文物中便有一個裝奶陶瓶，造形是個跪姿女人，一手捧著乳房，一手抱著孩子。[2]

另一幅紙莎草卷記載了四十八種可開刀治療的乳房疾病，第四十五種可能是現存最早的乳癌記載，上面寫著乳房長有腫瘤、觸摸起來冰涼者是不治之疾。[3]古埃及乳房疾病的療方常包含匪夷所思的成分，其中一帖是用菱鋅礦加牛腦、黃蜂屎調成膏藥，連續四天塗在乳房上。[4]同時間，還要頌念獻給艾瑟神（Iser）的咒文。古人相信，凡人罹患疾病是神祇所為，疾病痊癒也是神祇之功，頌念神祕的咒文遂成為治病標準療程的一部分。

古人認為女人的身體不如男人完美

歐洲醫學起源於一千年後的古希臘（西元前四三〇到西元前一三六年），當時醫界支持哲學家的理念，認為女人的自然生理不如男人。當時，科學家與哲學家都認為乳房、子宮與月經使女人不適合從事男子的工作。[5]人稱醫藥之父的希波克拉底亦堅稱女人的身體如海綿般多洞，遠遜於男子肌肉發達的完美身體。

希波克拉底最具影響力的論述是體液論，他認為健康有賴血液、黏液、黃膽汁與黑膽汁四種體液的平衡，這四種體液分別和宇宙四大元素土、風、水、火連結。如果其中一種體液過多，可透過放血、通便、流汗或射精重新取得平衡。對今人來說，希波克拉底的體液論最荒謬處，莫過於四種體液可以互相轉換，女人的經血可以跑到乳房處，時候到了，便轉化成乳汁哺育新生兒；直到十七世紀的醫學文獻仍可看到這種想法。根據這個脈絡，希波克拉底認為乳癌始自停止排經，停經讓女人乳房充血、出現小瘤，演變成隱藏性的癌症。希波克拉底認為，只有尚可輕易移動的腫瘤才能切除，除此，乳癌都是不治之症。他在一份病歷上寫著：「艾比底雅一名婦人罹患乳癌，乳頭冒出血流，當流血停止時，病患也死亡。」[6]

對古希臘人而言，婦科與產科是饒富趣味的領域，連哲學家都極感興趣。希臘哲學家兼博物學者亞里斯多德便認為，乳房與月經是雌性動物劣於雄性動物的生物性標誌，他在《生命史》（*Historia Animalium*）一書中特別關注泌乳問題，提出檢驗母乳與奶媽乳汁好壞的方法。不幸的是，亞里斯多德相信產後數日所分泌的稀薄乳汁不適嬰兒飲用，現在我們知道這種乳汁叫做「初乳」，含有嬰兒亟需的抗體。亞里斯多德還提出不少謬論，譬如黑皮膚女人的乳汁較膚色白皙者好，或者嬰兒應當吸吮熱乳汁而非冷乳，因為熱乳可以幫助牙齒發育。

古代最有名的婦科醫師當屬以弗所的索雷納斯（Soranus of Ephesus，二世紀初期）＊，他違反當時的醫界看法，主張產婦應當聘用奶媽。他認為，餵食母乳雖可能使母親更加憐愛孩子，但是分娩與哺乳都是疲累辛勞之事，應當聘用奶媽：「以免母親因日日哺乳，提早衰老。」[7]索雷納斯也駁斥某些哺乳迷信，譬如產過男嬰的奶媽才能哺乳男嬰。他說一男一女雙胞胎同吃一乳，男嬰不會因此變得女性化，女嬰也不因此而變得男性化。

索雷納斯也和其他希臘／羅馬的醫師一樣，設定挑選奶媽的嚴格標準：她的年紀應在二十到四十之間、生過二到三個孩子、身體狀況良好，最好是膚色黑、體型壯碩；乳房則應大小適中、具有彈性、沒有皺紋，乳頭不能太大也不宜過小，不能太硬也不能過軟；奶媽的個性應當有愛心、愛乾淨、脾氣溫和，最好是希臘人。索雷納斯雖然在羅馬行醫，卻是希臘人，他也和當時醫界同儕一樣，偏好希臘人。

即便找到理想奶媽，還是要經過嚴格的乳汁檢驗關卡。索雷納斯認為好的乳汁應當呈白色，不能摻有紅綠等顏色。此外，乳汁應當氣味芬芳、味道甜美、濃度適中。最後一項檢驗是取一滴乳汁放在指甲或月桂葉上，看看它是否凝聚成圓珠或迅速散開。

索雷納斯主張嚴格監督奶媽的生活，為了避免乳汁過於濃稠、不易消化，奶媽應勤做運動，尤其是手部與肩部運動，譬如投球、汲取井水、研磨穀粒或者揉麵，這些運動會活動乳房，讓奶媽分泌較好的乳汁。

至於飲食方面，奶媽應禁食會使乳汁變苦的韭菜、洋蔥、蘿蔔、不易消化的牛羊肉，以及添加過多調味料的食物；應當多吃硬麵包、淡水魚、蛋黃、動物的腦、鴿子、鵪鶉與雞，偶爾可以

---

* 索雷納斯是希臘名醫，屬方法醫學派者，為最有聲望的古代婦產科醫師，初在埃及亞歷山大港行醫，後轉至羅馬，留下著名的婦科、產科及小兒科等遺作。

吃點乳豬；哺乳的頭四十天裡，她的飲料應當是清水，慢慢的，才准喝一點白酒。

索雷納斯建議家庭狀況良好者，最好同時聘用兩名奶媽；家境不好者，可以用動物乳汁餵食嬰兒，最好是羊奶。如果奶媽生病或乳汁乾涸了，可以按摩乳房或用催吐法治療，他不贊成當時的流行的詭異偏方，譬如將貓頭鷹、蝙蝠燒成灰，調汁飲用。

索雷納斯不僅是位嫻熟的醫師，也寫書給產婆、醫師等專業人士看，提供完整的哺乳指導，包括正確的懷抱嬰兒姿勢，以及何時應當哺乳、何時不應哺乳。索雷納斯主張，偶爾讓嬰兒哭一下才餵他喝奶並沒有壞處，它有益嬰兒的呼吸器官發展。此外，索雷納斯認為不該讓嬰兒含著奶媽的乳頭而睡，基本上，嬰兒根本不應和奶媽同睡一床，以免不小心被壓到。

歐洲第一所醫學院男女兼收

索雷納斯生前雖然名氣甚大，遺作卻沒有太大影響力，反倒是蓋倫（Galen of Pergamon, 120-199）的權威性影響醫界達數百年之久。蓋倫和柏拉圖、亞里斯多德一樣，認為女性的身體天生有瑕疵，需要特別的調整，所以女人的胸口長有乳房，這是為了保護心臟、給予心臟溫暖。此外，他認為憂鬱的女人比較容易罹患乳癌，當代的身心醫學雖有相同臆測，但實驗未能證明罹患乳癌和憂鬱有關。[8]

來自拜占庭的編者阿以希厄斯（Aetius）則是最早記錄乳癌手術的人，他認為唯有生長在乳房下側、面積不及乳房一半的腫瘤才能開刀切除。阿以希厄斯認為進行乳癌手術前，應當先灌腸通便或用舐劑（theriac）為身體解毒，舐劑是無數奇怪成分組成的解毒劑。當時的人相信，驢奶熬煮螯蝦（crawfish）也有解毒效果，因為螯蝦的模樣及名字都暗示它有醫療效果，螯蝦的巨螯（cancer）不正好可用來治療癌症（cancer）？「癌症」與巨蟹同字，可能源自巨蟹與螯蝦都橫著走，一旦鉗住東西就死也不放開，也可能因為惡性腫瘤形狀似蟹。

阿以希厄斯記錄了李歐尼德斯（Leonides）的一次乳癌手術過程，後者是一世紀時亞歷山大學派的醫生：

> 我讓病人平躺下來，從乳房腫瘤上方的健康組織切進去，然後燒灼成疤，阻住流血。接著再切入乳房深部，同樣使用燒灼法封住傷口。我重複交叉使用切割與燒灼，止住流血，防止大出血的危險。當腫瘤切除手術完成，我再度燒灼所有傷口，直到疤痕乾涸。手術過程中的燒灼是防止出血，最後的燒灼程序是徹底清除所有殘留腫瘤。[9]

使用燒灼法防止出血，這是乳癌切除手術的標準程序，持續了好幾個世紀。

到了七世紀時，希臘與羅馬的醫界累積了不少有關乳房的文獻，一直到十九世紀，這些有關餵食母乳、奶媽哺乳、乳房疾病的知識大體維持不變，與民間療法共同為人所信奉不疑。

中世紀初期，信奉基督教的歐洲成立了第一所醫學院，位於南義大利的沙雷諾（Salerno），這所學校兼收男女生，學習產科、婦科與一般內科。據說其中一名女醫生撰寫了第一本婦女疾病教科書。這本教科書以不同語言寫作，共分好幾篇，其中一篇使用十五世紀的古英文寫作，建議罹患乳癌的婦女：「使用一英錢的阿美尼亞陶土、三盎斯的玫瑰油，調和醋與龍葵汁，塗抹於患部……同時，煮沸過的男人排泄物亦可治療看似不治的惡性腫瘤。」當時醫界似乎認為，各式排泄物都可用來治療乳癌，包括以「羊糞混合蜂蜜」或「老鼠屎調水」塗抹胸部。[10]這些療方顯示乳癌的治療並無太大進步，和古埃及人使用黃蜂屎、古希臘人使用蝙蝠灰差不多。

至於用拉丁文或其他語言寫就的中古世紀醫學文獻，也建議使用民間偏方，譬如一三五〇年時，居住於亞維儂的德賽哈（Peyre de Serras）便認為婦人會難產、月經失調、乳房疼痛，可能導因於膿包、膿瘡、乳癌或每個月的內分泌改變，可以將接骨木的根浸泡於醋汁，連續飲用九天。另一個治療乳房疼痛的著名偏方，則是豬血製成的膏藥。[11]塗抹膏藥可防止患部震動，緩解患部的疼痛，就算患者後來死了，當時看起來也似乎頗有療效。

中世紀醫師開出來的藥方不過如此，難怪當時的婦女只能求助宗教，在教堂裡跪求聖母馬利亞、庇護聖者，或者向床頭聖人肖像祈禱，至少不會帶來壞處。從前面幾章提及的聖人、教士行使奇蹟顯示，早年宗教信仰與醫療行為是密不可分的。

十三世紀醫師就知道乳房自我檢查

十三世紀，義大利外科醫師達隆苟柏格（Bruno da Longoburgo）、柏格納（Theodoric Borgognone）、達沙里希托（Guglielmo da Saliceto）寫了不少醫學論文，論述當時所知的乳癌知識。達沙里希托認為，飲食療法與局部敷藥對乳癌一無幫助，唯有開刀割除才能治癒。達沙里希托建議的方法是用「尖銳的刀子」切除腫瘤、施以燒灼，再敷上鎮痛藥物。[12]柏格納的《外科醫學》（*Cirurgia*）一書有兩幅插圖，其中一幅，醫師正在為一名婦女檢查乳房，而另一幅中，醫師則教導一名婦女如何自我檢查乳房膿腫。[13]想到今日醫學強調乳房自我檢查的重要性，不能不佩服柏格納走在時代之前。

當時法國最重要的外科醫師是蒙地維爾（Henri de Mondeville, 1260?-1320），他是法王腓利浦大公的御醫，也是蒙派里耶、巴黎兩地的外科教授。蒙地維爾認為乳癌開刀，必須有把握將腫瘤完全切除乾淨，否則開刀只會讓癌症惡化。根據臨床經驗，他發現開刀切除腫瘤，通常反而造成無法治癒的傷口，他也不明白其中原因。當時醫界並不知道手術有可能造成癌細胞擴散，形成全身性的疾病。

蒙地維爾也認同蓋倫的說法，認為：「與其他動物的乳房相比較，人類的乳房之所以長在胸口，原因有三：一，胸口是高貴、顯目、貞潔的所在，是乳房典雅的展示處所；二，讓心臟可以暖和乳房，乳房再回饋心臟以溫暖，使其強壯；第三項理由僅適用於碩大的乳房，它們覆蓋胸口，溫暖、庇護、強化了腹部。」[14]顯然，蒙地維爾以華麗的語言取代了解剖學知識的貧乏。

中世紀學界對人體的描繪常是基於微薄的證據（有時甚至毫無根據），譬如從希波克拉底以降，醫界深信乳汁是經血的轉化。歷史學者拉闊（Thomas Laqueur）認為這種「奶與血的詩意連結」，源自古代醫學走的是認識論的路子，仰賴臨床經驗與民間知識，而非真正的觀察。[15]文藝復興時期的解剖學製圖者，甚至還畫出連結子宮與乳房的血管，達文西一幅著名的畫作便是如此。[16]

一直要到維塞留斯（Andreas Vesalius, 1514-1564），解剖學才成為一門真正的科學。維塞留斯曾在派朱爾擔任外科教授，解剖過不少屍體，對人體的構造功能有新的認識。即便如此，他在一五四三年發表具突破性的解剖學論文，針對女體的解說依然受到亞里斯多德、希波克拉底的影響，譬如他相信形成胚胎的物質是「男性精液」與「女性經血」，母乳是經血流至乳房，神奇轉化而成。維塞留斯對乳房的興趣集中於它對新生兒的用途：

> 當胎兒誕生人間，無須教導，便會自乳房吸吮所需養分。乳房生於胸口，配備有乳頭，附有管狀構造，經由內部力量，將血管輸送的血液轉化成乳汁。[17]

文藝復興時期，不少醫師留下有關哺乳的文獻，多數是以拉丁文寫作，不適合一般人閱讀，只在醫界流傳。就算醫師以母語寫作，讀者也多是其他專業人士，因為當時識字的男人不多，女人更少。

產婆與奶媽連成女性醫療者網路

十六世紀最著名的法國醫師帕赫寫過許多有關哺乳的著作。他受希臘／羅馬前輩醫師影響，特別側重奶媽，在一篇名為〈有關奶媽的乳房與胸部〉的論述裡，提及「奶媽應當有寬闊的胸部、豐滿的乳房，但是不能無力鬆垂，而是軟硬適中」。帕赫認為，「軟硬適中」的乳房才能製造最好的乳汁，嬰兒也可輕鬆吸吮；過於堅硬的乳房，乳汁勢必過於濃稠，嬰兒也會因「吸吮困難，感到憤怒，不願吃奶」。[18]帕赫認為過硬的乳房還有另一個缺點——會讓嬰兒變成朝天鼻。

帕赫的論點充滿可疑的假設：譬如黑髮奶媽勝過淡髮女子，紅髮奶媽千萬不能聘用；如果奶媽生的上一胎是男孩，最好不過，她的血液「廢物較少」、乳汁較佳，因為「男嬰比女嬰好，他在腹中會以天然的熱力溫暖母親。」即便帕赫有關黑髮奶媽、男嬰優等的論述荒誕不經，針對哺乳，他還是提出一些合理、實用的建議。

帕赫認為，生產會讓婦女精疲力竭，人們除了關切嬰兒的福祉外，也應關心母親的健康。對於放棄哺乳的母親，帕赫寫了一篇長文指導她們如何退奶，包括按摩、敷膏藥、擦拭乳液、使用吸乳器，甚至讓大人或小狗吸吮她的乳汁！如果找不到協助，也可以使用玻璃吸乳器，一頭置於乳房，另一頭套進嘴裡，自行用嘴將乳汁吸出。

帕赫就和當時的醫師、道德家一樣，認為母乳比奶媽的乳汁優異，更有益嬰兒的健康。十六世紀下半葉，人們發現奶媽哺乳的孩子夭折率很高，原因之一可能是奶媽經年累月的哺乳，早就沒有「初乳」，無法給予嬰兒所需的抗體；相較之下，窮人家的孩子出生後吸吮母親的乳汁，夭折率較低。最早發現此一現象的是威爾斯的醫師瓊斯（John Jones），他在一五七九年寫道：「貧窮母親的小孩較為強壯。」[19]當時，就算上流人家的母親願意餵食母乳，產後幾天，她也不可能哺乳，因為醫界相信亞里斯多德的看法，認為稀薄的初乳對嬰兒有害。

雖然文藝復興時期的醫師就產科醫學建立了嶄新的論述與文獻，但是孕婦的照顧、生產、哺育照護還是由產婆負責。多數地方，產婆是師徒相傳，缺乏正規教育與官方監督，到了十六世紀末，巴黎地區的接生婆便由民間、醫療與宗教單位監督。一六〇一年，巴黎地區的產婆官方名錄上列有六十人，根據資歷深淺排列，領銜的是布卓兒夫人（Louyse Bourgeoyse）。

布卓兒夫人在歷史上赫赫有名，她曾接生過法王路易十三，以及亨利四世與瑪麗皇后的五個孩子，一六〇九年，她出版了法國史上第一本由產婆寫作的產科書籍。布卓兒的多數論點和帕赫相似（她的丈夫也是外科醫師，拜在帕赫門下），但是她針對婦女照護，注入了個人觀點與經驗，強調食療勝過醫療。

她在書中列出不少退奶祕方，其中一帖是以蜜蠟、蜂蜜、一盎斯的玫瑰油、一盎斯的鮮奶油，加上鼠尾草與山蘿蔔的汁調成膏藥，塗在細麻布上，然後用醋汁與玫瑰油細細按摩乳房，蓋上熱的亞麻布，上面敷以細麻布上的膏藥，連續敷八天。哺乳中的母親不管是因為恐懼、憤怒、生病、飲食失調或憂鬱導致乳汁乾涸，若希望恢復奶水者，布卓兒夫人建議以茴香、菊苣、酸模與萵苣燉湯，早晚食用。乳房腫痛與長瘤者，她建議：「取半磅豬油融化，加入少量新蠟、兩盎斯松脂，製成膏藥，切開膿腫後，迅速塗抹於上。」[20]布卓兒夫人的寫作平易近人、療方家常，在產婆、母親與奶媽間廣受歡迎，因為她們無法閱讀艱澀的醫學文獻。

至於選擇奶媽的標準，布卓兒夫人也不像男性作者那麼道德掛帥。她指出，當時不僅貴族使用奶媽，中產階級聘用奶媽的情形也日益普遍。布卓兒夫人認為選擇奶媽，最好遵守一些傳統準則，譬如注意奶媽的牙齒好壞、頭髮顏色、病史，特別要注意她的個性（水性楊花者不宜），因為孩子在母親腹中只待九個月，卻在奶媽懷中至少躺兩年。布卓兒夫人觀察到不少孩子與奶媽十分親密，更勝過與生母的感情。十七世紀時，奶媽與產婆已經變成更上軌道的行業，讓女人有機會清白賺錢，甚至攀上高位。產婆與奶媽連成一個女性醫療者網絡，開始受到男性醫師的強力挑戰。

直到十九世紀人們依然深信癌症會傳染

不管當時的女性療者或正牌醫師都奉行體液論，認為疾病源自體液失衡，遵照希波克拉底與蓋倫的療法，以催吐劑、放血或特定食物來恢復體液的平衡。當時醫界普遍相信乳癌是體液過稠引起，腫瘤惡性程度要視體液濃稠度而定。他們認為乳房腫瘤除非嚴重潰爛，否則不應開刀切除，應該以食療恢復體液平衡，再配合以局部敷藥。

當時最有名的德國醫師費比（Wilhelm Fabry, 1560-1634）認為，乳癌起因於乳汁凝結，在乳房內結成硬塊。費比以善於切除乳房腫瘤聞名，包括腋下腫瘤，他曾記錄下自己的手術：

> 如果我的記憶沒錯，病患罹病五年了，腫瘤硬塊已經蔓延到腋下，才找我為她開刀。我在她的右乳上發現腫瘤，比一個拳頭還大，又硬又白，又在腋窩下發現三個腫瘤，每個都大如雞蛋。我先對病患施以適當的食物、飲水、通便、放血淨身後，為她施行手術，取掉那些硬塊腫瘤，病患便痊癒了。[21]

假設費比所言不虛，病患真的在術後痊癒，很可能是因為他遵守了癌症手術的準則，除了切掉腫瘤，還將鄰近的完好組織也一併切除。他知道只要還有一點點殘餘，「癌症就會再度復發，病況比手術前更糟。」

另一著名德國外科醫師休茲提特斯（Johannes Schultetus, 1595-1645）在他身後才發表的《外科醫師的戰備》（*Armamentarium Chirurgicum*, 1653）中說明乳房切除步驟，並配以插圖。這本書被翻譯成德文、法文、英文等多種語言，其他外科教科書也引用它的插圖，對醫界的影響達數百年。[22]

一六二八年，哈維（William Harvey）發現了血液循環與淋巴系統，哥本哈根醫師巴多林（Thomas Bartholin, 1655-1738）為其命名為「淋巴管」（vasa lymphatica），自此，醫療科學邁入過渡階段，逐漸放棄傳統的體液病理學，到了十九世紀，終於全面接受了細胞病理學。不過在這兩百年間，江湖術士、迷信、缺乏根據的偏見還是與正統醫師、科學、實驗觀察並存，直至今日，情形依舊沒變，只是不再那麼囂張而已。

當時某些醫師相信癌症會傳染，尤其是腫瘤已經潰爛者，阿姆斯特丹的解剖學家兼醫師屠耳丕司（Nikolaas Tulpius, 1593-1674）便曾提及，某名病患罹患「開放性乳癌」，傳染給她的丈夫。[23]屠耳丕司廣為後世所知，因為林布蘭的畫作〈解剖課〉（*The Anatomy Lesson*）便是以他為主角。直到十九世紀，人們依然深信癌症會傳染，即便今日，癌症病患的親友仍常有這種缺乏科學根據的恐懼。

當時，開刀切除腫瘤被當成癌症的最後治療手段。一六六三年，法王路易十四的母親安妮皇太后發現左乳有一個小瘤，御醫用放血、催吐、灌腸、貼壓、糊貼膏藥各種手段治療，全部無效；腫瘤惡化潰爛後，又改用莨菪與羔羊燒灰敷貼。大群法國與外國醫師、民間療者、江湖術士進宮為安妮皇太后治病，開出各式不可思議的療法。看到這種情形，巴黎醫學院卸任院長帕丁（Gui Patin）不禁嘆氣：「癌症不僅現在無藥可醫，也永遠無法治療，但世人卻都甘願受騙。」（一六六五年五月二十二日）。

一六六五年八月，安妮皇太后日趨虛弱，兩度宣布病危。這時她找來洛林地區的一位醫師，他的偏方是用含砒素的藥膏將感染的組織燒成壞疽，然後切除。從一六六五年八月到第二年一月，安妮皇太后連續接受好幾次手術，病情未有起色。終於，宮廷請來奧思卓地區的名醫費伊（Arnoldus Fey）為安妮皇太后開刀。因為安妮皇太后已經病入膏肓，費伊要求立下一份證明文件，註明他不為手術結果負責。安妮皇太后接受了痛苦的手術，旋即在當年一月過世，享年僅六十五歲。[24]

法國首例成功的乳癌切除手術是由赫維提斯（Adrian Helvétius, 1661-1741）完成，他是荷蘭外科醫師，在巴黎開業。赫維提斯在一六九七年發表的〈試論有關癌症的本質與療法〉（Letter on the Nature and Cure of Cancer），以此名成功的病例為本，闡述了現今所謂的腫瘤摘除術（lumpectomy）。[25]

赫維提斯的病患名叫波龐蒂（Marguerite Perpointe），生於距離倫敦二十五里格*處的一個村鎮。她在一六九〇年四月發現自己罹患乳癌，感到右乳疼痛，並摸到一個胡桃般大小的硬腫塊。她渡海前往巴黎向赫維提斯求助，說她的乳房曾在幾個月前不小心撞到門上的鑰匙。赫維提斯認為她應該開刀切除腫瘤，介紹她去找兩位外科醫師，並表示願意指導手術。波龐蒂因為過於畏懼開刀，改用膏藥、粥劑等其他方法治療，全都無效。六個月後，腫瘤長到拳頭般大小，疼痛更加劇烈。

波龐蒂擔心腫瘤會爆開，回去找赫維提斯，赫維提斯檢查過後，認為「還來得及為病人摘除腫瘤」。那次手術陣容非常龐大，執刀的兩位外科醫師由赫維提斯親自挑選，當著二十位知名人士面前舉行，這些人包括醫師、名流與科學家，全都「因為好奇，希望目睹法國從未做過的手術」。觀者預期看到「殘忍的場面，漫長痛苦的手術，淒厲的悲嚎、血液噴飛、病人瀕臨死亡」；結果正好相反，手術過程「毫無痛苦、聽不到哭聲，病人並不衰弱，僅僅流了不到兩盤的血，手術進行輕鬆、快速、有效率。」手術後，現場人士檢查醫師摘除的腫塊，發現它硬得有如「牛角」。大家一致同意赫維提斯的看法：「腫瘤摘除才是唯一的療法。」數年後，赫維提斯驕傲地宣布：「手術後，病人完全恢復，痛苦完全消除，疤痕痊癒，她又回復罹患癌症之前的健康狀態。」

赫維提斯的貢獻在區分了「乳房切除」與「腫瘤摘除」。當癌症擴散整個乳房，就必須實施乳房切除；如果只局限在「腺體」，便可使用腫瘤摘除術清除患部，毋需切除整個乳房。赫維提斯保證：「兩項手術都很簡單。」並自豪發明了「赫氏鉗」（la tenette Helvétius），在外科醫師以

---

* 里格為長度單位，一里格約三英里。

剃刀、手術刀切開乳房後，可用它夾出腫瘤。

這場手術顯然充滿了表演性質，因為現場觀眾都經過赫維提斯的精心挑選，他特別指出珀皮南地區的主教也親臨現場做「見證」，神奇的手術完成後，在場人士都為兩位外科醫師大聲喝采。

為了證明此項手術的安全，赫維提斯特別提及外科醫師拉德漢（Le Dran）也曾在法國做過兩次乳癌手術，荷蘭也做過無數次乳房切除術。赫維斯提曾在別的文獻裡吹噓，他的父親在海牙做過至少兩千次乳房腫瘤摘除手術，但是在這篇〈試論有關癌症的本質與療法〉裡，他將光芒全部加諸自己，宣稱自己是醫療史新頁的領導者。當時典型的醫學文獻寫作都忽略病人的主觀感受，從今日的角度來看，我們對文獻中提及的三位勇敢女人──波龐蒂、庫賽里小姐與「裁縫師妻子波提兒」，倒是很想多知道一點。

既無掙扎、也無反抗，甚至沒有抱怨

雖然古代醫師便曾記載過乳房切除術，但當時多數手術是由「開刀者」（即現今的外科醫師）進行。古時，所謂的外科醫師（surgeon）是只懂得動刀的人，被其他醫師鄙視。外科醫師也有階級差異，最低的一級是「剃頭匠開刀者」（barber surgeon）。

德國醫師史托赫（Johann Storch）在他的皇皇巨著《女性疾病》（*Diseases of Women*）中，便曾提到「剃頭匠開刀者」與醫師的關係。一七三七年三月，一位村婦前來史托赫的診所，請他檢查她的左乳，並請教他如何處理乳房裡「小雞蛋般」的硬塊。史托赫建議她下次經期結束後，來診所把腫瘤切除。這個村婦再度光臨診所時，帶了一位村裡的剃頭師傅，請史托赫傳授他切除腫瘤的方法，之後，這位村婦便在自家中由剃頭匠幫她切除腫瘤，節省了不少醫藥費。顯然，史托赫是個諮詢權威，但是辛苦的手術還是由知識較差、收費較低廉的剃頭匠為之。[26]

這位村婦至少還願意就診，史托赫的其他女病人可就未必了。他曾提及一位滿臉羞紅、二十歲的少女「頗經掙扎」，才讓他檢查疼痛的左乳；另外一位宮廷貴婦脫衣露胸檢查時，滿臉「窘迫羞愧」，她的乳房已經疼痛三年了。誠如醫學史作者杜丹（Barbara Duden）所言，這些女人之所以感到羞愧，是因為觸犯了「勿視、勿觸」的禁忌。[27]傳統上，不管是在醫師的診療室或病患的臥房裡，女患者都必須衣著整齊，不能讓醫師觸診，只能口頭說明病徵。

多數乳癌病患總是拖到沒辦法才找醫師，這時病情通常已經進入末期，手術後也活不久。就算及早就醫，乳癌病人也未必能夠存活，因為當時的手術缺乏消毒，病患往往死於手術感染或敗血症，英國女作家艾絲戴爾（Mary Astell）便是一個例子。[28]一七三一年，六十三歲的艾絲戴爾發現乳房有腫瘤，她一直等到腫瘤變大、潰爛，才去找著名的蘇格蘭醫師約翰生（Dr. Johnson），請求他私下為她動手術。根據記載，艾絲戴爾「既無掙扎、也無反抗，甚至沒有抱怨嗟嘆」，便接受了乳房切除術。[29]但是她的勇敢無助於病情，癌症未因手術得到控制，兩個月內仍是急速惡化，艾絲戴爾隨即死亡。

十七、十八世紀時，醫界仍信奉蓋倫的理論，認為乳癌起因於體液的腐敗或凝結，因此多以食療調整體內平衡，包括讓病人飲用礦泉水、牛奶，或者雞肉、青蛙、蟾蜍熬成的湯，甚至使用通便劑或者斷食療法。放血被認為可以除掉多餘的體液，恢復體內平衡。外敷治療則多用溼布與膏藥，或者龍葵屬、莨菪、車前草等有毒植物的汁液，以及使用砒素、鉛與水銀製成的敷劑。甚至以爛蘋果、尿液按摩貼壓胸部，或者生宰鴿子作法治療。[30]

越來越多醫師贊成較積極的治療手段，他們依據荷蘭、法國、英國與德國的醫學論文指示，為病人開刀切除腫瘤。在眾多文獻中，最具影響力的是海斯特（Lorenz Heister）的三冊巨著《外科手術通用系統》（*General System of Surgery*），這本書在很短的時間內，便從拉丁文被翻譯成德文與英文。[31]海斯特自稱摘除過無數「大如拳頭」的乳房腫瘤，有的甚至重達十二磅（圖27）！就如同十九世紀中期所有手術一樣，海斯特的手術也全無痲醉，只靠酒精，或偶爾仰賴鴉片給病人止痛。

最早的乳癌患者自述，勇氣可嘉

英國女作家柏妮（Fanny Burney）詳細記錄了她在一八一一年十月接受乳房切除術，我們從她寫給家鄉姐妹的書信中，獲得了可貴的病患第一手陳述，它們不是醫師觀點，也不是後世傳記

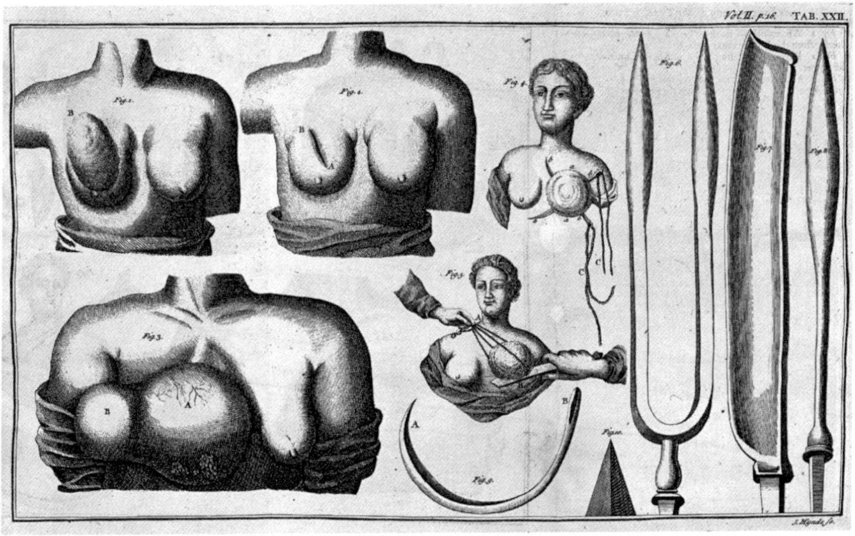

圖27

海斯特，《外科手術通用系統》插圖，倫敦，一七四八年。此圖標出德國醫師海斯特進行乳房切除術與腫瘤摘除術的方法，以及手術時使用的器具。

Lorenz Heister. A General System of Surgery. London. 1748.

Mastetomy and relevant surgical instruments. Wellcome Collection.

作者的想法，而是一位乳癌病患的主觀陳述！

柏妮的丈夫是達爾布萊（Monsieur d'Arblay），法國大革命期間逃亡至英國，娶了柏妮。革命結束後，夫妻倆返回巴黎，受到上流社交圈歡迎。當柏妮的乳房疼痛日益頻繁劇烈，她求助於拿破崙著名軍醫拉黑伯爵（Baron Larrey），拉黑與兩位同業研究後，決定為她開刀。巴妮寫道：「聖父、聖子、聖靈正式判決我必須接受手術，我感到震驚，也覺得失望，因為可憐的乳房並未變色，甚至不比另一只乳房來得腫大。」[32]柏妮憂懼「病魔深植」、生命垂危，同意接受手術。

醫師告訴柏妮，手術前四個小時才會通知她，柏妮認為這倒是好事一樁，她的勇氣不致因漫長等待而潰散，可以與「迎面而來的打擊」搏鬥。三個星期後的一個清晨，柏妮仍在床上，僕人通知她醫師十點來幫她開刀，柏妮堅持手術延到下午，她才有時間準備。手術在她家中進行，柏妮回憶：

> 我漫步進入客廳，看到它已經布置妥當做為手術房，我連忙退了出來，但隨即還是轉身進入客廳──自我欺騙，又有什麼用處？雖然看到堆積如山的繃帶、壓貼布、海綿、軟繃帶麻布，讓我頗不舒服，我還是來回踱步，直到我的情緒完全平靜，某種程度來說，是幾近麻木、呆滯的狀態。茫然中，我聽到時鐘敲了三下，渙散的精神突然又回過來，我振筆疾書了幾行字給達爾布萊與亞歷斯（柏妮的兒子），預防自己在手術中遭逢不測。

那個時代，罹患乳房腫瘤仍是件非常隱密的私事，只能跟最親近的人透露，而且多是用詞隱諱。柏妮當時已經是個作家，寫過小說《艾薇蓮娜》（*Evelina*）及其他作品，她知道自己寫給姐妹的書信，一定會轉給娘家親人與好友看，不會被束之高閣，遣詞用字非常小心。她寫道：

莫洛醫師隨即進入我的房間，看看我是否還活著。他給了我一杯加味酒，然後走進客廳。我按鈴叫女僕與看護進來，但是我還來不及和她們說話，七名黑衣男士便在毫無通告下，突然闖進我的臥房，他們是拉黑醫師、杜比爾先生、莫洛醫師、歐蒙醫師、雷比醫師，及拉黑醫師與杜比爾醫師的兩名學生。我從茫然中驚醒，覺得被侵犯了——為什麼這麼多人？為什麼不請擅入？

柏妮覺得毫無自尊、極端害怕，當醫師叫她爬上客廳裡的手術床時，她「遲疑了一會兒」，想要轉身逃跑。接著她聽到醫師下令女僕與兩名看護離開房間，她回憶：「我大聲喊叫：不要！讓她們留下來！我和醫師們起了一陣爭執，從茫然中活了過來，但女僕和一名看護還是趁亂跑掉了，我命令剩下的那名看護趨前，她聽命了。這時，杜比爾醫師強力把我按到床上，我則抵死反抗。」

頑強的柏妮和命運困獸猶鬥，企圖以女性的柔弱力量對抗男性的武勇。她的僕人叛逃了，只留下一名女看護，協助她對抗一屋子男性的「屠殺」。在痛苦的奮戰中，她模糊地想起了遠在英格蘭的姊妹，彷若她們是她的保護力量。

柏妮對此場手術的描繪，至今仍是乳癌史上最重要的文獻，她的語調清晰平靜，讓讀者驚訝於她在手術過程中的勇敢，也訝異她在手術後如何鼓起勇氣，記錄下痛苦無比的經歷。

柏妮描寫自己平躺在床上，臉上只蒙著一條薄棉手帕，手帕十分透明，柏妮可以清楚窺見所有過程。當她緊閉雙眼，逃避「刺眼的金屬器材亮光」，聽到拉黑醫師低沉的聲音問道：「誰幫我拿住這個乳房？」柏妮回答道：「我來拿。」這時她才感覺到醫師的手指在她的乳房「比畫出一條直線，從乳房上方到下方，再畫一個十字，然後一個圓圈」，意指整個乳房都必須切除。這時，柏妮再度閉上雙眼，「放棄所有的窺視、抵抗、干擾，悲哀地決定全面棄守。」這時，她感到一股「生平最殘酷的痛苦襲來」。

當可怕的金屬刺進我的乳房，穿過並割斷血管、動脈、肌肉與神經，再也沒有任何針劑可以抑制我的狂叫。我淒厲地放聲尖叫，整個手術過程，我都哭喊個不停。我甚至訝異現在耳內居然不再迴縈著當時的刺耳尖叫！那種痛苦實在太折磨人了，即使傷口切開、器材移開後，痛苦仍未消失，因為空氣突然衝進脆弱的肌膚內部，好像無數細小尖銳的匕首在戳刺拉扯著傷口。

柏妮繼續回憶痛苦的細節，包括「恐怖的切割」，感覺到刀子挖刮著肋骨。手術雖只進行了二十分鐘，但是她全程清醒，唯一的麻醉劑只是一杯加味酒。難怪手術後足足一年，柏妮才提起勇氣「談及這件恐怖的事情」，記錄下手術的過程，成為最早的乳癌手術患者自述。

醫界自認是女人身體的捍衛者

幸運的是，柏妮在手術後又活了三十年，另外一位患者就沒有這麼幸運。就在柏妮接受乳房切除手術的同時，美國也有一位女子接受相同手術，卻在兩年後死亡，這位患者名叫艾比吉兒・亞當斯・史密斯（Abigail Adams Smiths），她是美國第二任總統約翰・亞當斯（1735-1826）的女兒。近幾年坊間才出版了亞當斯夫人的傳記，提及了艾比吉兒接受乳房切除術的故事。[33]書裡提到艾比吉兒寫信給著名醫師羅許（Benjamin Rush, 1745-1813，美國憲法起草人之一），提及自己的乳癌徵狀：

> 我發現右邊乳頭上方有一個硬塊，不時產生不舒服的感覺，像是灼熱感又像搔癢感，有時乳房深處會傳來刺痛，乳房的顏色雖未改變，卻持續萎縮，變得比以前小，腫瘤逐漸浮現，約莫瓶蓋大小，好像要自乳房剝落下來似的……

羅許並未直接回信給艾比吉兒，而是寫給她的父親亞當斯，提議她的乳癌可以「切除」了。艾比吉兒信服羅許五十年的行醫經驗，幾個星期內便接受手術。一個月後，亞當斯夫人寫信給兒子約翰・昆西・亞當斯（John Quincy Adams），說他的妹妹「手術後狀況良好，乳房整個都拿掉了。」手術後第一年，艾比吉兒認為自己已擺脫病魔，但是那年冬天，她的健康便開始惡化，於第二年八月平靜離開人間，過世前，母親陪伴在側。亞當斯夫人哀痛逾恆，在無數的信函中傾吐自己的悲傷，毫不隱諱地討論在當時仍屬私密的乳癌：「喪女之痛撕裂了我，胸前的傷口永遠無法癒合。」悲傷的比喻吻合了女兒的惡疾。

當時醫師為了教學，手術常在看台式手術室（amphitheatre）裡舉行，約翰．布朗（John Brown）醫師永遠不能忘懷一八三〇年他仍是學生時，在愛丁堡一個擁擠的手術室裡，與許多同學一起觀看乳房切除的經驗。二十年後，布朗在《雷布與他的朋友》（*Rab and His Friends*）一書裡記載了那次經驗，患者名叫艾莉，是蘇格蘭農婦，在丈夫詹姆斯與愛犬雷布的陪伴下，穿著家居服步入手術室。醫師迅速地進行手術，雷布見到女主人血跡斑斑，不斷嚎叫。手術過程全無麻醉，艾莉以無比的勇氣承受痛苦，手術結束後，她「緩慢爬下手術台，眼光搜尋著詹姆斯，然後回頭以低沉清楚的聲音向醫師與旁觀的學生道歉，說她如果表現得不夠勇敢，請原諒她。」[34]自縮與歉然的態度是當時乳癌患者的共同特徵，尤其是家貧的病人，她們關心醫師手術過程是否舒適，遠勝過關心自己的健康。不幸，這位勇敢的村婦在幾天後死於敗血症。

雖然十九世紀的乳癌治療方法很殘酷，當時的科學家對乳癌的基本結構了解日多。首先，德國的謝理登（Matthias Schleiden）與許旺（Theodor Schwann）指出，細胞是動物與植物的基本物質；穆勒（Johannes Muller）繼而確定了病變腫瘤也和其他組織一樣，是由細胞構成；萊柏

（Hermann Lebert）則發現了癌症細胞，其狀小而圓，內有橢圓形細胞核。[35] 一八五四年，衛爾浦（Alfred Velpeau）在《論乳房疾病》（*Traité des Maladies du Sein*）一書中，總評所有的乳房研究醫學文獻，發現自從顯微鏡誕生以來，乳房病變研究有長足進步。當時人們普遍相信科學可以製造奇蹟，形成了醫學獨斷主義的氛圍，逐漸影響女人的生命。

其實到了十八世紀時，醫學界已自認是女人身體的捍衛者。試想，卡多甘醫師寫作《哺乳論述》時，他的對象還是醫界同仁，但是到了十九世紀，醫界寫作的新潮流是針對女人，不久後，女人便習慣尋求男醫師的指導與諮詢，放棄產婆、女性療者等傳統支援體系。換言之，大眾是在十八世紀起開始迷戀科學，不再認為宗教是人生全方位的指引。

納菲醫師（Dr. Naphey）在一八六九年出版《女性生理的一生》（*The Physical Life of Woman*），廣受歡迎。他在此書的生育一章裡，主張他的哺乳原則有益所有母親，建議產婦應當在孩子誕生後馬上餵食母乳，因為「婦人產後立即泌乳，而嬰兒需要母親乳房最初分泌的乳汁」。[36] 醫界終於明白了初乳的重要性。

醫學界同時也提出統計數字的證據，指出餵食母乳比奶媽哺乳、使用半固體狀的「代乳」要好得多。納菲指出，里昂、帕特內等歐洲城市養育院的嬰兒，普遍由奶媽哺乳，死亡率分別高達三三・七％與三五％；巴黎、漢斯、愛克斯（Aix）等地的養育院嬰兒則多食用代乳，死亡率更分別高達五〇・三％、六三・九％與八〇％；紐約市養育院裡的孩子也是食用代乳，死亡率更是將近百分之一百。有了統計科學做後盾，納菲的建議形同「醫師命令」，他說：「嬰兒出生後的頭四個月至半年裡，只應從母親的乳房吸取養分，許多嬰兒最好是吃食母乳一年。」從此，母親對嬰兒的責任並未紓減，反而加重，醫師彷彿傳道士或教士，用「應該」、「責任」、「義務」等字眼命令母親哺乳。

十九世紀末、二十世紀初，聘請奶媽哺乳的習慣逐漸消失，人們逐漸仰賴奶瓶餵奶，牛乳或羊乳成為最重要的母乳替代品；生母哺乳／奶媽哺乳的古老爭議，也被奶瓶餵食／哺育母乳的爭議取而代之。雖然多數人仍認為母乳是最好的，卻很少人認為它攸關嬰兒存活。醫學統計而言，西方嬰兒已不再因奶媽哺乳或飲用未經消毒的動物乳汁而有早夭危險。

但是乳癌就另當別論了，打從十九世紀末起，人類壽命延長，癌症罹患率也跟著提高，成為現代醫學的焦點，一如中世紀的瘟疫、文藝復興時期的梅毒，或者十九世紀的肺結核。[37]在所有的癌症當中，乳癌的普及率堪稱達「流行病」標準，直到今日，醫師與科學家依然不明白乳癌為何會發生。[38]醫學界只能確定，乳癌始自乳管內部的異常細胞，這些惡性細胞不斷增長繁殖，迅速擠滿乳管，樂芙醫師（Susan Love）形容它為「水管生鏽」。[39]最後，這些狂亂繁殖的惡性細胞衝破乳管壁，侵入乳房組織。如果不治療，乳癌會持續移轉，侵入腋下淋巴結，蔓延至骨頭、肝臟、肺部與其他淋巴結。

癌症婦女有了前所未有的選擇

為了治療乳癌，醫界在過去一百五十年裡發展出四種療法，分別是手術、放射線治療、化學療法與荷爾蒙療法。

十九世紀下半葉，醫界發明了麻醉與防腐劑，讓傳統乳癌手術出現了曙光。麻醉法發明者為牙醫摩頓（William Morton, 1819-1868），一八四六年，他在波士頓的麻省綜合醫院開刀時，首度使用乙醚為病人止痛。一八六四年，巴斯德提出細菌理論，醫界開始研究消滅病菌法，直到英國外科醫師李士德（Joseph Lister, 1827-1912）發明防腐劑，才廣泛使用於外科手術上。

一八六七年，另一個傑出的英國外科醫師摩爾（Charles Moore）確立了乳癌外科手術準則，他認為乳癌復發是因為癌細胞未清除乾淨，為了防止復發，必須切除整個乳房，包括乳房皮膚、淋巴、脂肪、胸部肌肉與感染癌細胞的腋腺。

十九世紀末，由約翰霍浦金斯大學哈爾斯蒂特（William Halsted）醫師發展出來的乳房切除根治療法（radical mastectomy），成為美國乳癌手術的標準程序，包括切除病患的乳房、淋巴結、大胸肌，相連的韌帶與肌腱也一併切除。追蹤研究顯示，採用哈氏乳癌根治療法的病患，存活率顯然高於其他乳癌手術。其後六十年，哈氏乳房切除術成為主流標準療法。

及至二十世紀中葉，哈氏乳房切除術逐漸被改良式切除法取代，這種手術只切除乳房、腋腺淋巴結，但保留乳房之下的胸肌。到了七〇年代，哈氏療法與改良式切除法均遭到強力挑戰，病患與醫師逐漸認為許多患者的乳房根本毫無必要切除。

乳癌患者卡絲娜（Rose Kushner）率先主張，醫師不該全權決定乳癌病患的療法，應該讓病人有選擇權。卡絲娜在《乳癌》（*Breast Cancer*）一書激烈批評所謂的乳癌根治療法，尤其是「單一步驟」的乳房手術。所謂「單一步驟」乳房手術，是指醫師在切片時發現腫瘤為惡性時，可以當場切除病人乳房。[40]切片是讓醫師可以取得患部組織，通常是用手術或探針深入腫塊，取出所需的檢驗樣本。化驗結果如是罹患乳癌，患者通常只有兩種選擇，不是接受乳房切除術（切除整個乳房及腋下部分淋巴結），就是接受腫瘤摘除術（取出腫瘤硬塊及一部分鄰近組織、部分淋巴結）。

七〇、八〇年代時，醫界證明乳癌患者如果發現得早，在腫瘤還不大時進行腫瘤摘除，再輔以放射線治療，療效和切除整個乳房是一樣的。一九九〇年，美國國家衛生研究院建議乳癌病患在接受腫瘤摘除術後，輔以放射線治療，可有效替代乳房切除，患者的疤痕與心理創傷也較少。

今日，醫師多會建議乳癌患者接受手術，不管是腫瘤摘除或乳房切除，淋巴結都是癌症復發機率的指標，感染癌細胞的淋巴結越多，預後便越不好。換言之，手術雖為乳癌患者帶來希望，但是存活希望還要視許多變數而定。

手術雖是乳癌的主要療法，其他療法也有長足發展。一八九五年，倫琴（Wilhelm Roentgen）

發明X光後，醫界發現放射線可以抑制癌細胞生長，遂用來治療無法開刀的乳癌病例，或者殺死手術後殘餘的癌細胞。其後，超高電壓X光在一九三〇年代誕生，到了六〇年代，鈷射線也誕生了，但是醫界卻發現高劑量放射線照射有害人體。他們曾追蹤研究一九三五年到七一年間接受放射線治療的數千名女病患，發現她們罹患肺癌的機率比接受其他療法的患者高出近兩倍。[41]不過朝好的方面看，患者如果接受手術配合放射線治療，將降低乳癌的復發機率，比只接受開刀、未配合放射線治療者要低三分之一。[42]

一九六〇年代，化學療法加入了抗癌行列，化學療法是以靜脈注射多種藥劑，干擾癌細胞的複製。到了今日，乳癌的標準療程是在初步診斷後先施以化學療法，尤其是對癌細胞侵入淋巴結，但尚未停經的乳癌病患。至於已停經的乳癌病患，化學療法的效果仍然存疑，但是整體來說，化療大約可以延長病患壽命二到三年。[43]

荷爾蒙療法則是遲至二十世紀初才研發出來，醫界早就懷疑乳癌的產生與女性生殖器官有關，後來才確定禍首是雌激素。雌激素在卵巢製造，可刺激乳房生長，它與乳癌的關連一經確定後，許多年輕的後期病患被迫切除卵巢。

今日，醫學界認為雌激素會增進乳房腫瘤細胞生長，其分泌量和高脂肪飲食、環境因素都有複雜關連。近年，醫界發明了合成激素「泰莫西芬」（學名為tamoxifen，藥名為諾瓦得士錠），它可以占據、阻斷雌激素受體，防止攝入內生的雌激素。醫界已證明對停經的乳癌患者，「泰莫西芬」和化療一樣有效，但尚不知道它對未停經婦女是否有效。

全球流行病：每年一百萬人死於乳癌

手術、放射線、化學與荷爾蒙這四種主要療法，讓乳癌婦女有了前所未有的選擇，儘管如此，婦女死於乳癌的數字依然不斷攀升。一九八〇年，全球死於乳癌的婦女為五十六萬人，預估到了公元兩千年，每年死亡人數將達一百萬人。[44]驚人的死亡率，讓研究者、醫師與乳癌防治者投入前期預防工作。西方工業國家婦女罹患乳癌比例最高，許多人相信只要大幅改變飲食、生活型態與環境，乳癌罹患率應可大幅下降*。

研究者之所以認為飲食改變可以降低乳癌罹患機率，是因為亞洲國家與西方國家婦女乳癌罹患率大不相同。美國與英國婦女脂肪攝取量最多，乳癌罹患率也最高；相對的，在日本、中國等低脂肪飲食國家，乳癌罹患率僅及英、美的五分之一。[45]流行病學者並發現亞洲婦女移民美國，開始攝取高脂肪食物後，罹患乳癌的機率便上升，進一步證明了營養過剩（尤其是高脂肪飲食）是美國乳癌猖獗的主因。

雖然科學界認為脂肪是人類大敵，不飽和脂肪的橄欖油卻有死忠的擁護者。希臘一項針對兩千名婦女所做的研究顯示，每日食用橄欖油一次以上，可降低罹患乳癌機率達四分之一。[46]婦女雜誌迅速地跟上這波飲食防癌熱潮，經常語出驚人，彷彿改善飲食就可治病。一九九四年七月號《婦女家庭雜誌》的標題便宣稱：「你可防止乳癌——方法如下」，內文更武斷寫著：「預防乳癌食譜，頂尖醫師的革命性飲食法可挽救你的性命。」

其他防癌措施還包括消除環境中的致癌因子，首要目標是殺蟲劑及其他有毒物質，它們的化學結構類似人體內製造的雌激素。學界相信，殺蟲劑產生的異雌激素（xeno-estrogen）會附著在人體乳房的雌激素受體上，觸發乳癌。這個高度政治化的議題吸引了許多科學家與運動者，希望能找出環境中的致癌因子，展開全球性的戰鬥。

一九九〇年，統計發現紐約長島市民的乳癌罹患率，居然高出全美其他城市二十七%，讓學界震驚於環境與乳癌的關係。[47]長島市的環境致癌因子可不少，包括殺蟲劑污染與毗鄰核能電廠。可惜，有毒物質與癌症的相關性研究鮮少能確立，有的研究指出乳癌源自環境中的致癌因子，有的研究卻又推翻它。加州奧克蘭「凱瑟基金會研究所」（Kaiser Foundation Research Institute）的葛蕾格（Nancy Krieger）便找不到DDT、多氯聯苯導致乳癌的證據。理論上，這兩種化學物質都會停留在環境中，積存於乳房組織中，產生刺激乳癌細胞生長的異雌激素。[48]

* 世界衛生組織下屬國際癌症研究機構（IARC）發布的統計數據顯示，二〇一八年全球癌症死亡人數達九六〇萬，乳腺癌死亡率仍在前五名內。

一九九四年，醫界發現乳癌遺傳基因BRCA1，提醒高危險群婦女應及早採取預防措施。美國每年有十八萬名婦女被診斷出罹患乳癌，其中五%擁有BRCA1基因，它是一種高遺傳性的家族疾病。擁有這類基因的婦女是乳癌高危險群，醫師建議她們常做乳房檢查，服用「塔蒙辛芬」預防，為了保險起見，甚至應當考慮切除乳房。

乳癌發現得越早，存活率越高，醫學界建議婦女定期做乳房自我檢查，注意乳房腫塊、組織變軟、發紅或流膿等變化。乳房X光攝影（mammogram）也是早期發現乳癌的利器，它可測出極小的腫瘤。雖然醫界建議五十歲以上的婦女每年做一次乳房X光攝影，但是這項檢查並非十全十美。譬如，它仍會漏過少數的腫瘤，其次，腫瘤可能在十二個月的間斷期生成，來不及測出。此外，研究顯示五十歲以下的婦女接受乳房X光攝影，反而可能增加罹患乳癌的機率，儘管它的放射劑量與照射牙齒X光差不多。另一方面，年輕婦女的乳房較結實，比較有可能漏過小腫瘤，或者將良性腫塊誤判為惡性的，做了不必要的治療。儘管如此，多數專家仍建議四十到四十九歲的婦女，應該每兩年做一次乳房X光攝影。

為了預防乳癌，專家也建議女性提早生子、親自哺乳，據信，兩者均可降低罹患乳癌的機率。年輕女性應少服避孕藥，尤其是二十五歲之前不宜服用（這偏偏是她們最需要避孕藥的年紀）。

停經女人則面臨兩難，不知道該不該進行荷爾蒙補充療法，專家認為它有可能增加乳癌罹患機率，服用替代性荷爾蒙越久，罹患乳癌的機率越高，但荷爾蒙補充療法也可以預防心臟病和骨質疏鬆。專家建議更年期婦女嚴肅考慮乳癌後遺症，再決定是否採用荷爾蒙補充療法。

面對最悲慘的結果，享受最好的生活

現在的女人有了許多預防乳癌的選擇，反而讓乳癌患者懷疑自己是否「咎由自取」。她是不是飲食不當，所以罹患乳癌？還是因為選擇了不健康的環境、延遲生育、未哺育母乳、服用避孕藥、採用荷爾蒙補充療法，才罹患了乳癌？過去，女人相信乳癌起因於體液的沉滯、乳房受傷，甚至上帝的懲罰，現在，越來越多女人將生病歸咎於自己。過去的病因解釋（不管是宗教性或科學性的）認為乳癌成因超越個人的控制，現在我們卻相信只要改變飲食，就可以逃過乳癌一劫。

經過了一個世紀的研究，直到今日，科學家仍無法確定乳癌的成因為何。遺傳、雌激素、脂肪與環境因子都有可能，但到底何者引發了乳癌？新近的研究顯示，乳癌基因BRCA1可能是罪魁禍首。先前，醫界認為只有部分乳癌患者是BRCA1基因造成的，現在則認為可能所有的乳癌都源自BRCA1。[49]如果此項研究結果為真，將為乳癌的診斷與治療開啟全新方向，不過在這之前，我們必須謹記每八到九個美國女人當中，便有一個可能會罹患乳癌！

光看統計數字，無法告訴我們乳癌患者的心路歷程，要直到七〇年代中期，才由精神醫學為我們開了一扇門。我的丈夫亞隆醫師（Irvin Yalom）是史丹福醫學院的精神病學教授，他為移轉性乳癌病患成立了第一個支援團體。[50]每個星期他與八到十二位患者聚會，提供她們一個討論的場所，抒發內心的恐懼與失落感，更多時候，她們直接面對即將來臨的死亡。一開始，所有病患都表達出對醫事人員的敵意，認為主治大夫太不人性也過於權威，經常擅自決定她們的治療方式，不讓她們有充分的參與。支援小組的病患透過討論與意見交換，發現哪些事情可以仰賴醫師，哪些事情又不行。亞隆醫師發現乳癌病患最基本的焦慮不是死亡，而是邁向死亡過程中的孤獨。當年，乳癌仍是禁忌話題，病患常會自我孤立，不讓家人親友接近，因為不想拖他們下水。久而久之，即便最親近的人也會刻意躲避她們，因為他們不知道該說些什麼、做些什麼。長達四年的團體治療，這些女人一起掙扎、協力尋求一種更有意義的生活，誠如該計畫共同主持人史比格醫師（David Spiegel）所言，「直接面對最悲慘的結果」反而解放了病人，讓她們能「享受生活中最好的一面」。[51]

後續的追蹤研究顯示，比起只接受腫瘤治療的病患，參與支援團體的病患比較不焦慮沮喪。更令人吃驚的是，十年後再做一次追蹤調查顯示，支援團體不僅改善了乳癌病患的生活品質，也延長了她們的壽命，比起控制組的病患，她們的壽命平均延長了一倍。雖然單一的研究不足以蓋棺論定，但至少點出一個方向，末期病患如果同時接受精神治療，她們的壽命與生活品質都可能獲得改善。目前，美國已陸續成立許多乳癌病患支援團體。

譬如，「美國癌症學會」旗下的志工團體「協助復原」（Reach to Recovery）成立於一九五三年，專門聯絡乳房切除的婦女，提供她們義乳的資訊。設計良好的義乳塞進胸罩內，只要外面穿了衣服，誰也看不出有何不同，現在還有專門為手術後乳房殘缺者設計的泳裝呢。

隆乳是為了自已，不為取悅男人？

切除過乳房的女人，如果希望裸體看起來和常人一樣，可以選擇手術重建。最常見的乳房重建術是「腹肌橫直皮片」（TRAM-flap）*術，拿患者腹部的組織重建新的乳房，可以在切除乳房的同時進行，也可以在乳房切除傷口痊癒後再做，新的乳房看起來就和原有的乳房一樣。直到幾年前，乳房切除者還可選擇一種和矽膠隆乳差不多的簡單手術，矽膠隆乳在七〇與八〇年代廣為盛行，除了造福乳癌患者外，多數是為愛美女性加大乳房。

但是矽膠隆乳最近引起了火熱爭議，惹來不少訴訟，也有無數文章與專書抨擊化學公司、整形外科醫師替患者矽膠隆乳是發不義之財。我們不要忘了，美國不是唯一熱中矽膠隆乳的國家，西歐與南美女人亦盛行以隆乳塑造適合該國的乳房大小。以一九八八年第二十一屆「整形手術年

* TRAM-flap的全名為transverse rectus abdominis musculocutaneous flap，亦即腹部橫肌與直肌的皮片。

度大會」的數據來看，法國人理想中的乳房似乎比美國人小，阿根廷女人偏愛碩大乳房，巴西上流家庭則流行減胸手術，甚至在女兒十五歲生日時就送她去做減胸手術，做為生日禮！一位整形外科醫師認為，這種現象反映了國情與階級規範──巴西上流階層急於與乳房碩大、皮膚黝黑的下流階層區分開來；而在大部分人擁有西班牙血統、極端男性化的阿根廷社會中，女人則急於強調自己的性感。[52]

瑞典曾對三十九名隆乳女性做調查，發現她們多數認為乳房大小代表了女性化程度，胸部平坦讓她們與異性相處時不自在，甚至不願意在同性面前裸體。隆乳手術後，她們多數對自己有了較正面的評價，性關係也變得較好；少數不滿意者多半覺得乳房隆得不夠大，或者是隆乳手術後，乳房變硬、看起來不自然。[53]

隆乳是荷蘭最受歡迎的整形手術，一項針對四十二名荷蘭隆乳婦女的調查，讓我們對此項手術的道德爭議有了進一步的認識。[54]主持此項調查的是一個女性主義者，她想知道為什麼有些女人充分了解矽膠隆乳的風險、也同意女人不應屈服於豐乳的社會壓力，最後還是選擇隆乳整形。受訪女人一致表示隆乳是為了自己，而不是為了取悅丈夫，或是受醫師與社會影響；和上述的瑞典女人一樣，她們對隆乳的結果十分滿意。無論我們對隆乳這項生意有何意見，只要顧客滿意，我們又能說些什麼呢？

在美國，隆乳則僅次於抽脂，是排名第二的整形手術。從六〇年代初期起，至少有一百萬到兩百萬名美國婦女隆乳，七〇%只是為了美觀。一九九二年，美國食品藥物管理局下達臨時禁令，停止矽膠隆乳的使用，引爆了媒體狂潮。食品藥物管理局經過多年的蒐證，認為矽膠填充物並不安全，有可能溢漏或者破裂流入人體，造成持續性疲勞、關節炎與破壞免疫系統。矽膠填充物製造商立即展開反撲，連美國醫學協會、「美國整形與再造外科醫師學會」（American Society of Plastic and Reconstructive Surgeons）也批評食品藥物管理局此舉為毫無必要的干涉。

儘管矽膠填充物業者堅持產品安全無虞，一九九四年，他們還是達成了團體訴訟史上賠償金額最大的一次和解，道爾康寧（Dow Corning）、必治妥施貴寶、巴斯特保健公司（Baxter Healthcare Corp.）、明尼蘇達礦業製造公司（Minnesota Mining and Manufacturing, 3M）同意賠償兩萬五千名婦女四十億美元，她們疑似因矽膠隆乳罹患了風濕性關節炎、狼瘡與硬皮症（scleroderma，一種使皮膚與內臟持續性變厚、變硬的疾病）。

緊接著此樁天文數字的賠償官司後，醫學界展開一場大規模的流行病學調查，困惑地發現矽膠隆乳女性罹患上述病症的比率，其實並不比未隆乳的女性高。此項調查由梅約診所（Mayo Clinic）主持，以明尼蘇達州的一個郡為樣本，蒐集一九六四到九一年間的隆乳病例，與同一郡未做過隆乳的女性做比較，發現兩個樣本組罹患上述疾病的機率幾乎一樣。[55]

此項調查及後續的研究，均未能證明隆乳與皮膚相關病變或其他病症有關，但對矽膠填充物製造業者來說，已經無補於事，他們已經付出了大筆賠償。由於追訴賠償人數上漲至四十萬人，道爾康寧公司被迫宣布破產。但是對隆過乳的女性來說，調查結果至少是個安慰，她們不必再提心吊膽罹患隆乳相關疾病。矽膠隆乳究竟有害無害，到目前為止仍無定論，有可能破裂的矽膠填充物造成某些婦女不適，其症狀並不符合標準的病徵描繪，因而構成一種「新病」。醫界曾對一百二十三名拿掉矽膠填充物的婦女做研究，發現超過六成者在取出矽膠填充物後，感到病癥大幅改善。這些數據顯示，矽膠填充物有可能造成一種全身性不適的集體作用（constellation of systemic complaints），形成一種文獻不曾記載的異常結合性疾病。[56]現在醫界區分為兩派，一派支持食品藥物管理局的決定，一派則呼籲取消矽膠隆乳禁令。

由於大胸脯理想深植於美國文化，美國人對減胸的興趣遠低於隆乳，但減胸人口也日益增加，光是一九九二年，便有近四萬人接受減胸手術。大胸脯女人往往受苦於頸背痠痛、駝背、皮膚搔癢；有些人抱怨乳房過大妨礙運動，有人則是恥於雙峰龐然。

減胸手術的難度比隆乳要高得多，患者必須住院開刀，實施全身麻醉，恢復期長達三週。一則於一九九四、九五年刊登在《紐約時報雜誌》的廣告，畫出一個開刀前、開刀中與開刀後的乳房圖片，使讀者誤認為減胸手術就像從胸罩取出襯墊般簡單，其實不然。儘管減胸手術帶來極大的痛苦與不便，接受手術的女人普遍表示滿意。加州柏克萊地區整形外科醫師卡斯坦斯（Michael Carstens）便說，他曾替許多女人實施減胸手術，患者都說早知道有減胸這回事，早就來做了。

選擇減胸手術的女人必須力抗丈夫、情人的反對。一位大胸脯女士長期飽受頸背痠痛，決心減胸，醫師說他十分樂意為她開刀，但是必須先徵求她丈夫的同意。這位女士抗議說她的身體，她有權作主，醫師卻十分堅持，因為他曾替許多女人做減胸手術，事後都遭到不滿的丈夫百般騷擾。

另外一位女士則在一九九五年四月號的《女性運動與瘦身》（*Women's Sport and Fitness*）雜誌撰文，提及她以前的胸圍三十六D，「不堪負荷」，不僅老佝僂著身體、穿著寬大的毛衣遮掩乳房，也逃避運動，以免大家看到她的乳房「上下波動」，出外慢跑時，還必須穿上三件運動胸罩，為十磅重的乳房防震。最後她選擇減胸，將胸圍縮為三十六C，雖然乳房上仍有疤痕，她卻「感到前所未有的解放」，重拾自信與對運動的熱情。

哺乳、腫瘤與外科整形是醫界對乳房的三大關注，在醫師的手中，女人的乳房可以連上電子儀器、以輻射線照射、夾在X光板中攝影、注射矽膠，還可以整個切掉。套句樂芙醫師的話，傳統的乳癌治療是「切割、毒殺與燒灼」。[57]但是我們不該只看乳癌醫療的恐怖面，也該想想它的進步。譬如，現在我們知道母乳為何有益嬰兒，因為醫界已經找出初乳所含的激素，確定它們可以促進發育，給予嬰兒抗體對抗一般感染。至於，選擇不餵母乳的女人，只要步驟正確、消毒完全，也不用擔心奶瓶餵食會讓孩子健康不良。我們也對促發乳癌的某些因子有了更多了解，罹患乳癌也不再感到全然無望，或許在我們有生之年，會看到乳癌剋星的誕生。至於，那些想要胸部

第八章
解放的乳房：政治、詩篇與圖片

解放後的乳房有各種變化，

它們可以是棕色、白色、粉紅色、黃色或淡茶色，

也可以長得像檸檬、柳丁、葡萄柚、蘋果、梨子、西瓜、大頭菜或茄子。

有的乳房對冷、熱或衣服束縛極端敏感，

有的乳房只喜歡被某些人在某些時刻以某些方式觸摸，

有的乳房則完全不喜歡被碰觸。這些乳房只有一個共同點：

它們屬於女人，女人知道它們喜歡什麼，拒絕違背自己的意旨讓別人操縱它們。

泰半的西方歷史裡，女人的乳房不是受到丈夫、情人的個人掌控，便是受制於教會、國家、醫學等男性機制的集體控制。不管男人對女性乳房的控制多麼廣泛，過去的人並不自覺，因為長期以來，人們相信女人「附屬」於男人、比不上男人，也必須順從男人，這種觀念深植於西方社會，以致多數人毫不質疑地接受現狀。

當然，歷史上也有過一些女人（甚至少數男人）質疑兩性之間的不平等。十四世紀，英國詩人喬叟（Geoffrey Chaucer, 1340-1400）便曾描繪巴斯地區來的太太，指出一些大膽的英國女人質疑傳統的婚姻角色。一百年後，孀居的法國作家比桑（Christin de Pisan）也力勸女人要超脫社會厭惡女性的心態，比桑的為人與作品為後世建立了模範，展現出女性力量與人格的強韌。文藝復興時期，人文主義雖為舊的性別爭議注入新意，但總體而言，「新」男人仍是在尋找一個合適且恭順的伴侶。

文藝復興之後，雖然多數人仍堅守猶太基督教義，認為女人天生不如男人，但也有少數人努力打破加諸於女人、讓女人成為「終身奴僕」的意識束縛。到了十八世紀啟蒙運動時，解放女性的種子終於開始萌芽綻放，先是古茲（Olympe de Gouges, 1748-1793）寫出《女權宣言》（*Declaration of the Rights of Women*），後有伍史東考特（Mary Wollstonecraft）出版《女權辯護》（*Vindication of the Rights of Woman*），為女性宣言開了先鋒。爾後兩百年，大西洋兩岸的女性前仆後繼、大聲說出她們的反抗。

到了十九世紀，女人不再單打獨鬥，而是集結成女性團體發出怒吼，推動女性教育權、投票權、服裝革命與經濟獨立。儘管保守勢力反撲，慢慢的，女權運動者還是爭得社會廣泛認同，同意女性有權與男性平等。

其後，又有連續幾波的女性解放運動，包括六〇與七〇年代最後一波大運動。這波女權運動與前面幾波運動最大的不同在：它將身體自主權與女性權利連結起來。革命性的《我們的身體，我們自身》（*Our Bodies, Ourselves*）一書敲起新一代女性的戰鼓，指出女性的宿命並非天定，而是男人造成的。[1]當女性重新審視自己的身體、奪回自己的乳房，結果又如何呢？下面這一段對話便是過去三十年的女性戰略之一。

拋棄胸罩，挑戰男性想像的女體美

一九九三年，我在美國一家女子三溫暖聽到的對話：

「我不再穿胸罩。」

「妳真是個解放女性！」

觀諸乳房在象徵上的重要性，婦女解放運動由「焚燒胸罩」揭起序幕，也就毫不出奇了。一九六八年，詩人摩根（Robin Morgan）領導的「女性解放黨」（Women's Liberation Party）在大西洋城舉行的美國小姐選美會場外抗議，呼籲拋棄束縛女人的胸罩、束腰、髮捲、假睫毛，及其他「荒謬、愚蠢」的貶抑女性象徵。[2]示威行動的發起單位發表了一份書面聲明，譴責美國社會的壓制力量，包括性別主義、守舊主義、老年歧視與種族主義，聲明中指出選美正是集這些負面思想之大成。

參與那次抗議行動的女性只是將胸罩丟入垃圾桶，後來卻被神話成「焚燒胸罩」。捏造此一名詞的記者顯然希望將它與「焚燒徵兵令」、「焚燒國旗」等煽動性行動串連起來。[3]雖然多數女人不希望被貼上「焚燒胸罩者」或「女性解放運動者」的標籤，其他女人還是受到號召，紛紛拋棄了胸罩。

一位女性回憶那段時期的抗爭，認為拋開胸罩象徵了自由與反抗，她說：「我早就不穿束腰，現在又拋棄了剃刀、化妝品、高跟鞋與裙子，穿著輕鬆自在，不再穿需要胸罩的貼身襯衫與合身剪裁的外套。一開始，我很擔心人們看到我沒穿胸罩會有什麼想法，後來，我完全不在乎了。」[4]

兩年後，澳洲作家葛瑞爾（Germaine Greer）出版《女閹人》（*The Female Eunuch*），強有力呈現父權社會如何剝奪女性的權利，她以生動的語言描繪男人對女性乳房的誇大專注：「龐然的乳房其實是女人肩頭的重擔，唯有不顯露哺乳功能的乳房才得到男人的愛慕，一旦乳房色澤暗沉、失去彈性、憔悴枯萎，男人便感到厭惡。乳房不是女人的一部分，而是懸掛於胸前的誘惑，像神奇的麵團般供男性揉搓。」葛瑞爾就和焚燒胸罩的美國女人一樣，拒絕穿戴胸罩以迎合「充氣乳房的幻象，迫使男人正視女性乳房的各種真實面目。」[5]

六〇年代末、七〇年代初的「焚燒胸罩」運動，旨在破除男人對女性身體的過度情色化，藉由女性的乳房，喚起大眾對女性經濟、社會議題的重視。[6]諷刺的是，脫下胸罩反而成為無數訕謗者的攻擊武器，指控不穿胸罩的女性不雅、低俗，衝擊了男性想像的女體美標準，認為乳房應當巨大、渾圓、堅挺，在衣衫下曲線畢露。相較於四〇、五〇年代，精心包裝過的乳房被當成投射性欲的客體，六〇年代末的乳房掙脫束縛，象徵了混亂無序與打破成規，不受箝制、胡亂跳動，預告了更大的女性自由即將到來。

七〇與八〇年代，女人不僅脫掉胸罩，有時還脫掉上衣。伴隨著裸奔、暴露下體與乳房（flashing）、惡作劇露臀（mooning）風潮（男女皆然），女人裸胸變成挑戰社會的方法。譬如一位女士回憶，當年她與同伴坐在噴泉旁，突然說：「聽我的口號，一、二、三，脫掉上衣。然後，我們真的一、二、三，拉起了上衣。一位男攝影師跑過來說：『可不可以再脫一遍？』我們說：『好呀。』一、二、三，我們又扯起了上衣，裸露出乳房。這時警察來了，和我們起了一陣爭執。」[7]

對執法人員而言，女性裸胸顯然是全新狀況。美國陸軍憲兵學校《面對民眾騷動，如何保持冷靜》手冊建議：

狀況：你們編成隊形，面對一群和你們年紀相仿的女性。她們高喊：「如果你們與我們同一陣線，請微笑。」然後，她們拉起上衣，露出乳房，你該怎麼辦？

答案：專注於自己的任務。畢竟，你不是沒看過乳房。這些女人只是逗弄你們，希望你們出錯，好取笑你們。保持警覺，提高戒備！[8]

基本上，美國警察相當遵守上述建言，至少，我們不曾聽說警察與裸胸示威女性起過粗暴衝突。

法律圖利色情、電影、電視與廣告業者

裸露乳房成為女人的手段，以喚起社會注意女性議題，包括色情、性別主義、保健與安全性行為。一九八四年，六十名裸露上身的男女在加州聖塔克魯茲市街頭遊行，抗議廣告、色情業濫用女性身體，由席蔓頓（Ann Simonton）宣讀聲明，她曾是紐約模特兒，後來成為激進的女性主

義者。宣言中說：

如果女人的乳房不是總被羞恥遮掩，視為猥褻與邪惡，麥迪遜大道*、色情業者、電影與電視又何能以暴露女人乳房牟利？

我們向錯誤想法說「不」！廣告商、選美大會、色情業者、上空酒吧、偷窺秀……並不擁有我們的身體。

我們要奪回屬於我們的身體自主權。[9]

遊行群眾有人手持標語，寫著「我們的乳房屬於嬰兒，不屬於男性色情工業」，「完美身體的神話壓制我們所有人」。最後，遊行群眾聚集在聖塔克魯茲海灘，一名男子裸身躍入海中，救生員說他們可以在市區、郡立海灘裸露上身，但是不能脫掉褲子。

人類史上，法律一直控制男女可以公開裸露的部位。目前美國法律規定，男女都不得公開暴

* 紐約麥迪遜大道是美國廣告業的重鎮。

露下體，女人的乳房以不暴露「乳暈」為底線。我們是否應視此為歧視女人？當男人自在地打著赤膊，女人就活該在公園烈日下、體育館裡汗流浹背嗎？法律是否強調了女性乳房的誘惑力，暗示男人看到女人乳房後便無法自制？這樣的法律是否圖利了色情、電影、電視與廣告業者，將裸露的乳房保留給這些行業，使其奇貨可居，因為民眾在其他場合看不到裸乳？上述質疑挑戰法律除了所謂的「不符禮儀」外，究竟有何理由限制女人裸露乳房。就算我們同意法律可以強制女人在公開場合遮起乳房，哺乳與日光浴也應該例外。

目前，多數國家允許女人公開哺乳（美國某些州不准），不少歐洲國家還容許女人在海灘上空，但仍有不成文的社會規範。母親公開哺乳時，必須小心遮掩不哺乳的那只乳房，並在餵完奶後，馬上遮起餵乳的那只乳房，隨意裸露乳房是低俗的行為。同樣的，女人雖然可以在歐洲海灘上空，仍受到嚴格的社會限制。

一位社會學者曾觀察過法國海灘，指出女性上空日光浴的兩個先決條件：年輕（不超過四十五歲）與乳房不能過大或下垂。此外還有嚴格的行為規範，譬如上空時應當面朝下趴著，而非站直身體；不能有惹人注目的行為；男人只能狀似視若無睹地偷窺。[10]（義大利小說家卡爾維諾在《帕洛瑪先生》中，曾以數頁篇幅細膩描寫男人在上空海灘偷窺裸胸的藝術。）這些都是過去二十年裡發展出來的遊戲規則。

沒有學經歷，只有乳房做前鋒

七〇年代，歐洲只有極少數女人以裸露乳房做為政治訴求手段。一九七四年，一位法國女士裸胸向土爾市（Tours）市長赫耶（Jean Royer）抗議他施政保守。還有一次，據報載數位女學生在講壇前裸胸，向某位「知名的偉大哲學家」抗議（據信，這位哲學家應該就是哈柏瑪斯*），迫使他無言離去。[11]然而這些零星的抗爭從未發展成如美國示威般的集體力量。

一位歐洲政治人物倒是從裸露乳房獲益不少。一九八七年春天，出生於布達佩斯，本名為伊羅娜·史脫樂的「小白菜」，代表義大利激進黨角逐國會議員，在該黨提名名單中排名四十九。「小白菜」原本是個脫星，一夕之間震撼了義大利政壇，她的競選策略，簡單地說，就是跳脫常軌，從下面這篇報導便可窺知：「一輛紅色敞篷車停到羅馬市中心國會大廈門口，一位年輕金髮女郎、穿著一身粉紅衣裳，站在車上，大方地裸露出乳房。鎂光燈此起彼落，她拿著擴音機高喊著：『停止性壓制！』一小撮興奮的路人熱情附和。」[12]

義大利國會裡，女性議員僅占六·五%的席次，因此「小白菜」的同性角逐者並不多。她和其他女性候選人最大的不同是，她完全沒有政治、學術經歷做後盾，只有乳房做前鋒，而它們也

---

* 哈柏瑪斯（Jurgen Habermas），一九二九年出生於德國，是法蘭克福學派第二代中最多產、最具有影響力的學者。

完成了任務。

六月大選，「小白菜」跌破多數專家的眼鏡，擠入六百三十位國會議員行列，性解放政見將她推入政治權力核心。四年議員任內，「小白菜」推動了七項提案，分別是：囚犯的性交權、實施學校性教育、設立「愛情公園」、修訂電影檢查的猥褻標準、徵收汽機車空污稅、禁止銷售毛皮與動物實驗、重新開放合法妓女戶。

「小白菜」當選議員後，依然時常裸露乳房甚至全身，公職角色因而混淆。一九八七年十月的報紙頭條新聞寫著：「小白菜的乳房在聖地引發醜聞。」[13]當時她簽約赴以色列做春宮表演，碰到猶太正教信徒抗議，拒絕讓她進入以色列國會。顯然，以色列不像義大利，不甩「小白菜」色情結合政治那一套。她在以色列特拉維夫期間，警方對她提起兩項控訴，她只好倉皇逃回義大利，在那裡，她的色情表演受到議員保護傘庇蔭。

一九九一年四月，「小白菜」在倒閣危機中辭去國會議員，在不明動機下，投回了她的初愛色情電影與第二任丈夫的懷抱。「小白菜」的第二任丈夫是美國藝術家庫恩斯（Jeff Koons），在兩人的短暫婚姻裡，他掌鏡為「小白菜」拍攝了許多暴露照片。

同時間，美國女人早已從「焚燒胸罩」邁進到更實際的行動，奮力爭取女人的生育權、法律權、教育權、經濟平等權、女性保健、幼兒托育、終結色情、暴力與性騷擾。儘管保守勢力持續打壓、宣稱女性主義已死亡，數百萬女人仍是奮戰不歇，爭取上述權利。女性運動掀起大革命，鼓勵女人擺脫「社會強制的異性戀關係」與「生殖」兩項枷鎖，許多女人開始有了新的選擇：不婚性行為、結婚但不生小孩、出外工作、單親媽媽、同性結合，常見的選擇是做職業婦女，有固定性伴侶，擔任母親但不婚。在革命大漩渦裡，乳房成為女性新處境的有力標誌。

乳房是最好的跨黨派象徵

一九九〇年左右，美國發生了連串的示威抗議，要求政府正視婦女的保健。美國婦女從防治愛滋運動者身上學到經驗，開始要求政府撥出更多預算支持乳癌研究。一九九三年，《紐約時報雜誌》以顯著的篇幅刊出〈憤怒的乳癌政治〉一文，封面是一張切除過乳房的女性照片，撼動人心。[14]報導指出，全美至少有一百八十個團體倡導乳癌研究，這些憤怒的團體不惜一戰，誓言將乳癌議題推上立法機構、媒體與街頭。

一九九一與九二年在波士頓市大示威裡，許多人高舉尖銳的標語，寫著：「問我有關貧窮與乳癌」或「問我乳癌與環境的關係」。一九九三年五月，七百名運動人士集結於華盛頓特區的沉思泉，身穿寫著「與九分之一的女人劃清界線？」、「你救的可能就是你的老婆」等口號的T恤與短褲。同年十月，一千名群眾（多數是女人）在白宮附近示威，繫上粉紅色絲帶，揮舞著大標語。柯林頓總統在接見了數位示威代表後，與妻子希拉蕊共同保證將推動預防、診斷與治療乳癌的全國性方案。[15]短短幾年內，乳癌防治運動者已募得大筆研究基金，更對以往忽視女性保健的立法機構施壓，要求他們提高乳癌防治預算，從九千萬美元（九二年）增加到四億二千萬美元（九五年）。

但是部分科學界人士卻力表反對，認為政治壓力擾亂了醫療研究預算分配，可能會影響癌症療法的研究進展，因為資源如果移轉到乳癌研究，癌症基礎研究的預算便會縮水，而基礎研究比較可能找到治療所有癌症的療方。[16]乳癌防治運動者則反駁說，直到最近之前，女性醫療研究的資源始終不如男性，過去的醫學研究多數側重男性的疾病，即便女人罹患與男人同樣的疾病（譬如心臟病、肺癌），往往也不被列為研究對象。乳癌是女性特有疾病，需要醫界的注意與足夠的資源來抑止它的成長。

乳癌議題跨越政治光譜，將共和黨、民主黨、女性主義者、非女性主義者、同性戀者、異性戀者、窮人與富人連結在一起。我們可以看到活躍的女性主義團體「長島乳癌行動聯盟」、保守的「達拉斯庫曼乳癌基金會」，以及女同志成立的「柏克萊女性癌症研究中心」共同攜手，後者更利用每年在舊金山盛大舉行的同志遊行呼籲大眾注意乳癌。一九九四年遊行，乳癌存活者萊特（Raven Light）裸露出切除過的乳房。萊特也曾在其他示威場合裸露胸部訴求，包括一九九五年示威抗議舊金山灣景—杭特斯區（Bayview-Hunters）成立電廠，這個區域高度工業化，乳癌罹患率遠高過美國其他城市。

從加州到紐約，乳癌防治成為全國性運動，乳癌病患與非病患互相倚賴、汲取力量，共同向惡疾宣戰，唯有早年的廢奴運動與禁酒運動者的怒火差堪比擬，伊凡絲（Laura Evans）便是一例。一九八九年，伊凡絲被診斷出罹患乳癌，接著接受密集治療，一九九五年，她率領十七名乳癌存活者赴西半球最高峰阿空加瓜（Mount Aconcagua）攻頂成功。此項「激勵遠征」（Expedition Inspiration）由舊金山「乳癌基金會」贊助，共募得一百五十萬美元，投入新的乳癌研究計畫。

伊凡絲的故事深具啟發性，還有許多人和她一樣誓言掃除乳癌。不管是以一己之力，還是加入團體運動，這些女人在書籍、雜誌、報章、簡訊裡寫下撼動人心的證言，道出自己的心聲，也為深受乳癌威脅的所有女人說話。僅僅十年前，誰又能想像乳癌會成為戲劇、藝廊展出的主題？

透過個人與團體的努力，乳癌患者集結了所有力量對抗敵人，她們的奮戰成為二十世紀末女性運動最主要的目標，只有墮胎合法化運動差堪比擬。現在，大眾對乳癌的關注已經擴展到對女性保健的全面重視。

以前，乳房的意識型態由男性創造與推動，現在，乳房的意識型態由女性根據自身的需要主導。女性選民、立法者跨越黨派界限，成為乳癌研究的支持者，一如她們曾在對抗性騷擾議題上聯手出擊一樣。美國政治誕生了新的女性議題，而乳房正是最好的跨黨派象徵。

乳房政治學將原本私密的議題搬上了公領域，詩則保留了女人對乳房的私密感受，向內探視無關政治的思維與感受。當詩的寫作牽涉到身體，便翻攪起五內感受。乳房詩牽動痛苦與愉悅的回憶，時而躍向幻想，時而幽默反轉，或者墜入無邊的悲痛。回顧本書前幾章，我們不難發現詩是乳房的家，只是此次，書寫乳房的主角變成女人。

女人奪回乳房的描述權

過去二十五年來，女性所書寫的乳房詩可能遠超過史上所集。七〇年代以前，我們很少看到女詩人描繪女體，尤其是有關性、生育與疾病的主題。當女人從醫師、教會與政客手中奪回了身體自主權，她們便開始描繪女體的真實面目。史上第一遭，乳房詩不再是男性對女體的幻想，開始呈現女性的主觀想法。

和同時期的女性藝術家一樣，女詩人的作品也呈現了全新的女體觀點。攬鏡自視，女人眼中的乳房並不完全符合男性的詩意理想，它們不是妝點著草莓、櫻桃的象牙圓球，也不是一成不變的堅挺、對稱、高聳如峰。[17]她們的乳房可能平坦、鬆垮，或許激起男性的尊敬與欲望，也可能遭來諷刺與嘲笑。就像奮力爭取投票權一樣，女人也奪回了對乳房的描述權，從做愛的歡愉到乳癌的夢魘，女詩人開始用當事者的觀點描繪表相下的女體，奧絲崔克（Alicia Ostriker）便狂喜地描繪乳房發育之樂：

少女時期，我們多年等待，
等不及要等量齊觀，
讓毛衣下的胸部擁有力量，
取代我們的母親。
噢，完整的認同，噢，完美的形狀，
當我們終於長出乳房時，
我們自認是上帝賜予世間的禮物，
也是俗世獻給上帝的禮品。
當愛人舔吻它們
將我們帶至那裡，那裡
在芳香的濕潤裡，
嬰兒像蜜蜂嗅觸。[18]

女性內視乳房的觀點果然大異於旁觀者，乳房不再只是男性的欲望目標，也標記著發育中少女的自我認同與初發現的情欲。

在奧姿（Sharon Olds）描寫初為人母的詩裡，乳房翻騰著多種激情：

我們的孩子生下一週後，
你在空房裡逮住我，
我們傾跌在床上，
你親吻我又親吻我，我的乳汁
旋開了乳頭炙熱的活結，
浸濕了我的襯衫。一整個星期我都聞到奶味，
新鮮的乳汁變酸。我開始悸動……[19]

奧姿的詩描寫生產、泌乳與做愛，交織著乳汁發酸的氣味、手術縫口、丈夫／情人的溫柔觸摸。在這首詩裡，乳房不是分離的性欲客體，而是母親整體存在、肉體、力量、痛苦、關愛與被關愛的一部分。就算沒有哺乳經驗的女人，也能認同奧姿所描繪的乳房驕傲與敏感脆弱。

一度，哺育與性感被視為相互對立，還記得文藝復興時期開始流行奶媽，上流階層的乳房保留給性愛，下層階級的乳房則用來哺育嗎？其實，女人知道哺乳與性快感密不可分，奧絲崔克率先坦白描繪哺乳時感到的性興奮：

貪婪的寶寶，

吸吮甜美的乳頭。
你的舌頭拉扯著乳頭，讓我發癢。
你睜大圓圓的雙眼，企圖了解。
當你吸吮，我慢慢被觸動了，
在敏感的興奮中，
你活在你的嘴中，而我則活在子宮中。

她質疑母親為何要否認這種快感：「享受這種感覺，真的如此可怕嗎？為什麼我們感受到另一種愛，卻不敢說出來？」[20]

顯然不可以！紐約州雪城的派芮歌（Denise Perrigo）便因為公開承認哺乳讓她得到性快感，被警方控告性侵犯孩子，喪失了監護權，兩歲的孩子被送往寄養家庭八個月。雖然法官後來查不到性侵犯的證據，還是將孩子判給祖父母扶養。[21]派芮歌真是不幸，判定她「變態」的社工人員、警方與法庭，都不熟悉奧絲崔克這類的作者，更不知道「哺乳聯盟」與樂芙醫師也同意，哺乳時感到性興奮是「正常的」。

韋瑟曼（Rosanne Wasserman）曾寫過〈月亮乳汁六行連句〉（Moon-Milk Sestina）一詩，描繪哺乳與兒子第一次說話的情景：「這一定是真的：孩子從母乳中順道啜飲語言。」[22]艾波特

（Deborah Abbott）則回憶，年輕時乳房泌乳的快樂：「我從這對乳房得到許多快樂，它們也享受了許多樂趣。我的乳汁曾嗆過嬰兒、噴灑過情人，它們也曾被舔嚐、觸摸過。在女人當中，我的乳房算是長壽、活得不錯的。現在，我稱它們為懶惰的乳房，因為它們已經盡了責任，慵懶地躺在我的胸前，好像掉落地面的水果。」[23]這樣的描繪絕不可能出自男性，它既不哀嘆乳房失去年輕堅挺，也不視乳房醜惡如老巫婆，只有對過往快樂的甜蜜回憶，坦然接受垂垂老矣的「懶惰乳房」。

嘉歡只剩一只乳房的身體

當女詩人讚美乳房的哺育與性欲時，另外有一批描寫乳癌的詩作則不那麼快樂，一度被視為禁忌話題的疾病，現在催生了有關乳房X光攝影、乳房切除術、義乳的詩作。派絲坦（Linda Pastan）的〈例行性乳房X光攝影〉（Routine Mammogram）一詩，捕捉住女人接受乳房X光攝影時的脆弱感受：「我們在尋找蘋果裡的蟲。」[24]對賀派琳（Joan Halperin）而言，恐怖的則是診斷宣判：

五月的第三天，
醫師笨拙的食指

在我的乳房上
摸索到一個腫瘤。[25]

許多詩描寫乳房切除後的經驗，戈伊狄姬（Patricia Goedicke）在〈現在，僅存一個〉（Now Only One of Us Remains）中描寫她凝視鏡子，狐疑問道：「這個不對稱的陌生人是誰？」[26]戴維絲（Alice J. Davis）的〈乳房切除〉（Mastectomy）僅以寥寥數字描繪她的痛苦：

沒有靠墊
圍住
我的心臟
皮膚像鼓皮般緊繃[27]

義乳則激發了不少幽默詩句，麥克妮爾（Sally Allen McNall）在〈寫給以鳥食填充義乳的女人，及其他〉（Poem for the Woman Who Filled a Prosthesis with Birdseed, and Others）寫道：

我母親的新乳房

耗資一百多美元，
麥格林的售貨小姐
一副天經地義模樣，
讓你以為天天有人如此。[28]

這些詩人面對乳房不再對稱，以平靜的語調描繪自己的傷損，珍惜完好的另一只乳房。羅德（Audre Lorde, 1937-1992）*卻在激動憤怒的《癌症日記》（*The Cancer Journals*）中拒絕任何假象安慰，她描述一位「協助復原」組織的善心女士前往醫院探視她：「帶來好消息與一個小包裹，裡面包著一個淡粉紅色乳房狀的襯墊。」羅德心中想著：「『協助復原』裡是否有女性主義女同志黑人義工？」她渴望與類似自己的人相談。羅德認為黑人女同志的「乳房切除術後創傷」與手術後的選擇，可能和白人異性戀者大不相同。在離開醫院之前，羅德做了痛苦決定：

> 手術後的身體看起來陌生、不對稱、詭異，但比起把「那東西」塞進我的衣服裡，這樣的身體還是比較像我自己，我也比較能接受它。全世界最精巧的義乳也無法扭轉事實，讓我重尋以前乳房的感受。我只能學著愛惜這個只有一個乳房的身體，否則對我而言，它將永遠陌生。[29]

對女人來說，喜歡只剩一個乳房的身體，甚至只是喜愛自己的身體，從來不是一件容易的事。美國女人素以不滿意自己的身體聞名，不斷尋求飲食、運動與外科整形手術的補救。誠如吳珥芙（Naomi Wolf）在《美麗神話》（*The Beauty Myth*）中說的：臉部與身體美容整形已經變成一種全國性的信仰。[30]女性文學與藝術不斷對抗這種不健康的趨勢，乳癌詩便企圖說服女性珍惜不完美的身體，芮曲因為身體本來就不是完美的。

詩人芮曲（Adrienne Rich）在〈死於四十多歲的女子〉（A Woman Dead in Her Forties）中開宗明義：「你的乳房／被切開。」失去一個乳房，留下的缺口比語言更撼人。芮曲對這位兩度切除乳房的女人滿懷溫柔與同情：「我想用手指觸摸／你從前乳房的所在／但是我們從不曾如此。」[31]這是首獻給所有人的詩——女同志、異性戀女人、男同志與異性戀男人。它闡述的是昇華的愛，當我們被旁人的苦痛感動時，忍不住要伸手撫摸觸慰其傷口。

顯然，這類詩迥異於男詩人對乳房的傳統哀悼，它不受乳房的理想幻象干擾，以放大鏡顯現乳房內的真實面目。不管如何痛苦，即便「身體訴說著癌細胞急速增加的事實」（芮曲詩），這些都是現代女人選擇訴說的真相。

---

* 蘿德具有黑人女同志作家、女性主義者等多元身分。

卡蘿：呈現革命性的女體印象

讀詩人口不多，最震撼的詩也鮮少產生廣泛的政治影響力；相對的，在影像支配的世界裡，圖片唾手可得、四處可見，較能刺激社會改變。這一代的女人首開歷史先例，在影像藝術裡展現集體影響力，女人不再只是男性藝術家凝視的對象，她們拿起畫筆、攝影機，呈現自身的驚人新形象。

許多女性影像工作者的目標是「在父權傳統裡重建女性的身體」[32]。她們刻意摒棄男性觀點的女體美，摸索呈現女性的敏感。她們看到前輩卡莎特（Mary Cassatt, 1845-1926）筆下的哺乳母親壯碩胖大，關切的是嬰兒的福祉，而非好色觀者的快樂。她們也看到了德國女畫家莫德松—貝克（Paula Modersohn-Becker, 1876-1907）在一九〇六年震驚藝壇，以裸體自畫像呈現懷孕身材；而法國女畫家薇拉登（Suzanne Valadon, 1865-1938）則在一九一七、二四與三一年，以三幅裸乳自畫像「忠實記錄了女人的歲月流逝」。[33]這些女畫家挑戰數百年的傳統，刻意在作品中貶輕女性裸體的色情意涵。美國女畫家歐姬芙（1887-1986）的「女陰／花草」作品與墨西哥女畫家卡蘿（1907-1954）作品中的駭人寓意，深深影響了不少近代女畫家。

受到健康不佳與墨西哥傳統繪畫的雙重影響，卡蘿的作品呈現了革命性的女體印象，最具代表性的作品是自畫像，呈現了她奇特的五官美、華麗的墨西哥服飾，以及面對身體苦痛的毫不畏縮。卡蘿自幼罹患小兒痲痺，成年後又遭車禍，兩度傷殘了她的身體。她以畫筆將自己武裝成高傲、孤獨的烈士，她的身體烙印著殘廢與才氣，卡蘿不願意也無法解開這種矛盾結合。在她的作品裡，高聳的劍眉與唇上清晰可見的鬍髭，和她精緻的顴骨、黑色長髮形成強烈對比；同樣的，她與藝術家丈夫里維拉（Diego Rivera, 1886-1957）熾烈熱情的關係，似乎也與她選擇的孤寂宿命互為矛盾。

不過，卡蘿作品中特有的鬼魅撼人特質來自她的想像力充滿超現實深度。在夢幻般的網絡裡，個體與朋友、愛人、花草、動物，甚至整個宇宙產生了連結。在其畫作〈奶媽與我〉（My Nurse and I, 1937）中，卡蘿賦予乳房宇宙連結的所有意涵，她化身為一個嬰兒，有著成人臉龐，從印第安奶媽的乳頭吸吮乳汁。奶媽戴著西方殖民時代以前的面具，皮膚黝黑、身材壯碩，右邊乳頭滴出珍珠般的乳汁，被含在嬰兒嘴裡的左乳則是卡蘿想像中的乳房內部，不是解剖學上的乳腺與血管，而是殖民時代以前用來裝飾乳房雕塑的某種花草圖案。[34]人像周圍的葉飾則勾勒出哺育嬰兒的乳房與孳育眾生的宇宙之間的連結，一片特意放大的樹葉裸露出飽含汁液的葉脈，天空則落下乳汁雨滴。

〈奶媽與我〉打破了世人熟悉的聖母乳子像傳統。首先，吸奶的不是男嬰，他讓位給女嬰——洋娃娃般的卡蘿。同樣不尋常的是：女嬰身材雖幼小，卻有超大比例的大人臉龐，暗示這是長大後的卡蘿所看到的畫面。此外，哺乳者不再是白皮膚的皇后或家庭主婦，而是皮膚棕黑、胸膛粗獷的女人，黑色面具將她與西班牙殖民前的墨西哥神祕儀式連結起來。奶媽與嬰兒並不親密互視，而是各自望向遠方，透露出兩人各有天意命定的角色，共同參與一場宇宙戲劇。奶媽抱著嬰兒的姿勢宛如在奉獻祭品，而嬰兒的表情顯示她對自己的命運了然於心，即便墜入嘴中的乳汁也無法挽救她成為祭品。

這個悲劇畫面可能取材自卡蘿的拉丁傳統，也可能源自她的肉體與心靈折磨。四十歲以後，卡蘿多次接受手術矯治殘疾，也開始在畫作中將自己描繪成烈士。

卡蘿曾在手術後，被迫穿著矯正撐架五個月，她在〈破碎的支柱〉（The Broken Column, 1944）中，描繪自己為裸身禁錮於矯正架中的靈魂，像個女的聖賽巴欽（Saint Sebastian）*，只是被萬齒嚙身，連兩隻鋼手緊緊擠壓的乳房，上面都長有牙齒。不管她的殉道如何痛苦，卡蘿都不肯自怨自憐，在所有的自畫像裡，她都堅忍面對殘酷折磨，以挑戰眼神望向觀者，迥異於中世紀、文藝復興時期畫像中受難聖女的狂喜表情。男人或許喜歡受難者（尤其慘遭肢殘者），面對卡蘿以冷漠的肖像般姿態睥睨一切，又該做何想呢？

布爾喬亞：展現女性的野性力量與神祕

早逝的卡蘿在她中年時創作出舉世聞名的形象，同時期的法裔美籍藝術家布爾喬亞（Louise Bourgeois, 1911-2010）也創作出系列作品，世人卻在很久之後才逐漸了解其意義。布爾喬亞的作品經常以人體為素材，將完整的身體肢解為眼睛、手、手臂、腳與數目不定的乳房。

不管在四〇年代繪畫、七〇年代乳膠人體石膏像，或者八〇、九〇年代的雕塑作品裡，布爾喬亞都展現出對乳房的執迷。在她最喜歡的作品中，有一件是黑色大理石雕塑，完成於一九八五年，取名為〈雌狐〉（She Fox）。根據布爾喬亞的說法，這件作品呈現她心目中的「好母親」，雕像擁有四個乳頭，源源流出不竭的養分與無條件的愛。儘管雕像缺頭斷手、喉頭被惡小孩切開，「母親」依然「擁有強大到足以原諒一切的大愛」。[35]在這件雕塑裡，布爾喬亞不是母親（雖然她有三個兒子），而是化身為小女孩的頭，藏在母親的臀部裡。

布爾喬亞同一主題的其他作品，顯然也脫胎自她對原型母親的幻想。一九九三年，她代表美國參加威尼斯雙年展的大型青銅雕塑〈自然研究〉（Nature Study, 1984），便是個半人半獸的謎樣造物，腳上長有利爪，還有三對乳房，觀眾莫不驚訝於它所展現的女性野性力量與神祕。雖然布爾喬亞對身體部位的執迷（尤其是乳房與陰莖），讓人忍不住要從佛洛伊德、克萊恩學派的精神分析觀點來解釋，但是她最好的作品超越了任何學理，展現了共同的神祕特色。

那年的威尼斯雙年展裡，布爾喬亞還有一件壁緣雕刻作品，完成於一九九一年，取名為〈乳頭〉（Mamelles），粉紅色橡膠乳房一個連接一個，好像肉浪波動的河流。這些乳房完全不似任何女體上的乳房，被雜亂放置在裝大頭菜、雞蛋的容器裡，如商品般可以買賣交易。布爾喬亞為此項作品取名Mamelles（法語裡對乳頭的貶抑語），顯然也有點出乳房商品化的意圖，她說這個

* 聖賽巴欽是古羅馬的一位軍官，因為信仰上帝而遭羅馬士兵萬箭穿身。

作品旨在「描繪一個男人以追求女人為務，從一個女人換到另一個女人，靠她們維生卻吝於回饋，只懂得消費女人，以自私的方式去愛」。[36]布爾喬亞批判風流男子對待女人有如隨手可棄的商品，永不饜足。難怪女性主義藝術家觀看布爾喬亞的作品（以心理分析觀點），會視它們為自成一派思想的典範。布爾喬亞的作品吸引了各種不同意識型態的觀者，轉身離去後，鬼魅蠱人的意象仍揮之不去。

重新對焦：女人眼中的裸女

女攝影家則與同輩女畫家、女雕刻家同步，拍攝出令人興奮的女性新形象。三〇年代，康寧漢（Imogen Cunningham）便以斷裂美學的手法拍攝過無頭的軀幹，讓她成為當時最受景仰的美國攝影師。乳房就像背部、手臂與腿，透過抽象構圖的諧和處理，不過分剝除它的情色意義，也讓它不只是男性的性欲對象，高明的藝術的確可使觀者抑制自己的欲念。

在康寧漢之後，美國西岸也出現一位特別的女攝影師柏哈德（Ruth Bernhard），她原本謹守呈現女體之美的傳統，拍攝了許多優雅美麗的裸體照。六〇年代，她對貶抑女體、女體商品化感到憤怒，創造了一系列「揉合節奏、流暢線條，令人聯想起詩歌」的裸體女人照片。[37]鏡頭下的美麗裸女，不管是單獨一人還是儷影雙雙，都說明了那個時代依然相信和諧與美麗。

柏哈德與康寧漢是兩位重要的先驅，有了她們，才有了七〇、八〇年代的女性另類攝影，其中又以英國的史賓瑟（Jo Spence）與美國雪曼（Cindy Sherman）的作品最為撼人。史賓瑟與工作夥伴丹尼特（Terry Dennett）在一九八二年發表《重塑攝影歷史》（*Remodeling Photo History*）論文，指出他們希望用攝影改變同業，「不再盲從主流作法，複製眼中所見景象」，而是質疑所見之物。為了「打破攝影與中產階級美學的聖牛崇拜」，史賓瑟與丹尼特從人類學、戲劇、電影與自身的勞工階層背景汲取理論，使得他們的作品有如發生在特定場景的「攝影劇場」（photo-theater），不斷增添或重組不同元素，成為攝影鏡頭下的繪畫。[38]

在名為〈殖民〉（Colonization）的作品裡，史賓瑟站在廉價公寓的後門口，一隻手拿著掃帚，腳邊放著兩瓶牛奶，粗大的珠串懸掛於胸前，兩只肥大的垂乳開放給全世界觀看，就像個英國家庭主婦假扮為美洲原住民，驕傲擺出姿勢讓白人拍攝。牛奶瓶與鬆垮垂乳的巧妙並置，傳達了幽默的意味，也隱晦指出女人、階級與消費主義之間的連結。

另一幅照片裡，史賓瑟給一位黑髮、黑鬚的成年男子哺乳，她將男子的頭攬至胸前，從眼鏡背後流出無言而溫柔的眼光，頭髮則泛起天使般的光輪。這幅照片的構圖再度挑戰了既有的印象，我們所熟悉的聖母乳子形象，畫中孩子往往一頭柔軟細髮，現在，我們該如何看待一個毛髮旺盛的粗野男子滿足地吸吮母乳，而哺乳的現代母親竟是雙乳垂垮、手臂粗壯呢？至少，我們現在明白哺乳對象並不限於幼兒。

史賓瑟的另一幅作品將一對義乳放在廚房桌上，與一堆雜貨並置，上面還標著價格「六十五便士」，讓觀者覺得它們是一堆肉，類似一旁擺著、上書「帶內臟」的全雞（圖28）。這幅將乳房比喻為農產品的照片，和史賓瑟歷年的佳作一樣，帶有挑戰意味卻不教條。[39]

我們究竟付出了什麼社會成本？

同一時期，紐約的雪曼也以系列作品重建女性特質的表現方式，她以自己為拍攝主角，假扮各種刻板印象的女性角色。一九七七到八〇年的《劇照》（*Film Stills*）系列作品中，她模仿嘲弄B級電影海報裡常見的女主角，美豔而空洞；八〇年代，她以更煽動的作品諷刺平面藝術（或者說社會）如何剝削女體。

在取名為《歷史畫像》（*History Portraits*, 1988-1990）的系列裡，則是以仿作手法模仿大師作品，然後將它們轉化成荒誕的諧擬（parody）*。在好幾幅作品裡，雪曼都在乳房上添加蠟製或橡膠假乳，它們與雪曼的真實皮膚不搭嘎，也和她模仿名畫的古典穿著相衝突，製造了滑稽的效果。雪曼毫不掩飾假乳的突出，相反的，它們摧毀了觀者認為身體是「自然的」的誤謬想法。

---

* 在藝術表現裡，parody 特指模仿知名作品，以相同的手法呈現，目的卻在諷刺原始作品，坊間有人取其音，譯為「派樂帝」手法。

圖28

史賓瑟與丹尼特，〈靜物〉，選自《重塑攝影歷史》，一九八二年。這幅打破傳統的靜物攝影暗示女人的乳房也是消費商品，類似擺放在一起的雞肉、水果與蔬菜。

Still Life. Photo History 1982. The Jo Spence Archive, London.

對雪曼而言，身體的歷史就是一則社會建構與操縱的故事。

雪曼的仿聖母乳子像引起了各種反應，有人不覺莞爾，有人感到迷惑、害怕與排拒。〈無題，二二三號作〉裡，雪曼戲仿早年的聖母乳子像，也在胸前黏上「突出」的假乳。另一幅〈無題，二一六號作〉裡，她模仿〈梅拉的處女〉裡「瀆神」的阿妮雅（見第二章），展露假的乳房圓球。〈無題，二二五號作〉是母親哺乳，雪曼頂著「萵苣姑娘」（Rapunzel）*般的金色假髮，作勢從黏在胸前的假乳擠乳。雪曼這些「黏上假乳」的攝影揉合了不同媒材（繪畫、攝影、表演藝術），不同形式（反諷、幽默、陰森）與不同時空架構，更重要的，對歷史的不同敏銳感受。

雪曼的作品是典型的後現代手法，她重新定位歷史名作，戳破它們的假象，暴露出古代高級文化也和大量生產的現代文化一樣，都將女人的身體視為商品。很難說雪曼是否置身於她自己極力批評的「商業剝削」外，因為她作品裡的仇恨女性暴力情節，似乎隱含了一絲「自我仇視」的意味。此外，雪曼是當代最成功的攝影師，廣受女性主義者、知識分子、藝評者與收藏家的喜愛，她在商業市場上的成功，可能代表社會付出了比交易市場更高的代價。觀看羞辱、肢解女體的嘲諷模仿作，我們究竟付出了什麼社會成本？這是一種解放嗎？[40]

曾做過妓女、演過春宮電影的攝影師史嬪可（Annie Sprinkle）則遊走於色情與藝術間，企圖讓性商品市場裡的照片展現出女性觸感，她曾經擔任裸體模特兒，明白被攝者的感受。史嬪可也是表演藝術工作者，自創熱鬧繽紛的〈乳房芭蕾〉（*Bosom Ballet*），用雙乳模仿芭蕾的飛行舞姿、滑步與踏步，戳穿了傳統「象牙圓球」的乳房印象。表演「乳房芭蕾」時，史嬪可戴上黑色手套，與雪白的肌膚、塗上紅脂的乳頭形成強烈對比，伴隨著〈藍色多瑙河〉樂聲，她將乳房上下拉扯、扭轉。她曾為一支音樂錄影帶表演這支〈乳房芭蕾〉，也曾在迪斯可舞廳、藝廊與劇場表演過，海報與明信片廣為散發。

一九九五年，史嬪可製作了系列的《後現代女郎海報，享樂實踐者撲克牌》（*Post-Modern Pin-Ups, Pleasure Activist Playing Cards*），以半裸、全裸女人照片做為海報與撲克牌圖片。在隨撲克牌贈送的小冊中，史嬪可寫道：「這些女人……大膽成為情色先鋒，經常是冒險玩火、被火紋身。社會相當排拒這種作法，尤其是當她們靠此賺錢時。」[41]這些海報女郎中，有的是史嬪可的女友，有的則是她的愛人，史嬪可鼓勵她們使用假乳、化妝，演出性幻想。

從史嬪可的角度來看，表現女性情欲是「自我賦權」的手段。她的出版商蓋姿（Katherine Gates）也說，這是「使用男性所創造、為男性所享用的類型，以幽默反諷的手法，將它轉化成正面的女性陳述。史嬪可的海報女郎攝影有趣且酷，既撩情又展現女性意識」。如果光看名稱，史嬪可的撲克牌的確有趣，譬如〈無政府紅髮脫星〉（*Anarchist Porn Starlet*）、〈地獄來的女同志〉（*The Dyke from Hell*）、〈爹地的樂子〉（*Dada Delight*）、〈裸體超級明星臉〉（*Nude Celebrity*

* 「萵苣姑娘」是《格林童話》裡的一則知名故事，又名〈長髮公主〉，描寫一位姑娘為女巫囚禁，關在塔上，她將金色長髮編成辮子，垂到塔下，讓王子攀爬而上。

Lookalike）……至於是不是撩情，就視人而定了。我曾把這些撲克牌拿給一些男人看，有些人興奮把玩，有些人則一臉茫然，甚至微感害怕。

史嬪可的某些作品明顯嘲弄男性沙文主義者對女性的想法，散發出女性主義的思維，譬如在她的攝影作品〈概念性兔女郎〉（*Conceptual Bunny*）裡，她以漆上綠漆、戴上粉紅色耳朵的女人嘲諷《花花公子》的兔女郎。另一幅作品〈妓女政客〉（*Prostitute Politician*）則展現了女性自我賦權的形象，讓法蘭瞿（Delores French）穿上別滿政治徽章與綠色美鈔的傳統馬甲，托高兩只乳房，手拿標語，上書「政治正確的蕩婦團結起來」。法蘭瞿是「娼妓是正當職業」（HIRE, Hooking Is Real Employment）組織創建人，致力於消除大眾對性服務業的歧視。無疑的，史嬪可的作品讓許多人感到震驚，但她的妙女郎海報沒有暴力色彩，輕鬆有趣，不在我定義的「色情」標準內。在女人為主導的性行業新浪潮裡，史嬪可與她的夥伴是一股不可輕忽的力量。

你再也無法轉頭漠視

八〇與九〇年代裡，另一種有力的裸體攝影誕生了，以切除乳房的女人為主角。由海蜜德（Hella Hammid）掌鏡、以作家梅姿格（Deena Metzger）為主角、發表於一九八〇年的〈鬥士〉（*The Warrior*），首度讓人感受到少了一只乳房的女人，也可以十分美麗。裸身的梅姿格朝天張開雙臂，清楚展現一只乳房完好、一只乳房卻已被手術割除，原本的手術疤痕則繪上了美麗的刺青。這是一幅撼動人心、肯定生命的照片。[42]

另一方面，攝影師瑪士絲卡（Matuschka）在一九九一年診斷出罹患乳癌，也拍了一系列乳房切除的裸照，表達遭逢人生悲劇的深沉痛苦。一九九三年八月十五日，《紐約時報雜誌》以瑪士絲卡的自攝像做封面，她身穿白衣，胸口處扯破，露出切除過乳房的胸膛。這張照片激起廣大反應，有讀者去信表達憤怒與不滿，有的則讚美她與《紐約時報雜誌》忠實反映了乳癌患者的痛苦，誠如該期雜誌封面標題所說的：「你再也無法轉頭漠視。」

就在這期《紐約時報雜誌》刊出不久，「痲省乳癌聯盟」也舉辦一場大型攝影展，名為「面對面：共同面對乳癌」（Face to Face: Facing Breast Cancer Together）。主辦單位認為有的攝影頌揚生命之美，有的攝影冷眼旁觀生命，現在則有一種挽救生命的新攝影。這類照片越來越多，共同加入乳癌防治行列，消除乳癌患者的寂寞恐懼，也說服女人失去一只乳房雖然很痛苦，但總比失去生命好。

上述這些作品構成了藝術史新頁，女畫家與女攝影師反抗男人主導了兩千年的藝術書寫，競相呈現她們心目中較為接近真實的女體形象與女性感受。

在非藝術的領域裡，也有人摸索「較真實」的女體形象，使用電腦影像軟體企圖找出乳房的各種大小與形狀，史丹福大學的外科整形醫師艾絲康娜基（Dr. Loren Eskanazi）便正在建立她所謂的「正常乳房」資料庫。艾絲康娜基之所以投入這項研究，是為了打破好萊塢女星、模特兒與漫畫女主角的「葡萄柚乳房」神話，多數乳房並不符合這種商業促銷的形象，而是呈上平下墜的淚珠形。許多女人因為對正常女體有錯誤印象，誤認「自己的乳房異於常人」，而跑去隆乳。[43]

艾絲康娜基使用科幻電影的掃描技術，讓自願者站在一個小房間裡，上身赤裸，接受兩分鐘的掃描。首先，天花板上的雷射光先掃描全身，一架攝影機再以三十度角從上往下拍攝，透過簡單的三角測量，可以取得掃描部位輪廓的精確座標，計算後儲存至資料庫。稍後，這些數據可以轉化成電腦螢幕上的三度空間影像，繪出精確的乳房影像。艾絲康娜基希望能用這批資料，協助內衣製造商商設計出更舒服的胸罩，最後，還能為切除乳房的婦女量身設計義乳。

至於在大眾媒體方面，不符合理想、非情色化的女體還是缺少生存空間，「完美的身體」依然主宰了電影、錄影帶與一般雜誌。只有極少數時候，「胸大就是美」的觀念遭到挑戰，譬如一九九二年的電影《單身貴族》（*Singles*）裡，女主角考慮隆乳，與整形醫師坐在電腦前模擬加大後的乳房。女主角不斷按鈕放大螢幕上的乳房，因為她的愛人喜歡乳房越大越好，整形醫師則不斷按鈕將它縮回原狀，因為他愛上了女主角，不希望她有任何改變。想當然耳，電影中女主角的「解放」始自她發現：吸引異性毋需加大胸脯。

僅僅二十五年前，女性藝術工作者才拿起畫筆、相機，以此做為性別戰爭的武器，挑戰男性主寫藝術的傳統。在她們的作品裡，女體有胖有瘦、有老有少、雪白與黝黑，乳房不是只有渾圓、堅挺、健康的模樣。在她們的戰鬥意識裡，除非世人了解乳房的各種真實面貌，不然，乳房永遠不能獲得「解放」。

獲得解放的乳房，繼續爭取權利

乳房「解放」對不同女人來說，有不同的意義。有人認為，它代表女人可以在豔陽天裡，穿著輕薄透明的衣服，毋需擔憂被騷擾。有人認為，它代表女人可以公開哺乳，不必擔心違法或遭人批評「噁心」。也有人認為所謂的乳房「解放」，是你可以到住家附近的海灘上空游泳、買到真正舒適的胸罩、甚至不穿胸罩也不擔心被視為失禮。

對許多解放女性而言，首要之務是將身體的意義重新建構為權力與愉悅的來源。譬如她經常游泳、運動、慢跑，那是因為運動讓她覺得舒服，而不只是讓她身材美麗。有的女人希望藉由大量的健美課程，使肌肉發達、乳房消失；有的女人則繼續以大胸脯為傲，誇耀展示、用以挑情。有的女人會因乳房過大而接受減胸手術，有的則渴望有較大、較挺、較年輕的胸脯而跑去隆乳。有的女人在切除乳房後選擇乳房重建術，有的則拒絕義乳。有的女人戴上乳頭環，有的女人則身穿套裝，渴望總有一天，「這個女人真有奶」（She’s got breast）會像「這個男人真帶種」（He’s got balls）一樣，成為讚美工作表現的話語。

解放後的乳房有各種變化，它們可以是棕色、白色、粉紅色、黃色或淡茶色，也可以長得像檸檬、柳丁、葡萄柚、蘋果、梨子、西瓜、大頭菜或茄子。有的乳房對冷、熱或衣服束縛極端敏感，有的乳房只喜歡被某些人在某些時刻以某些方式觸摸，有的乳房則完全不喜歡被碰觸。這些乳房只有一個共同點：它們屬於女人，女人知道它們喜歡什麼，拒絕違背自己的意旨讓別人操縱它們。

乳房是身體肌膚的一部分，文明人既然對暴露身體各部位有所規範，乳房也應當在這個準則之內。但是我們不得不承認某些身體部位就是比其他部位受歡迎。乳房依然承負著文化與性欲的期待，許多女人期望有朝一日乳房能夠放下如許重擔。或許有一天，人們對乳房的興奮偏好會淡化，就好像看到膝蓋、大腿一樣。或許有一天，我們的孫女可以裸露胸部，毋需擔心遭到道德批判、法律制裁或強暴。

不久以前，女人為了爭取裸露雙腿曾承受過上述風險。十九世紀中葉，英美兩地一些中產階級家庭還為鋼琴腿套上布套，拘謹地稱之為「四肢」，不敢直說是鋼琴「腿」。或許我們已經忘了，女人真的是在不久前才解放了雙腿，只要翻翻家庭相簿，便可看到一次世界大戰之後，女人如何快速拋棄笨重的高統靴、麻煩的長裙，露出雙腿。今日，西方人不再覺得女人露出雙腿有何不對，我們可以進攻另一個領域了。邁入二十一世紀，獲得解放的乳房會繼續努力爭取，得到公開裸露的權利嗎？

第九章

危機中的乳房

大眾媒體塑造了理想的乳房，只有極少數人可以不被影響。理想的乳房必須巨大、渾圓、堅挺，聳立在男孩般瘦削的身材上，對多數婦女而言，這是個不可能的任務，因此不少女人跑去隆乳，或者患了暴食症、厭食症及其他自我嫌惡的精神性疾病。但是也有一些女人展開反擊，拒絕接受媒體塑造的乳房形象，企圖從媒體與過度商業化的社會手中，奪回上帝賜予她們的身體，重新建構女性精神優先的女體觀。

歷史上，乳房的意義鮮少透過女人來表達，直到最近，女人才以不同的響亮表述，公開討論自己的乳房。她們抒發青春期乳房發育時的尷尬與驕傲、成年後乳房帶來的情色快感、哺餵子女的喜悅，以及罹患乳癌的痛苦。她們也宣示了婦女保健的運動決心、駁斥胸罩製造商的宣傳、表達身為胸罩消費者的挫折感。乳房過大的女人希望縮胸，乳房太小的女人希望變大。女人如何看待自己的乳房，不僅是個人自我評價的指標，也是女人總體地位的象徵。

對旁觀者而言，乳房代表了不同的現實，因觀者而異。它在嬰兒眼中代表了食物、在男人眼中代表了性。醫師眼中只看到乳房疾病，商人卻看到了鈔票。宗教領袖將它轉化為性靈象徵，政客要求它為國家主義的目標服務，精神分析學者則認為乳房是潛意識的中心，彷若它們是亙古不變的支柱。乳房的多重意義，顯示它在人類的想像裡擁有特別的地位。

不同的歷史時空裡，某個特定的乳房意義會成為當時的主流意識，支配我們對乳房的觀感。中世紀末期，哺育的乳房首度成為基督教性靈滋養的象徵，兩百年後，文藝復興時期的畫家與詩人為乳房塗上閃亮的情色意涵，取代了原有的宗教意義。十八世紀的歐洲思想家則將乳房打造成公民權利的來源，至於二十世紀末的美國，乳房不僅召喚了男女的性幻想，對多數女人而言，它也揭露了乳癌的真實面。

乳房的意義伴隨時代而定，也隨國家不同而變，法國人形塑的乳房史顯然不同於英國人。雖然南歐與北歐人都繼承了希臘羅馬文化傳統，但顯然愛神愛芙羅黛蒂主宰了義大利與法國，戰神雅典娜則控制了英國與德國。只要看看法國的象徵瑪麗安裸露出迷人的乳房、英國的布列塔妮胸前掛著護胸甲、北歐神話的華爾琪麗亞（Valkyrie）*全身盔甲，便可知道民情差異有多大。以此論定國家差異雖然稍嫌粗糙，但大致上，我們可以說地中海天主教國家的人民比起北歐、美國等清教徒國家人民，較能恣縱於乳房之樂。

乳房的意義會隨著時空的改變而不同，這一點應不令人意外。歷史學家與人類學者早就指出文化不同，生活價值觀也會有所差異，對身體的評斷也不例外，學者比較不清楚的是男女的身體價值觀差異。因為文學、藝術與文獻記載都是經男性眼光折射後的想法，我們不了解以前的女人想些什麼，更不知道她們如何看待自己的身體。女人真的認為她們的乳房是宗教、政治養分的象徵嗎？又真的同意乳房屬於嬰兒的嘴與男人的手嗎？在這些圖像中，女人何在？她們真正的想法與感受又是什麼？

今日，乳癌悲劇終於讓女人奪回乳房的全部；認識了這個致命疾病後，女人也驚然發現她的乳房只屬於她自己，親如丈夫、愛人、家人與朋友者也會因為無能為力、愛莫能助，在她們罹患乳癌後捨棄了她們。諷刺的是，乳癌也有其正面意義。民間對抗乳癌的草根運動告訴我們，它是可以打敗的，不必然致命，只要有良好的醫療照護與團體支援，乳癌治療就有希望。現在，女人與女人、

＊　華爾琪麗亞是北歐神話中英靈殿的女武神，奉諸神之父奧丁命令，騎馬在空中引導陣亡英雄的靈魂到英靈殿。

男人、小孩攜手，共同創造一個讓乳癌病患不再覺得那麼孤立的環境。有人號召了七千人的乳癌防治募款遊行，有人舉辦了乳癌患者攝影展，不僅女人，甚至男人都提筆寫下詩歌與小說，對乳癌患者表達同情。這些都是改變的信號，美國社會正學習以嶄新、同情的態度擁抱乳癌患者。

人們賦予乳房的意義，很少能逃脫社會價值與文化規範的影響，大眾媒體塑造了理想的乳房，只有極少數人可以不被影響。全國性的調查、社會研究與電視訪談秀舉證歷歷：美國女人對自己身材不滿的比率奇高。理想的乳房必須巨大、渾圓、堅挺，聳立在男孩般瘦削的身材上，這對多數婦女而言，是個不可能的任務，因此不少女人跑去隆乳，或者患了暴食症、厭食症及其他自我嫌惡的精神性疾病。但是也有一些女人展開反擊，拒絕接受媒體塑造的乳房形象，企圖從媒體與過度商業化的社會手中，奪回上帝賜予她們的身體，重新建構女性精神優先的女體觀。無數女性運動者、醫師、護士、藝術家與作家開始依據女性的書寫，致力解放女人的乳房。

我們正處於歷史性時刻，乳房再度以新的活力現身於歷史舞台。不少雜誌預告了大胸脯時代再度來臨，一九九四年十二月十九日的《紐約客》雜誌便刊出一幅照片，胸前巍然的女主人身著一襲低胸禮服，從樓梯款款而下，對著吃驚的丈夫說：「現在又流行大咪咪了。」一九九五年四月二日的《紐約時報》也刊登了一篇長文，奉勸讀者「挺起乳房，盛裝打扮的時代來臨了。」一九九五年七月二十八日，《今日美國》評論當季的電視新影集說：「充斥著有關乳房的笑話。」一主流婦女雜誌持續報導乳癌與乳房美容的最新資訊，女性主義的雜誌與月曆則企圖打破美國人對乳房的執迷。不管從任何一個角度來看，「乳房概念股」眼前走勢強勁。

「拯救乳房」是全人類認同的運動

沒有人確知乳房為何再度走紅，就我來看，這其中有變與不變的因素。不變的是：只要乳房擁有哺乳功能，它對男人與女人來說，就是永遠的象徵。乳房的印象深植在我們的早期記憶裡，當我們邁入成人世界，感受成人的責任壓力、飽嚐後工業化社會的疏離之苦，乳房就成了失樂園的象徵。當這個世界因官僚系統、無止境的發明而越變越可怕，我們就越懷念人際間的親密與連結。無奈的是，嬰兒時期我們所熟知的哺育乳房，卻離我們越來越遠。

因此，我們再度召喚乳房保護我們遠離威脅，希望它像護身符庇佑我們重返奶娃時期的舒適與安全。但是，這樣的重返欲望注定要受挫，唯有做愛時，我們才偶爾從另一個人的身體得到類似的感受。因此，吸吮與哺乳就成為男女最原始的幸福。（雖然我們看清了佛洛伊德學說的弱點，顯然還是很難擺脫他的影響。）

乳房雖是性、生命與哺育的亙古符徵，卻也同時承載了疾病與死亡，現在，乳房必須與它的這個意義搏鬥。對女人而言，它不是個愉悅的象徵，我們開始畏懼自己的乳房，與可能潛伏其中的致命基因搏鬥，擔心它成為潛在的敵人。對今日許多人來說，乳癌是一種觸媒，改變了我們對乳房的想法，首度，我們視乳房為醫學問題！乳房的醫學意義正逐漸威脅抹去它原始的哺育與情色意涵。或許，乳房之所以重新成為媒體與流行的焦點，正是我們試圖掩飾日益加深的憂慮。沒有人知道乳癌患者為何持續增加，只能猜想它和環境中的有毒物質、科技危害有關。為什麼不趁乳癌還未全面摧毀女人、世界還未抓狂前，讓我們再度看看完好的乳房？

乳房一直是（將來也會是）社會價值的標記。過去，它被宗教、情色、家庭、政治、心理學與商業塗上各種色調，現在，它則反映出醫學與全球性的危機。我們對自己的乳房日感焦慮，正如我們憂心世界的未來一樣。明日的女人與嬰兒將擁有什麼樣的乳房？女人將面臨日益猖獗的乳癌嗎？現在，九個女人中便有一人罹患乳癌，倖免於難者感到萬分幸運，期望嚥下最後一口氣時仍擁有自己的乳房。

我們能發明出更精確的乳癌檢查方法，或者抑制乳癌的成長嗎？如果能夠，這將是全體女性、全人類與生命本身的勝利。面對威脅消滅女性的疾病，「拯救乳房」是一句所有人均能認同的運動口號。

如果那一天真的到來，我們拯救下來的乳房，將不是女性祖先的那個乳房，它的意義與用途將由女人來界定。正如女人曾奮力爭取不穿胸罩與上空的自由、公開哺乳的權利，推動乳癌研究，以真實的乳房形象對抗媒體塑造的美麗幻象，我們也能找出保護、認同乳房的新方法。不管乳房的好壞與大小，生病或健康，它都與我們的身體終老，並在最好的狀況下，賜予我們歡愉與力量。

223. Vesalius, Andreas. *The Epitome of Andreas Vesalius*. L. R. Lind, trans. New York: Macmillan Company/Yale Medical Library, no.21, 1969.
224. Vickers, Nancy. "The blazon of sweet beauty's best': ShakespeareÕs Lucrece." *Shakespeare and the Question of Theory*. Patricia Parker and Geoffrey Hartman, eds. New York and London: Metheun, 1985.
225. Vigarello, Georges. *Le Propre et le Sale: L'Hygiéne du Corps Depuis le Moyen Âge*. Paris: Éditions du Seuil, 1985.
226. Virgoe, Roger, ed. *Private Life in the Fifteenth Century*. New York: Weidenfeld and Nicloson, 1989.
227. Walker, Barbara G. *The Woman's Dictionary of Symbols and Sacred Objects*. San Francisco: HarperCollins, 1988.
228. Walker, Robert, ed. Varga: *The Esquire Years, A Catalogue Raisonné*. New York: Alfred Van Der Marck Editions, 1987.
229. Wangensteen, Owen H., and Wangensteen, Sarah D. *The Rise of Surgery*. Folkestone, Kent: Wm Dawson and Sons, 1978.
230. Warner, Marina. *Alone of All Her Sex: The Myth and the Cult of the Virgin Mary*. New York: Alfred A. Knopf, 1976.
231. Warner, Marina. *Monuments and Maidens*. London: Weidenfeld and Nicolson, 1985.
232. Waugh, Norah. *Corsets and Crinolines*. [1954.] New York: Routledge/Theatre Arts Books, 1995.
233. Weindling, Paul. *Health, Race and German Politics Between National Unification and Nazism, 1870-1945*. Cambridge: Cambridge University Press, 1989.
234. Weinstein, Donald, and Bell, Rudolf, M. *Saints and Society*. Chicago: University of Chicago Press, 1982.
235. Winkler, john J. *The Constraints of Desire: The Anthropology of Sex and Gender in Ancient Greece*. New York and London: Routledge, 1990.
236. Witkowski, Gustave Joseph. *Anecdotes Historiques et Religieuses sur les Seins et l'Allaitement Comprenant l, Histoire du Décolletage et du Corset*. Paris: A. Maloine, 1898.
237. Wolf, Naomi. *The Beauty Myth: How Image of Beauty Are Used Against Women*. New York: William Morrow, 1991.
238. Woodbridge, Linda. *Women and the English Renaissance: Literature and the Nature of Womankind, 1540-1620*. Urbana and Chicago: University of Illinois Press, 1984.
239. Woolson, Abba Goold. *Women in America from Colonial Times to the 20th Century*. [1874.] New York: Arno Press, 1974.
240. Wright, Louis B. *Middle-Class Culture in Elizabethan England*. [1935.] Ithaca , N.Y.: Cornell University Press, 1958.
241. Yalom, Marilyn. *Blood Sisters: The French Revolution in Women's Memory*. New York: Basic Books, 1993.
242. Yalom, Marilyn. *Le Temps des Orages: Aristocrates, Bourgeoises, et Paysannes Racontent*. Paris: Maren Sell, 1989.
243. Zimmerman, Leo M., and Veith, Ilza. *Great Ideas in the History of Surgery*. Balitomre: Williams and Wilkins, 1961.

197. Scholten, Catherine M. *Childbearing in American Society, 1650-1850.* New York and London: New York University Press, 1985.
198. Schwichtenberg, Cathy, ed. *The Madonna Connection: Representational Politics, Subcultural Identities, and Cultural Theory.* Boulder, San Francisco, and Oxford: Westview Press, 1993.
199. Serna, Ramón Gómez de la. *Seins*. Benito Pelegrin, trans. Marseilles: André Dimanche Éditeur, 1992.
200. Shorter, Edward. *The Making of the Modern Family*. New York: Basic Books, 1975.
201. Sichtermann, Barbara. *Femininity: The Politics of the Personal.* John Whitlam, trans. Cambridge and Oxford: Polity Press, 1986.
202. Soranus. *Gynecology*. Owsei Temkin, trans. Baltimore: John Hopkins Press, 1956.
203. Spence, Jo. *Putting Myself in the Picture: A Political, Personal and Photographic Autobiography*. London: Camden Press, 1986.
204. Spiegel, David. *Living Beyond Limits: New Hope and Help for Facing Threatening Illness.* New York: Times Books, 1993.
205. Sprinkle, Annie, with Gates, Katherine. *Annie Sprinkle's Post-Modern Pin-Ups Booklet.* Richmond, Va.: Gates of Heck, 1995.
206. Starobinski, Jean. *Largesse.* Paris: Réunion de Musées Nationaux, 1994.
207. Stein, Ralph. *The Pin-Up from 1852 to Now.* Secaucus, N.J.: Ridge Press / Chartwell Books, 1974.
208. Stone, Lawrence. *The Family, Sex, and Marriage in England, 1500-1800.* London: Weidenfeld and Nicolson, 1977.
209. Strossen, Nadine. *Free Speech, Sex, and the Fight for Women's Rights*. New York: Charles Scribner's Sons, 1995.
210. Suleiman, Susan Rubin, ed. *The Female Body in Western Culture*. Cambridge, Mass.: Harvard University Press, 1986.
211. Sussman, George D. *Selling Mothers' Milk: The Wet-Nursing Business in France 1715-1914*. Urbana: University of Illinois Press, 1982.
212. Thames, Susan, and Gazzaniga, Marin, eds. *The Breast: An Anthology.* New York: Global City, 1995.
213. Thébaud, Françoise, ed. *A History of Women: Toward a Cultural Identity in the Twentieth Century*. vol. V, *A History of Women in the West*. George Duby and Michelle Perrot, eds. Cambridge, Mass.: Harvard University Press, 1994.
214. Thomas, Keith. *Religion and the Decline of Magic.* New York: Charles Scribner's Sons, 1971.
215. Thorton, Louise; Sturtevant, Jan; and Sumrall, Amber, eds. *Touching Fire: Erotic Writings by Women*. New York: Carroll & Graf Publishers, 1989.
216. Thurer, Sahri L. *The Myths of Motherhood: How Culture Reinvents the Good Mother.* Boston: Houghton Mifflin, 1994.
217. Trouillas, Paul. *Le Complexe de Marianne.* Paris: Seuil, 1988.
218. Tubiana, Maurice. *Dr. La Lumière dans l'Ombre: Le Cancer Hier et Demain.* Paris: ƒditions Odile Jacob, 1991.
219. Turner, James Grantham, ed. *Sexuality and Gender in Early Modern Europe: Institutions, Texts, Images.* Cambridge: Cambridge University Press, 1993.
220. Tyrrell, Wm. Blake. *Amazons: A Study in Athenian Mythmaking.* Baltimore and London: Johns Hopkins University Press, 1984.
221. Vasey, Frank B., M.D., and Feldstein, Josh. *The Silicone Beast Implant Controversy.* Freedom, Calif.: Crossing Press, 1993.
222. Veblen, Thorstein. *The Theory of the Leisure Class.* [1899.] New York: Random House, Modern Library, 1931.

168. Pollock, Linda. *Forgotten Children: Parent-Child Relations from 1500-1900*. Cambridge: Cambridge University Press, 1983.
169. Pomeroy, Sarah B., ed. *Women's History and Ancient History*. Chapel Hill and London: University of North Carolina Press, 1991.
170. Price, Theodora Hadzisteliou. *Kourotrophos: Cults and Representations of the Greek Nursing Deities*. Leiden: E. J. Brill, 1978.
171. Prior, Mary. ed. *Women in English Society, 1500-1800*. London and New York: Methuen.
172. Rawls, Walton. *Wake Up, America! World War I and the American Poster*. New York: Abbeville Press, 1988.
173. Read, Dr. Cathy. *Preventing Breast Cancer: The Politics of an Epidemic*. London: Pandora/HarperCollins, 1995.
174. Rendle-Short, Morwenna and John. *The Father of Child Care: Life of William Cadogan(1711-1797)*. Bristol: John Wright & Sons, 1966.
175. Renfrew, Collin. *The Cycladic Spirit: Masterpieces from the Nicholas P. Goulandris Collection*. New York: Harry N. Abrams, 1991.
176. Ricci, James V. *The Genealogy of Gynaecology*. Philadelphia: The Blakiston, 1943.
177. Robins, Gay. *Women in Ancient Egypt*. London: British Museum Press, 1993.
178. Robinson, Julian. *The Fine Art of Fashion*. New York and London: Bartley and Jensen, 1989.
179. Romi. *La Mythologie du Sein*. Paris: Pauvet, 1965.
180. Ronsard, Pierre de. *Les Amours*. Henri et Catherine Weber, eds. Paris: Garnier Frèrcs, 1963.
181. Rosenthal, Margaret R. *The Honest Courtesan: Veronica Franco, Citizen and Writer in Sixteenth-Century, Venice*. Chicago and London: University of Chicago Press, 1992.
182. Roth, Philip. *The Breast*. New York: Vintage Books, 1972.
183. Rouse, E. Clive. *Medieval Wall Paintings*. Buckinghamshire: Shire Publications, 1991.
184. Rousseau, Jean-Jacques. *The Confessions*. J. M. Cohen, trans. Harmondsworth, Middlesex: Penguin Books, 1953.
185. Rousseau, Jean-Jacques. *Emile: or On Education*. Alan Bloom, trans. New York: Basic Books, 1979.
186. Ruggiero, Guido. *Binding Passions: Tales of Magic, Marriage, and Power at the End of the Renaissance*. New York and Oxford: Oxford University Press, 1993.
187. Ruggiero, Guido. *The Boundaries of Eros: Sex Crime and Sexuality in Renaissance Venice*. New York and Oxford: Oxford University Press, 1985.
188. Russell, *Diana. Against Pornography: The Evidence of Harm*. Berkeley, Calif.: Russell Publications, 1993.
189. Rycroft, Charles. *A Critical Dictionary of Psychoanalysis*. London: Penguin, 1972 (1995).
190. Saint-Laurent, Cécile. *Histoire Imprévue des Dessous Féminins*. Paris: Éditions Herscher, 1986.
191. Sale, Kirkpatrick. *The Conquest of Paradise: Christopher Colombus and the Columbian Legacy*. New York: Plume/Penguin, 1991.
192. Salicet. *Chirurgie de Guillaume de Salicet*. Paul Pifteau, ed. Toulouse: Imprimerie Saint-Cyprien, 1898.
193. Saunders, Alison. *The Sixteenth-Century Blason Poétique*. Bern, Frankfurt am Main, And Las Vegas: Peter Lang, 1981.
194. Schama, Simon. *The Embarrassment of Richness: An Interpretation of Dutch Culture in the Golden Age*. Berkeley and Los Angeles: University of California Press, 1988.
195. Schiebinger, Londa. *Nature's Body: Gender in the Making of Modern Science*. Boston: Beacon Press, 1993.
196. Schmidt-Linsenhoff, Viktoria, ed. *Sklavin oder Bürgerin? Französische Revolution und Neue Weiblichkeit 1760-1830*. Frankfurt: Jonas verlag, Historishes Museum Frankfurt, 1989.

139. Marshall, Rosalind K. *Virgins and Viragos: A History of Women in Scotland from 1080-1980.* Chicago: Academy Chicago, 1983.
140. Mazza, Samuele. *Brahaus*. Joe Clinton, trans. San Francisco: Chronicle Books, 1994.
141. McLaren, Dorothy. "Marital Fertility and Lactation, 1570-1720." *Women in English Society, 1500-1800*. Mary Prior, ed. London and New York: Methuen, 1985.
142. McMillen, Sally G. *Motherhood in the Old South: Pregnancy, Childbirth, and Infant Rearing.* Baton Rouge and London: Louisiana State University Press, 1990.
143. *Medieval Woman's Guide to Health: The First English Gynecological Handbook.* Beryl Rowland, trans. Kent, Ohio: Kent State University Press, 1981.
144. Mellaart, James. Çatal Hüyük. New York: McGraw-Hill, 1967.
145. Meyer-Thoss, Christiane. *Louise Bourgeois*. Zurich: Ammann Verlag, 1992.
146. Michael, Robert, et al. *Sex in America.* Boston, New York, Toronto, and London: Little, Brown, 1994.
147. Michie, Helena. *The Flesh Made Word: Female Figures and Women's Bodies*. New York and Oxford: Oxford University Press, 1987.
148. Morrison, Denton E., and Holden, Carlin Paige. "The Burning Bra: The American Breast Fetish and Women's Liberation." *Deviance and Change*. Peter K. Manning, ed. Englewood Cliffs, N.J.: Prentice-Hall, 1971.
149. Moulin, Daniel de. *A Short History of Breast Cancer.* Boston, the Hage, Dordrecht, and Lancaster: Martinus Nijhoff Publishers, 1983.
150. Murat, Inès. *Gabrielle d'Estrées*. Paris: Fayard, 1987.
151. Napheys, Geo. H., A.M., M. D. *The Physical Life of Woman: Advice to the Maiden, Wife, and Mother.* [1869.] Toronto: Rose Publishing Co., 1980.
152. Nelson, Sarah. "Diversity of the Upper Paleolithic 'Venus' Figurines and Archeological Mythology." *Gender in Cross-Cultural Perspective*. Caroline Brettell and Carolyn Sargent, eds. Englewood Cliffs, N.J.: Prentice Hall, 1993.
153. Neumann, Erich. *The Great Mother: An Analysis of the Archetype.* Ralph Mannheim. trans. Princeton: Princeton University Press, Bollingen Series, vol. 47., 1964.
154. Nochlin, Linda. *Women, Art, and Power and Other Essays.* New York: Harper and Row, 1988.
155. Ostriker, Alicia. *The Crack in Everything*. Pittsburgh: University of Pittsburgh Press, 1996.
156. Ostriker, Alicia. *The Mother / Child Papers*. Boston: Beacon Press, 1986.
157. Painter, Nell. *Sojourner Truth: A Life, A Symbol.* New York: W. W. Norton, 1996.
158. Palmer, Gabrielle. *The Politics of Breastfeeding*. London: Pandora Books, 1988.
159. Paré, Ambroise. *Oeuvres Complétes*. J.-F. Malgaigne, ed. Paris: Chez J. B. Baillière, 1840-41. Vol.2.
160. Paret, Peter; Lewis, Beth Irwin; and Paret, Paul. *Persuasive Images*. Princeton: Princeton University Press, 1992.
161. Pastan, Linda. *A Fraction of Darkness*. New York: W. W. Norton, 1985.
162. Paster, Gail. *The Body Embarrassed*. Ithaca, N.Y.: Cornell Univeristy Press, 1990.
163. Peradotto, John, and Sullivan, J. P., eds. *Women in the Ancient World: The Arethusa Papers.* Albany: State University of New York Press, 1984.
164. Pernoud, Régine. *La Femme au Temps des Cathédrales*. Paris: Stock, 1980.
165. Perrot, Phillippe. *Le Travail des Apparence, ou les Transformations du Corps Féminin XVIIIe-XIXe Siècle*. Paris: Éditons du Seuil, 1984.
166. Perry, Ruth. *The Celebrated Mary Astell.* Chicago and London: University of Chicago Press, 1986.
167. Pointon, Marcia. *Naked Authority: The Body in Western Painting, 1830-1908*. Cambridge: Cambridge University Press, 1991.

110. King, Margaret L. *Women of the Renaissance*. Chicago and London: University of Chicago Press, 1991.
111. Klein, Melanie, et al., eds. *Developments in Psychoanalysis*. London: Karnac Books, 1989.
112. Kleinman, Ruth. *Anne of Austria, Queen of France*. Colombus: Ohio State University Press, 1985.
113. Knibiehler, Yvonne, and Fouguet, Catherine. *La Femme et les Médecins: Analyse Historique*. Paris: Hachette, 1983.
114. König, René. Á la Mode: The Social Psychology of Fashion. F. Bradley, trans. New York: Seabury Press, 1973.
115. Krauss, Rosalind. *Cindy Sherman,* 1979-1993. New York: Rizzoli, 1993.
116. Kritzman, Lawrence D. *The Rhetoric of Sexuality and the Literature of the French Renaissance*. Cambridge, New York, Port Chester, Melbourne, and Sydney: Cambridge University Press, 1991.
117. Kunzle, David. *Fashion and Fetishism: A Social History of the Corset, Tight-Lacing and Other Forms of Body-Sculpture in the West*. Totowa, N.J.: Rowman and Littlefield, 1982.
118. Kusher, Rose. *Breast Cancer: A Personal History and an Investigative Report*. New York and London: Harcourt Brace Jovanovich, 1975.
119. Labé, Louisé. *Oeuvres Complétes*. Enzo Giudici, ed. Geneva: Droz, 1981.
120. Lacroix, Paul. *Les Secrets de Beauté de Diane de Poitiers*. Paris: Adolphe Delahays, 1838.
121. La"nŽ, Pascal, and Quignard, Pascal. *Blasons Anatomiques du Corps Féminin*. Paris: Gallimard, 1982.
122. Laqueur, Thomas. *Making Sex: Body and Gender from the Greeks to Freud*. Cambridge, Mass., and London: Harvard University Press, 1990.
123. La Tour-Landry, *The Book of the Knight*. Trans. from the original French into English in the Reign of Henry VI. Ed. Thomas Wright. London: Early English Text Society, 1868.
124. Lawner, Lynne. *Lives of the Courtesans*. New York: Rizzoli, 1986.
125. Lefkowitz, Mary R. *Women in Greek Myth*. London: Duckworth, 1986.
126. Levy, Mervyn. *The Moons of Paradise*. New York: Citadel Press, 1965.
127. Lifshitz, Leatrice, ed. *Her Soul Beneath the Bone: Women's Poetry on Breast Cancer*. Urbana and Chicago: University of Illinois Press, 1988.
128. Lipton, Eunice. *Alias Olympia: A Woman's Search for Manet's Notorious Model & Her Own Desire*. New York: Charles ScribnerÕs Sons, 1992.
129. Lorde, Audre. *The Cancer Journals*. Argyle, N.Y.: Spinsters, Ink. 1980.
130. Loux, Françoise. *Le Corps dans la Société Traditionnelle*. Paris: Berger-Levrault, 1979.
131. Love, Susan, with Lindsey, Karen. *Dr. Susan Love's Breast Book*. Reading, Mass.; Menlo Park, Calif.; and New York: Addison Wesley, 1995 (2nd ed.).
132. Lucie-Smith, Edward. *Sexuality in Western Art*. [1972.] London: Thames and Hudson, 1991.
133. Lyons, Albert S., and Petrucelli, R. Joseph. *Medicine: An Illustrated History*. New York: Harry N. Abrams, 1978.
134. Macdonald, Sharon; Holden, Pat; and Ardener, Shirley. *Images of Women in Peace & War: Cross-Cultural & Historical Perspectives*. Houndmills, Basingstock, Hampshire, and London: Macmillan Education, 1987.
135. Macfarlane, Alan. *Marriage and Love in England: Modes of Reproduction, 1300-1840*. Oxford: Basil Blackwell, 1986.
136. Maher, Vanessa, ed. *The Anthropology of Breast-Feeding: Natural Law or Social Construct*. Oxford and Providence, R.I.: Berg, 1992.
137. Manchester, William. *A World Lit Only by Fire*. Boston, Toronto, and London: Little, Brown, 1992.
138. Marnhac, Anne de. *Femmes au Bain: Les Métamorphoses de la Beauté*. Paris: Berger-Levrault, 1986.

83. Hawthorne, Rosemary. *Bras: A Private View.* London: Souvenir Press, 1992.
84. Heister, Lorenz. *A General System of Surgery*. tans. from the Latin. London: Printed for W. Innys, 1748. Vol.II.
85. Hellerstein, E.; Hume, L.; Offen, K.; Freedman, E.; Gelpi, B.; and Yalom, M., eds. *Victorian Women: A Documentary Account of Women's Lives in Nineteenth-Century England, France, and the United States.* Stanford, Calif.: Stanford University Press, 1981.
86. Herbert, Zbigniew. *Still Life With a Bridle: Essays and Apocryphas*. John and Bogdana Carpenter, trans. Hopewell, N.J.: Ecco Press, 1991.
87. Herrera, Hayden. *Frida Khalo: The Paintings*. New York: HarperCollins, 1991.
88. Hestrin, Ruth. " 'Astarte' figurines" *Highlights of Archeology*. Jerusalem: Israel Museum, 1984.
89. Hewitt, Virginia. *Beauty and the Banknote: Images of Women on Paper Money.* London: British Museum Press, 1994.
90. Hibbert, Christopher. *The Virgin Queen: Elizabeth I, Genius of the Golden Age.* Reading, Mass.; Menlo Park, Calif.; and New York: Addison-Wesley, 1991.
91. Hirschfeld, Dr. Magnus. *Sittengeschichte des Weltkrieges.* Leipzig and Vienna: Verlag fŸr Sexualwissenschaft Schneider, 1930. 2 vols.
92. Hoffert, Sylvia D. *Private Matters: American Attitudes Toward Childbearing and Infant Nurture in the Urban North, 1800-60*. Urbana and Chicago: University of Illinois Press, 1989.
93. Hollander, Anne. *Seeing Through Clothes*. New York: Viking Press, 1978.
94. Holmes, Urban T. *Medieval Man: His Understanding of Himself, His Society, and the World.* Chapel Hill: North Carolina Studies in the Romance Languages and Literature, 1980.
95. Huizinga, Johan. *Dutch Civilization in the Seventeenth Century and Other Essays.* New York: Frederick Ungar, 1968.
96. Hunt, Lynn. ed. *Eroticism and the Body Politic.* Baltimore and London: Johns Hopkins University Press, 1991.
97. Jacobus, Mary. "Incorruptible Milk: Breast-Feeding and the French Revolution." *Rebel Daughters*. Sara E. Melzer and Lesile W. Rabine, eds. New York: Oxford University Press, 1992.
98. Jaggar, Alison, and Bordo, Susan, eds. *Gender/Body/Knowledge: Feminist Reconstructions of Being and Knowing*. New Brunswick and London: Rutgers University Press, 1989.
99. Jelliffe, Derrick B, and Jelliffe. E. F. Patrice. *Human Milk in the Modern World*. Oxford, New York, and Toronto: Oxford University Press, 1978.
100. Johns, Catherine. *Sex or Symbol? Erotic Images of Greece and Rome*. London: British Museum Press, 1982.
101. Johnson, Buffie. *Lady of the Beasts: Ancient Images of the Goddess and Her Sacred Animals.* San Francisco: Harper and Row, 1988.
102. Jubb, Michael. *Cocoa and Corsets*. London: Her MajestyÕs Stationery Office, 1984.
103. Jung, Carl. *Aspects of the Masculine*. Princeton: Princeton University Press, 1989.
104. Junker, Almut, and Stille, Eva. *Geschichte des Unterwäsche 1700-1960*. Frankfurt am Main: Historisches Museums Frankfurt, 1988.
105. Kellogg, J.H., M.D. *The Influence of Dress in Producing the Physical Decadence of American Women*. Battle Creek, Mich.: Michigan State Medical Society, 1981.
106. Kennedy, Duncan. *Sexy Dressing*. Cambridge, Mass.: Harvard University Press, 1993.
107. Kermode, Jenny, and Walker, Garthine. eds. *Women, Crime, and the Courts in Early Modern England*. London: UCL Press, 1994.
108. Keuls, Eva C. *The Reign of the Phallus: Sexual Politics in Ancient Athens.* Berkeley: University of California Press, 1985.
109. Kidwell, Claudia Brush, and Steele, Valerie. *Men and Women: Dreaming the Part.* Washington, D.C.: Smithsonian Institution Press, 1989.

51. Durantini, Mary Frances. *The Child in Seventeenth-Century Dutch Painting.* [1979.] Ann Arbor, Mich.: UMI Research Press, 1983.
52. Eisenberg, Josy. *La Femme au Temps de la Bible.* Paris: Stock/L. Pernoud, 1993.
53. Eisenstein, Zillah R. *The Female Body and the Law.* Berkeley, Los Angeles, and London: University of California Press, 1988.
54. Erlanger, Philippe. *Diane de Poitiers: Déesse de la Renaissance.* Paris: Librairie Acédemique Perrin, 1976.
55. Erlanger, Philippe. *Gabrielle d'Estrées: Femme Fatale.* Paris: Jean Dullis Editeur, 1973.
56. Ewing, Elizabeth. *Fashion in Underwear.* London: B. T. Batsford, 1971.
57. Ewing, William. *The Body: Photographs of the Human Form.* San Francisco: Chronicle Books, 1994.
58. Falk, Marcia. *The Song of Songs, A New Translation.* San Francisco: HarperSan-Francisco, 1993.
59. Fildes, Valerie A. *Breasts, Bottles, and Babies.* Edinburgh: Edinburgh University Press, 1986.
60. Fildes, Valerie A. *Wet Nursing.* Oxford: Basil Blackwell, 1988.
61. Firenzoula, Agnolo. *Of the Beauty of Women.* Clara Bell, trans. London: James R. Osgood, 1892.
62. Fitton, J. Lesley. *Cycladic Art.* London: British Museum Publications, 1989.
63. Flinders, Carol Lee. *Enduring Grace: Living Portraits of Seven Women Mystics.* San Francisco: HarperSanFrancisco, 1993.
64. Fontanel, Béatrice. *Corsets et Soutiens-Gorge: L'Épopée du Sein de l'Antiquité á Nos Jours.* Paris: Éditions de la Martinière, 1992.
65. Frantis, Wayne E. *Paragons of Virtue: Women and Domesticity in Seventeenth-Century Dutch Art.* Cambridge: Cambridge University Press, 1993.
66. Freud, Sigmund. *Complete Works of Sigmund Freud.* London: Hogarth Press, 1955.
67. Fryer, Peter. *Mrs. Grundy: Studies in English Prudery.* New York: London House and Maxwell, 1964.
68. Frymer-Kensky, Tikva. *In the Wake of the Goddess: Women, Culture, and the Biblical Transformation of Pagan Myth.* New York: Free Press, 1992.
69. Fuchs, R. H. *Dutch Painting.* [1978.] New York: Thames and Hudson, 1989.
70. Gay, Peter. *The Education of the Senses: The Bourgeois Experience, Victoria to Freud.* Oxford, New York, and Toronto: Oxford University Press, 1984.
71. Gelles, Edith. *Portia: The World of Abigail Adams.* Bloomington: Indiana University Press, 1992.
72. Gent, Lucy, and Llewelly, Nigel, eds. *Renaissance Bodies: The Human Figure in English Culture c. 1540-1660.* [1990.] London: Reaktion Books, 1995.
73. Getty, Adele. *Goddess: Mother of Living Nature.* London: Thames and Hudson, 1990.
74. Gimbuta, Marija. *The Language of the Goddess.* San Francisco: Harper and Row, 1989.
75. Greer, Germaine. *The Female Eunuch.* [1970.] New York: McGraw-Hill, 1981.
76. Greer, Germaine; Hastings, Susan; Medo*ff, Jeslyn; and Sansone, Melinda, eds. Kissing the Rod: An Anthology of Seventeenth-Century Women's Verse.* New York: Farrar Straus Giroux, 1988.
77. Griffin, Susan. *Pornography and Silence: Culture's Revenge Against Nature.* New York: Harper and Row, 1981.
78. Gros, Dominique. *Le Sein Dévoilé.* Paris: Stock/Laurence Pernoud, 1987.
79. Gutwirth, Madelyn. *The Twilight of the Goddesses: Women and Representation in the French Revolutionary Era.* New Brunswick, N.J.: Rutgers University Press, 1992.
80. Hall, James. *Dictinary of Subjects and Symbols in Art.* [1974.] London: J. Murray, 1979.
81. Hall, Nor. *The Moon and the Virgin: Reflections on the Archetypal Feminine.* New York: Harper and Row, 1980.
82. Hammond, Paul. *French Undressing: Naughty Postcards from 1900 to 1920.* [1976.] London: Bloomsbury Books, 1988.

23. Boston Women's Health Collective, *Our Bodies, Ourselves*. [1969.] New York: Simon & Schuster, 1976.
24. Brantôme, The Seigneur de. *Lives of Fair and Gallant Ladies*. London: Fortune Press, 1934.
25. Breward, Christopher. *The Culture of Fashion*. Manchester and New York: Manchester University Press, 1995.
26. Bridenthal, Renate, and Koonz, Claudia, eds. *Becoming Visible: Women in European History*. Boston: Houghton Mifflin, 1977.
27. Brown, Judith. *Immodest Acts: The Life of a Lesbian Nun in Renaissance Italy*. New York: Oxford University Press, 1986.
28. Burney, Fanny. *Selected Letters and Journals*. Joyce Hemlow, ed. Oxford: Oxford University Press, 1986.
29. Bynum, Carolyn. *Holy Feast and Joly Fast: The Religious Significance of Food to Medieval Women*. Berkeley: University of California Press, 1987.
30. Cadogan, William. *An Essay upon Nursing, and the Management of Children, From Their Birth to Three Years of Age*. London: J. Roberts, 1748.
31. Calvin, John. *Tracts and Treatises on the Reformation of the Church*. Henry Beveridge, ed. Grand Rapids, Mich.: Wm. B. Eerdmans, 1958, Vol.1.
32. Carter, Alison. *Underwear: The Fashion History*. London: B. T. Batsford, 1992.
33. Castleden, Rodney. *Minoan Life in Bronze Age Crete*. London and New York: Routledge, 1990.
34. Catherine of Siena. *The Dialogue*. Suzanne Noffke, trans. New York and Ramsey, Toronto: Paulist Press, 1980.
35. Champion, Pierre. *La Dame de Béaute, Agnès Sorel*. Paris: Librairie Ancienne Honoré Champion, 1931.
36. Chenault, Libby. *Battlelines: World War I Posters from the Bowman Gray Collection*. Chapel Hill: University of North Caroline Press, 1988.
37. Chernin, Kim. *The Obsession: Reflections on the Tyranny of Slenderness*. New York: Harper and Row, 1981.
38. Clark, Kenneth. *The Nude: A Study in Ideal Form*. Princeton, N. J.: Princeton University Press, 1972.
39. Collum, V. C. C. *The Tressé Iron-Age Megalithic Monument: Its Quadruple Sculptured Breasts and Their Relation to the Mother-Goddess Cosmic Cult*. London: Oxford University Press, 1935.
40. Contini, Mila. *Fashion from Ancient Egypt to the Present Day*. London: Paul Hamlyn, 1965.
41. Costlow, Jane T.; Sandler, Stephanie; and Vowles, Judith, eds. *Sexuality and the Body in Russian Culture*. Stanford, Calif: Stanford University Press, 1993.
42. Cunnington, C. Willett and Phillis. *The History of Underclothes*. London and Boston: Faber and Faber, 1981 [1951].
43. Davis, Kathy. *Reshaping the Female Body: The Dilemma of Cosmetic Surgery*. New York and London: Routledge, 1995.
44. Delporte, Henri. *L'Image de la Femme dans l'Art Préhistorique*. Paris: Picard, 1993.
45. deMause, Lloyd, ed. *The History of Childhood*. New York: Pshcohistory Press, 1974.
46. dÕEmilo, John, and Freedman, Estelle B. *Intimate Matters: A History of Sexuality in America*. New York: Harper and Row, 1988.
47. Dijkstra, Bram. *Idols of Perversity: Fantasies of Feminine Evil in Fin-de-Siècle Culture*. Oxford and New York: Oxford University Press, 1986.
48. Dowkontt, Clifford F., M.D. *The Hygiene of the Breast*. New York: Emerson Books., 1948.
49. Drake, Nicolas. *The Fifties in Vogue*. New York: Hery Holt, 1987.
50. Duden, Barbara. *The Woman Beneath the Skin: A Doctor's Patients in Eighteenth-Century Germany*. Thomas Dunlap trans. Cambridge, Mass. and London: Harvard University Press, 1991.

延伸閱讀

1. Abbott, Mary. *Family Ties: English Families, 1540-1920*. London and New York: Routledge, 1993.
2. Agulhon, Maurice. *Marianne into Battle: Republican Imagery and Symbolism in France, 1789-1880*. Janet Lloyd, trans. Cambridge: Cambridge University Press, 1981.
3. Ariés, Philippe, and Duby, Georges, eds. *A History of Private Life: Passions of the Renaissance*. Vol. III. Roger Chartier, ed. Arthur Goldhammmer, trans. Cambridge, Mass: Harvard University Press, 1989.
4. Armstrong, Karen. *A History of God: The 4000-Year Quest of Judaism, Christianity and Isalm*. New York: Ballantine Books, 1993.
5. Atkinson, Clarissa. *The Oldest Vocation: Christian Motherhood in the Middle Ages*. Ithaca, N.Y.: Cornell University Press, 1991.
6. Atwan, Robert; McQuade, Donald; and Wright, John. *Edsels, Luckies & Frigidaires: Advertising the American Way*. New York: Dell, 1979.
7. Ayalah, Daphna, and Weinstock, Isaac J. *Breasts: Women Speak About Their Breasts and Their Lives*. New York: Summit Books, 1979.
8. Badinter, Elisabeth. *Mother Love: Myth and Reality*. New York: Macmillan, 1981.
9. Banner, Lois W. *American Beauty*. New York: Alfred A. Knopf, 1983.
10. Banner, Lois W. *In Full Flower: Aging Women, Power, and Sexuality*. New York: Vintage Books, 1993.
11. Barber, Elizabeth Wayland. *Women's Work: The First 20,000 Years*. New York and London: W. W. Norton, 1994.
12. Baring, Anne, and Cashford, Jules. *The Myth of the Goddess: Evolution of an Image*. London: Viking Arkana, 1991.
13. Barstow, Anne Llewellyn. *Witcheraze: A New History of the European Witch Hunts*. San Francisco: Pandora/Harper collins, 1994.
14. Bell, Susan Groag, and Offen, Karen M. *Women, the Family, and Freedom: The Debate in Documents*. Stanford, Calif: Stanford University Press, 1983. Vols. I & II.
15. Berkvam, Doris Desclais. *Enfance et Matermité dans la Littérature Française des XIIe et XIIIe Siècles*. Paris: Honoré Champion, 1981.
16. Bernadac, Marie-Laure. *Louise Bourgeois*. Paris: Flammarion, 1985.
17. Bernen, Satia and Robert. *Myth and Religion in European Painting*, 1270-1700. London: Constable, 1973.
18. Biale, David. *Eros and the Jews: From Biblical Israel to Contemporary America*. New York: Basic Books, 1992.
19. Bland, Kirby I. and Copeland, Edward M. III. *The Breast: Comprehensive Management of Benign and Malignant Diseases*. Philadelphia: W. B. Saunders, 1991.
20. Bloch, Ariel, and Bloch, Chana. *The Song of Songs, A New Translation*. New York: Random house, 1995.
21. Bologne, Jean Claude. *Histoire de la Pudeur*. Paris: Olivier Orban, 1986.
22. Bordo, Susan. *Unbearable Weight: Feminism, Western Culture, and the Body*. Berkeley, Los Angeles, and London: University of California Press, 1993.

21. *Media Watch,* vol. 6, no. 1 (Spring-Summer 1992), p. 7.
22. Rosanne Wasserman, "Moon-Milk Sestina," in *The Breast: An Anthology,* ed. Susan Thames and Marin Gazzaniga, p. 84.
23. Deborah Abbott, "This Body I Love," in *Touching Fire,* ed. Thorton et al., p. 98. Copyright © 1985, *With the Power of Each Breath: A Disabled Women's Anthology,* ed. Susan Browne, Debra Connors, and Nanci Stern. Pittsburgh: Cleis Press.
24. Linda Pastan, "Routine Mammogram," in Pastan, A *Fraction of Darkness,* p. 46. Copyright © 1985 by Linda Pastan. Reprinted by permission of W. W. Norton & Company, Inc.
25. Joan Halperin, "Diagnosis," in *Her Soul Beneath the Bone: Womens Poetry on Breast Cancer,* ed. Leatrice Lifshitz, p. 7. Copyright © 1988 by the University of Illinois Press.
26. Patricia Goedicke, "Now Only One of Us Remains," in *Her Soul,* ed. Lifshitz, p. 33.
27. Alice Davis, "Mastectomy," in *Her Soul,* ed. Lifshitz, p. 41.
28. Sally Allen McNall, "Poem for the Woman Who Filled a Prosthesis with Birdseed, and Others," in *Her Soul,* ed. Lifshitz, p. 67.
29. Audre Lorde, *The Cancer Journals,* p. 44.
30. Naomi Wolf, *The Beauty Myth: How Images of Beauty Are Used Against Women.*
31. Adrienne Rich, "A Woman Dead in Her Forties." Copyright © 1984 by Adrienne Rich, from *The Fact of a Doorframe: Poems Selected and New, 1950-1984*. Reprinted by permission of the author and W. W. Norton & Company, Inc.
32. Helena Michie, *The Flesh Made Word: Female Figures and Women's Bodies,* p. 127.
33. Therese Diamond Rosinsky, *Suzanne Valadon* (New York: Universe Publishing, 1994), p.81
34. Hayden Herrera, *Frida Kahlo: The Paintings,* p. 12.
35. Louise Bourgeois, personal interview, March 8,1996.
36. *Louise Bourgeois: Recent Work/Opere Recenti* (Brooklyn Museum, printed by the United States Information Agency for the 45th Venice Biennale, 1993), n.p.關於布爾喬亞其作，更完整的研究見Christiane Meyer-Thoss, *Louise Bourgeois*，以及Marie-Laure Bernadac, *Louise Bourgeois.*
37. William Ewing, *The Body: Photographs of the Human Form,* p. 68
38. 引自Terry Dennett and Jo Spence, "Remodeling Photo History: A Collaboration Between Two Photographers," Screen, vol. 23, no. 1 (1982), 亦見於史賓瑟後來重新出版的自傳，*Putting Myself in the Picture: A Political, Personal and Photographic Autobiography,* pp. 118-21.
39. 在此我要感謝泰瑞・丹尼特，對於他和史賓瑟的合作不吝給予評論。史賓瑟在1992年因乳癌過世。
40. 關於雪曼其作，最深刻的詮釋請參閱Rosalind Krauss, *Cindy Sherman,* 1979-1993.
41. Annie Sprinkle with Katharine Gates, Annie *Sprinkle's Post-Modern Pin-Ups Booklet* (Richmond, Va.: Gates of Heck, 1995).引自pp. 7, 6, and 5.
42. 由海蜜德所拍攝的梅姿格海報，以及梅姿格的書籍、錄影帶與工作坊資訊，可由此索取：TREE, P.O. Box 186, Topanga, California 90290.
43. Stanford *Daily,* February 1,1995.
44. *Economist,* December 25,1993-January 7,1994.

54. Kathy Davis, *Reshaping the Female Body.*
55. S. E. Gabriel et al., "Risk of Connective-Tissue Diseases and Other Disorders After Breast Implantation," *New England Journal of Medicine,* June 16,1994, 330 (24): 1697-702.
56. Gail S. Lebovic, Donald R. Laub, Jr., Kenneth Hadler, Diana Guthaner, Frederick M. Durbas, and Donald Laub, manuscript in preparation (Stanford, Calif., 1996).
57. *New York Times,* June 29, 1994.
58. *Larger Firmer Breasts Through Self-Hypnosis* (San Juan, P.R.: Piedras Press, 1991).
59. San Francisco *Chronicle,* June 1, 1994.

第八章　解放的乳房：政治、詩篇與圖片

1. Boston Women's Health Collective, *Our Bodies, Ourselves* [1969] (New York: Simon & Schuster, 1976).
2. *Time,* September 13, 1968.
3. Deborah L. Rhode, "Media Images, Feminist Issues," p. 693.
4. Sandy Polishuk, "Breasts," p. 78.
5. Germaine Greer, *The Female Eunuch,* p. 24.
6. 關於胸罩反對運動的早期分析，參閱Denton E. Morrison and Carlin Paige Holden, "The Burning Bra: The American Breast Fetish and Women's Liberation," in *Deviance and Change,* ed. Peter K. Manning.
7. D. Ayalah and I. J. Weinstock, *Breasts: Women Speak About Their Breasts and Their Lives,* p. 125.
8. 同前注。
9. Santa Cruz *Sentinel,* October 7, 1984.
10. Jean-Claude Kaufmann, *Corps de Femmes, Regards d'Hommes: Sociologie des Seins Nus.*
11. René König, *Á la Mode: The Social Psychology of Fashion,* trans. F. Bradley, p. 193.
12. 引自Le *Matin,* May 29, 1987.
13. *Libération,* October 26,1987.
14. *New York Times Magazine,* August 15,1993.
15. *Time,* November 1,1993.
16. *Chronicle of Higher Education,* November 18,1992.
17. 根據哈佛大學神經心理學者Nancy Etcoff所言，這些特質（而非尺寸大小）反映的是男性對女性乳房的欲望，正如Elizabeth Weil於女性雜誌*Mademoiselle*所引述，詳見"What Men Love," *Mademoiselle,* January 1995.
18. Alicia Suskin Ostriker, "Years of Girlhood (For My Students)," in "The Mastectomy Poems," from *The Crack in Everything,* © 1996. Reprinted by permission of the University of Pittsburgh Press.
19. Sharon Olds, "New' Mother," in Olds, *The Dead and the Living* (New York: Alfred A. Knopf, 1984). Copyright © 1983 by Sharon Olds. Reprinted by permission of Alfred A. Knopf, Inc. Reprinted in *Touching Fire: Erotic Writings by Women,* ed. Louise Thorton, Jan Sturtevant, and Amber Sumrall, p. 62.
20. Alicia Suskin Ostriker, *The Mother/Child Papers,* pp. 18, 33. Reprinted by permission of the author.

25. 原文標題為“Lettre de Monsieur Helvétius D.E.M. à Monsieur Régis, sur la Nature et la Guérison du Cancer,” 收錄於*Traité des Pertes de Sang*一書，pp. 139-48.
26. Barbara Duden, *The Woman Beneath the Skin: A Doctor's Patients in Eighteenth-Century Germany,* trans. Thomas Dunlap, p. 98.
27. 同前注，pp. 83-84.
28. Ruth Perry, *The Celebrated Mary Astell,* pp. 318-22.
29. George Ballard, *Memoirs of Several Ladies of Great Britain* (Oxford, 1752), p. 459.
30. 引自Daniel de Moulin, p. 43.
31. Lorenz Heister, A *General System of Surgery,* vol. II, p. 14.
32. 以下所有關於柏妮的記載均選自Fanny Burney, *Selected Letters and Journals,* ed. Joyce Hemlow., pp. 129-39.
33. Edith Gelles, *Portia: The World of Abigail Adams.* 接下來的引用文字來自pp. 161,163, and 168.
34. 引自Owen H. Wangensteen and Sarah D. Wangensteen, *The Rise of Surgery,* PP- 455-56.
35. 引自Daniel de Moulin, pp. 58-61.
36. Geo. H. Napheys, A.M., M.D., *The Physical Life of Woman: Advice to the Maiden, Wife, and Mother,* 3rd Canadian ed.引述自pp. 186 and 196.
37. 感謝法國腫瘤學家Maurice Tubiana博士提出這份論點與其他相關觀察，見*La Lumière dans l'Ombre: Le Cancer Hier et Demain,* pp. 33-34.
38. Dr. Cathy Read, *Preventing Breast Cancer: The Politics of an Epidemic,* p. 1.
39. *New York Times,* June 29,1994.
40. Rose Kushner, *Breast Cancer: A Personal History and an Investigative Report.*
41. *Journal of the National Cancer Institute,* July 17,1994，引自當日同步刊登於《紐約時報》的內容。
42. *New England Journal of Medicine,* December 1995, cited in *New York Times,* December 3,1995.
43. Susan Love with Karen Lindsey, Dr. *Susan Love's Breast Book,* 2nd ed., pp. 325-26.
44. A. B. Miller and R. D. Bulbrook, “U1CC Multidisciplinary Project on Breast Cancer: The Epidemiology, Aetiology and Prevention of Breast Cancer,” pp. 173-77.
45. 同前注Dr. Cathy Read的著作, p. 2.
46. “Your Breasts: The Latest Health, Beauty & Sexual Facts,” *Glamour,* April 1994, p. 273.
47. The Long Island Breast Cancer Study Project, National Cancer Institute, project outline, 1993.
48. N. Krieger, M. S. Wolff, R. A. Hiatt, M. Rivera, J. Vogelman, and N. Orentreich, “Breast Cancer and Serum Organochlorines: A Prospective Study Among White, Black, and Asian Women,” *Journal of the National Cancer Institute,* April 20, 1994 (86) 8:589-99.
49. Yumay Chen et al., “Aberrant Subcellular Localization of BRCA 1 in Breast Cancer,” *Science,* November 3, 1995, pp. 789-91.
50. Irvin D. Yalom, M.D., and Carlos Greaves, M.D., “Group Therapy with the Terminally Ill,” pp. 396-400.
51. David Spiegel, *Living Beyond Limits: New Hope and Help for Facing Threatening Illness,* p. xiii.
52. *Le Monde,* September 2, 1988.
53. Solveig Beale et al., “Augmentation Mammoplasty: The Surgical and Psychological Effects of the Operation and Prediction of the Result,” pp. 279-97.

第七章　醫學上的乳房：生命給予者與生命摧毀者

1. Valerie A. Fildes, *Breasts, Bottles, and Babies,* p. 5.
2. Gay Robins, *Women in Ancient Egypt,* pp. 90-91. 哺乳女人造形陶瓶，見插圖27, p. 81.
3. Frederick B. Wagner, "History of Breast Disease and Its Treatment," in *The Breast,* ed. Kirby I. Bland and Edward M. Copeland, vol. Ill, p. 1.
4. James V. Ricci, *The Genealogy of Gynaecology,* p. 20.
5. Lesley Dean-Jones, "The Cultural Construct of the Female Body in Classical Greek Science," in *Women's History and Ancient History,* ed. Sarah B. Pomeroy, p. 115.
6. 引自 Daniel de Moulin, A *Short History of Breast Cancer,* p. 2. 本章接下來介紹的一些乳癌資料皆引述自同著作，在此感謝。
7. Soranus, *Gynecology,* trans. Owsei Temkin, p. 90.
8. R. C. Hahn and D. B. Petitti, "Minnesota Multiphasic Personality Inventory-Rated Depression and the Incidence of Breast Cancer," pp. 845-48; A. B. Zonderman, P. T. Costa, and R. R. McCrae, "Depression as a Risk for Cancer Morbidity and Mortality in a Nationally Representative Sample," pp. 1191-95.
9. 引自 Daniel de Moulin, pp. 5-6.
10. *Medieval Woman's Guide to Health: The First English Gynecological Handbook,* trans. Beryl Rowland, pp. 161-62.
11. Régine Pernoud, *La Femme au Temps des Cathédrales,* p. 119.
12. Salicet, *Chirurgie de Guillaume de Salicet,* ed. Paul Pifteau, pp. 108-9.
13. 兩幅插圖皆刊在 Albert S. Lyons and R. Joseph Petrucelli, *Medicine: An Illustrated History,* figs. 490 and 498, pp. 326-27. 原始文獻藏於 Leiden University Library (Bibliothek des Rijksuniversitate), ms. Vossius lat. 3, fol. 90V.
14. 引自 Daniel de Moulin, p. 15.
15. Thomas Laqueur, *Making Sex: Body and Gender from the Greeks to Freud,* pp. 104-5.
16. 此幅畫作翻印自 Kenneth Clark and Carlo Pedretti 所著，*Leonardo da Vinci Drawings at Windsor Castle* [1935] (London: Phaidon, 1969), 19097 verso.
17. Andreas Vasalius, *The Epitome of Andreas Vesalius,* trans. L. R. Lind, pp. 86-87. 此書為維塞留斯著作 *De Humani Corporis Fabrica Libri Septem* (Basel, 1543) 的摘要版。
18. 此處與接下來內文所提及的帕赫論點皆出自 Ambroise Paré, *Oeuvres Complètes,* ed. J.-F. Malgaigne, vol. 2, pp. 687, 689.
19. 引自 Dorothy McLaren, "Marital Fertility and Lactation," in *Women in English Society 1500-1800*, ed. Mary Prior, p. 27.
20. Louise Bourgeois, Dite Boursier, Sage-Femme de la Reine, *Observations Diverses sur la Stérilité, Perte de Fruits, Fécondité, Accouchements et Maladies des Femmes et Enfants Nouveau-Nés, Suivi de Instructions à Ma Fille,* p. 90.
21. 此處與下段費比所言，皆參考自 Leo M. Zimmerman and Ilza Veith, *Great Ideas in the History of Surgery,* pp. 245-46.
22. 同前注，pp. 252-53.
23. 引自 Daniel de Moulin, p. 24.
24. 關於安妮皇太后的乳癌情形，見前注，pp. 25-26；與 Ruth Kleinman, *Anne of Austria,* pp. 282-86；以及 Gui Patin, *Lettres de Gui Patin à Charles, Spon, Médecin à Lyon,* vol. 3, pp. 493-94.

31. Jeremy Weir Alderson, "Breast Frenzy," *Self,* December 1988.
32. San Francisco *Chronicle,* August 11, 1994.
33. The Seigneur de Brantôme, *Lives of Fair and Gallant Ladies,* pp. 131, 143. 根據調查，美國人認為性對象脫衣服的景象，帶來的興奮快感僅次於性交，九成三的美國男人與八成一的美國女性認為性對象寬衣解帶「非常吸引人」、「有點吸引人」，詳見 Robert Michael, *Sex in America,* pp. 146-47.
34. Linda Nochlin, *Women, Art, and Power and Other Essays,* p. 138.
35. Eunice Lipton, *Alias Olympia: A Woman's Search for Manet's Notorious Model & Her Own Desire,* p. 151.
36. 引自 Michael Jubb, *Cocoa and Corsets,* n.p., opposite introduction.
37. Paul Hammond, *French Undressing: Naughty Postcards from 1900 to 1920*, p. 11.
38. Delia M. Rios, "Media and the Message: Sex," *San Francisco Examiner,* October 2,1994.
39. 此段與下一段的蓋兒談話，摘自 Daphna Ayalah & Isaac J. Weinstock, *Breast: Women Speak About Their Breasts and Their Lives*, pp.99-103.
40. Ellen Berscheid, Elaine Walster, and George Bohrnsted, "Body Image," *Psychology Today,* November 1973.
41. A. George Gitter, Jack Lomranz, Leonard Saxe, and Yoram Bar-Tai, "Perceptions of Female Physique Characteristics by American and Israeli Students," pp. 7-13; Lora Jacobi and Thomas Cash, "In Pursuit of the Perfect Appearance: Discrepancies Among Self-Ideal Percepts of Multiple Physical Attributes," pp. 379-96.
42. 引自 Robert Atwan, Donald McQuade, and John Wright, *Edsels, Luckies, & Frigidaires: Advertising the American Way,* p. 350.
43. Nicholas Drake, *The Fifties in Vogue,* p. 10.
44. John Steinbeck, *The Wayward Bus* (New York: The Viking Press, 1947), p. 5.
45. *San Francisco Examiner,* June 19,1994.
46. Ayalah and Weinstock, pp. 72-77.
47. 關於瑪丹娜，寫得較好的著作可參見 *The Madonna Connection: Representational Politics, Subcultural Identities, and Cultural Theory,* ed. Cathy Schwichtenberg.
48. Lori Parch, "The Quest for the Perfect Bra," *Self,* March 1995.
49. John d'Emilio and Estelle B. Freedman, *Intimate Matters: A History of Sexuality: in America,* pp. xi, xii.
50. Nancy F. Cott, "The Modern Woman of the 1920's, American Style," in *A History of Women: Toward a Cultural Identity in the Twentieth Century,* ed. Françoise Thébaud, vol. V, A *History of Women in the West,* ed. Georges Duby and Michelle Perrot, p. 89.
51. *Die unveröffentlichten 271 SPIECEL-Titel aus 1993* (Hamburg: SPIEGEL-Verlag Rudolf Augstein, 1994), p. 72.
52. *Rolling Stone,* October 20,1994, pp. 75-76.
53. Diana Russell, *Against Pornography: The Evidence of Harm,* p. 3.
54. Susan Griffin, *Pornography and Silence: Culture's Revenge Against Nature,* p. 36.
55. 此處和其他類似參考文獻皆引自前注的羅素著作, pp. 63, 64, 66, 82, 83. 儘管未得原出版商同意，她仍勇氣可嘉地於書中重新插入一百多張色情圖片，並附探討評論。
56. Nadine Strossen, *Free Speech, Sex, and the Fight for Women's Rights.*

5. David Kunzle, *Fashion and Fetishism: A Social History of the Corset, Tight-Lacing and Other Forms of Body-Sculpture in the West,* p. 111.
6. Montaigne, *The Complete Essays*, trans. Donald Frame (Stanford, Calif: Stanford University Press, 1965), vol. I, pt.14, p.41.
7. 關於法國人在撐骨和其他胸衣使用上的奇妙軼事，見Cécile Saint- Laurent, *Histoire Imprévue des Dessous Féminins*，以及Béatrice Fontanel, *Corsets et Soutiens-Gorge: L'Épopée du Sein de l'Antiquité à Nos Jours.*
8. 引自Peter Fryer, *Mrs. Grundy: Studies in English Prudery*, pp.173-174.
9. Béatrice Fontanel, pp. 31-32.
10. 前後出處皆來自Kunzle, pp. 81-82.
11. 法國兩個最知名的例子來自*L'Essai du Corset* by A. F. Dennel *d'apres* P. A. Wille, 1780，以及*Tailleur Essayant un Corps* by Dupin d'après Le Clerc, 1778.針對男性面對乳房時的投機主義尚有英國版本，詳見Hogarth的*The Sleeping Congregation*，裡頭描繪了一名女性因佈道太無聊而睡著，一名神職人員趁此機會偷窺其低胸。
12. Jacques Bonnaud, *Dégradation de L'Espèce Humaine par I'Usage du Corps à Baleine: Ouvrage dans Lequel On Démontre Que C'est Aller Contre les Lois de la Nature, Augmenter la Dépopulation et Abâtardir pour Ainsi Dire l'Homme Que de Le Mettre à la Torture dès les Premiers Moments de Son Existence, sous Prétexte de Le Former.* 德國範例參見Almut Junke and Eva Stille, *Geschichte des Unterwäsche 1700-1960*, pp. 39-40.
13. Philippe Perrot, *Le Travail des Apparences, ou les Transformations du Corps Féminin XVIIIe-XIXe Siècle,* pp. 235-36.
14. 引自C. Willett and Phillis Cunnington, *The History of Underclothes,* p. 69.亦見Norah Waugh, *Corsets and Crinolines,* p. 71.
15. 見Claudia Brush Kidwell and Valerie Steele, *Men and Women: Dressing the Part.*
16. Rosemary Hawthorne, *Bras: A Private View,* p. 20.
17. Junker and Stille, pp. 152-53.
18. 引自Cunnington, p. 126.
19. 引自Gustave Joseph Witkowski, *Anecdotes Historiques et Religieuses sur les Seins et l'Allaitement Comprenant l'Histoire du Décolletage et du Corset,* p. 389.
20. 例子參見J. H. Kellogg, M.D., *The Influence of Dress in Producing the Physical Decadence of American Women.*
21. 以下女醫師演講內容，詳見Abba Goold Woolson, *Women in America from Colonial Times to the 20th Century.* Citations are from pp. 11, 20, 54, 49, 75,114-15, 134-35.
22. Lois W. Banner, *American Beauty,* p. 128.
23. Thorstein Veblen, *The Theory of the Leisure Class,* p. 172.
24. Dr. Magnus Hirschfeld, *Sittengeschichte des Weltkrieges,* vol. 1, p. 76.
25. Maidenform, Inc., pamphlet, 1992.
26. Clifford F. Dowkontt, M.D., *The Hygiene of the Breasts,* pp. 37-8.
27. Nora Ephron, "A Few Words About Breasts," *Esquire,* May 1972.
28. *Politique Hebdo,* August 28-September 3,1975, pp. 19-20.
29. Sally Wadyka, "Bosom Buddies," *Vogue,* August 1994.
30. *Wall Street Journal,* December 2, 1988.

4. 同前注，vol. V, pp. 372-73.
5. 同前注，vol. IV, pp. 286-87.
6. 同前注，vol. VII, p. 51.
7. 同前注，p. 52.
8. 同前注，vol. IV, p. 204.
9. 同前注，vol. XXIII, p. 188.
10. 同前注，p. 189.
10. 同前注，vol. VII, p. 182.
12. 同前注，vol. XXIII, p. 195.
13. 同前注。
14. 同前注，p. 299.
15. 此段戲謔仿作套用佛洛伊德"Some Psychic Consequences of the Anatomical Distinction Between the Sexes" (1925), "Female Sexuality" (1931), "Femininity"等論文的理論架構與模型。
16. Freud, vol. XX, p. 122.
17. O. Isakower, "A Contribution to the Patho-Psychology of Phenomena Associated with Falling Asleep," pp. 331-45.
18. 範例可見O. Townsend Dann, "The Isakower Phenomenon Revisited: A Case Study," *International Journal of Psycho-Analysis,* vol. 75, no. 5 (Fall 1992): 481-91; and Charles A. Peterson, "Aloneness and the Isakower Phenomenon," *Journal of the American Academy of Psychoanalysis,* vol. 20, no. 1 (Spring 1992): 99-115.
19. 此段與以下克萊恩的敘述，摘自"Some Theoretical Conclusions Regarding the Emotional Life of the Infant" in *Developments in Psychoanalysis*, ed. Melanie Klein et al., pp.199-207.
20. 感謝Minerva Neiditz允許轉載此詩。
21. John E. Beebe, M.D.，私人通信。亦見*Aspects of the Masculine*一文中他對榮格的介紹。
22. James Astor, "The Breast as Part of the Whole: Theoretical Considerations Concerning Whole and Part Objects," p.118. 下一段奧斯圖的引述摘自p.117。
23. Joellen Werne, ed., *Treating Eating Disorders,* p. xv.
24. Kim Chernin, *The Obsession: Reflections on the Tyranny of Slenderness.* 另　見Susan Bordo, *Unbearable Weight: Feminism, Western Culture, and the Body,* 特別是pp. 139-64.
25. Philip Roth, *The Breast,* pp. 66-67.
26. Freud, vol. XXII, p. 122.
27. 同前注，vol. I, pp. 117-28.

第六章　商業化的乳房：從馬甲到虛擬性愛

1. 來自Dominique Gros醫師的訪談，"Le Sein: Image du Paradis," *Le Nouvel Observateur*, April 20-26, 1995.
2. Anne Hollander, *Seeing Through Clothes.*
3. 見Susan Bordo, "The Body and Reproduction of Femininity," in *Cender / Body / Knowledge: Feminist Reconstructions of Being and Knowing,* ed. Alison Jaggar and Susan Bordo, p. 14. 亦見Duncan Kennedy, *Sexy Dressing,* p. 168.
4. 本段文字參考Alison Carter, *Underwear: The Fashion History*，以及Elizabeth Ewing, *Fashion in Underwear.*

43. Jane T. Costlow, "The Pastoral Source: Representations of the Maternal Breast in Nineteenth-Century Russia," in *Sexuality and the Body in Russian Culture,* ed. Jane T. Costlow, Stephanie Sandler, and Judith Vowles, p. 225.
44. Patrick P. Dunn, " 'That Enemy Is the Baby': Childhood in Imperial Russia," in *The History of Childhood,* ed. Lloyd deMause, p. 387.
45. Costlow, p. 228.
46. 以下討論很大一部分基於Paul Weindling, *Health, Race and German Politics Between National Unification and Nazism, 1870-1945*, pp. 192-205.
47. 關於乳房在法國的形象，見Jean Garrigues, *Images de la Révolution: L'lmagerie Républicaine de 1789 à Nos Jours,* pp. 114-15, 118.
48. Dr. Magnus Hirschfeld, *Sittengeschichte des Weltkrieges,* vol. 1, plate opposite p. 64.
49. 參 見Peter Paret, Beth Irwin Lewis, and Paul Paret, *Persuasive Images;* Libby Chenault, *Battlelines: World War I Posters from the Bowman Gray Collection;* and Walton Rawls, *Wake Up, America! World War I and the American Poster.*
50. Bernard Denscher, *Cold Cab Ich Für Eisen: Osterreichische Kriegsplakate 1914-1918* (Vienna: Jugend & Volk, 1987), pp. 100, 106.
51. Hirschfeld, pp. 250-55.
52. *Varga: The Esquire Years, A Catalogue Raisonné,* ed. Robert Walker, p. 150.
53. Ralph Stein, *The Pin-Up from 1852 to Now,* p. 139.
54. Virginia Hewitt, *Beauty and the Banknote: Images of Women on Paper Money,* p. 18.
55. *New York Times,* April 5,1994.
56. Barbara Sichtermann, *Femininity: The Politics of the Personal,* trans. John Whitlam, p. 61.
57. Françoise Thébaud, *Quand Nos Grand-Mères Donnaient la Vie: La Matemité en France dans I'Entre-Deux-Cuerres,* p. 86.
58. 感謝西澳大學教授Robyn Owens提供塔斯馬尼亞的"Consent to Supplement Newborn Infants"相關資訊以及澳洲的母乳哺餵政策。
59. Datha C. Brack, "Social Forces, Feminism, and Breastfeeding," pp. 556-61.
60. Editorial, Boston *Globe,* May 31,1994.
61. 本節主要取材自Linda M. Blum的"Mothers, Babies, and Breastfeeding in Late Capitalist America: The Shifting Contexts of Feminist Theory," pp. 1-21.
62. *New York Times,* April 7,1988.
63. Zillah R. Eisenstein, *The Female Body and the Law,* p. 213.
64. Gabrielle Palmer, *The Politics of Breastfeeding,* p. 265.
65. San Francisco *Chronicle,* September 16,1993.
66. *International Herald Tribune,* August 9,1994.
67. Vanessa Maher, "Breast-Feeding in Cross-Cultural Perspective," in *The Anthropology of Breast-Feeding: Natural Law or Social Construct,* ed. Vanessa Maher, pp. 3-4.

第五章 心理的乳房：照顧身體

1. Sigmund Freud, *Complete Works of Sigmund Freud,* vol. VII, p. 181; vol. XVI, p. 314.
2. 同前注，vol. VII, p. 222.
3. 同前注，vol. XXIII, p. 188.

17. Madame Roland, *Mémoires* (Paris: Mercure de France, 1986), p. 333.
18. Marilyn Yalom, *Blood Sisters: The French Revolution in Women's Memory,* p. 125.
19. 參見*Sklavin oder Bürgerin? Französische Revolution und Neue Weiblichkeit 1760-1830*, ed. Viktoria Schmidt-Linsenhoff, p. 515.
20. Marilyn Yalom, *Le Temps des Orages: Aristocrates, Bourgeoises, et Paysannes Racontent,* p. 105.
21. *Archives Parlementaires de 1787 à i860,* 1st ser., vol. LXVII (1905), p. 614.亦見Fanny Fay-Sallois, *Les Nourrices à Paris au XIXe Siècle,* p. 120.
22. Schiebinger, p. 69.
23. Mary Lindemann, "Love for Hire: The Regulation of the Wet-Nursing Business in Eighteenth-Century Hamburg," p. 390.
24. Madelyn Gutwirth, *The Twilight of the Goddesses: Women and Representation in the French Revolutionary Era,* p. 349
25. Yalom, *Blood Sisters,* p. 166.
26. Mary Jacobus, "Incorruptible Milk: Breast-Feeding and the French Revolution," in *Rebel Daughters,* ed. Sara E. Melzer and Leslie W. Rabine, p. 54.
27. 參見Madelyn Gutwirth, p. 348.
28. *Égyptomanie* (Paris: Louvre, 1994), p. 160.
29. Hérault de Séchelles's speeches for the Festival of Regeneration were recorded in *Le Moniteur,* August 12, 1793.
30. Barbara Gelpi, "Significant Exposure: The Turn-of-the-Century Breast," *Nineteenth-Century Contexts,* forthcoming.
31. Willett and Phillis Cunnington, *The History of Underclothes,* p. 97.
32. 參見Ewa Lajer-Burcharth, "La Rhétorique du Corps Féminin sous le Directoire," in *Les Femmes et la Révolution Française,* ed. Marie-France Brive, vol. 2, p. 221.
33. 參見Julian Robinson, *The Fine Art of Fashion,* p. 44.
34. 關於德拉瓦克的自由女神，較全面的評論可見Marcia Pointon, *Naked Authority: The Body in Western Painting, 1830-1908*, pp. 59-82.
35. Michel Droit, "Quand Paris Applaudissait Sa Liberté" *Le Figaro,* August 11,1994.
36. 關於法國共和下乳房形象的詳盡詮釋，可見Paul Trouillas, *Le Complexe de Marianne*；Maurice Agulhon, *Marianne into Battle: Republican Imagery and Symbolism in France, 1789-1880*, trans. Janet Lloyd；以及前注中Gutwirth的著作。
37. Sally G. McMillen, *Motherhood in the Old South: Pregnancy, Childbirth, and Infant Rearing,* p. 118.
38. *Victorian Women: A Documentary Account of Womens Lives in Nineteenth- Century England, France, and the United States,* ed. E. Hellerstein, L. Hume, K. Offen, E. Freedman, B. Gelpi, and M. Yalom, pp. 231-32.
39. Nell Painter, *Sojourner Truth: A Life, A Symbol.* 我要向普林斯頓大學的潘特教授表達感激之情，是她使我注意到特魯思事件，並與我分享出版前的手稿。
40. 史丹福大學英語系教授Emeritus Wilfred Stone對丁尼生的引述引起了我的注意。
41. Peter Gay, *The Education of the Senses: The Bourgeois Experience, Victoria to Freud,* pp. 337-38.
42. Flora Thompson, *Lark Rise to Candleford* (London, New York, and Toronto: Oxford University Press, 1954), pp. 139-40.

8. Zbigniew Herbert, *Still Life with a Bridle: Essays and Apocryphas,* trans. John and Bogdana Carpenter, p. 29.
9. 引自Simon Schama, p. 540.
10. Adriaen van de Venne, *Moeder,* in Jacob Cats, *Houwelijck* (Amsterdam, 1632), 圖見注釋1的Simon Schama, p. 544以及注釋2的Franits, p. 131.
11. 圖見Franits, p. 116.
12. "Woman Nursing a Child," 1474 engraving from the series *Nine Figures,* Amsterdam, Rijksmuseum-Stichtung, 圖見Franits, p. 114.
13. Durantini, pp. 6-21.
14. J. H. Huizinga, *Dutch Civilisation in the Seventeenth Century and Other Essays,* p. 114
15. R. H. Fuchs, *Dutch Painting,* p. 42.
16. 引自Simon Schama, p. 459.
17. Anne Hollander, *Seeing Through Clothes,* pp. 110-11.
18. 引自Simon Schama, p. 402.
19. 引自Simon Schama, p. 403, 參考自Diderot, "Voyage de Hollande" in *Oeuvres* (Paris, 1819), vol. 7, p. 41.

第四章　政治的乳房：雙峰為國

1. Menyn Levy, *The Moons of Paradise,* p. 87.
2. Linda Pollock, *Forgotten Children: Parent-Child Relations from 1500 to 16oo,* p. 215.
3. *Hommage á Robert Debré (1882-1978): L'Épopée de la Médecine des Enfants* (Paris: Musée de l'Assistance Publique, 1988), p. 40.
4. Elisabeth Badinter, *Mother Love: Myth and Reality,* p. xix.亦　見George D. Sussman, *Selling Mother's Milk: The Wet-Nursing Business in France, 1715-1914*, p. 22.
5. 關於英國的哺育情況，見Valerie Fildes, *Breasts, Bottles, and Babies,* 特別是pp. 98-122以及pp. 152-63.
6. Lynn Hunt, "Introduction," in *Eroticism and the Body Politic,* ed. Lynn Hunt, p. 1.
7. Ruth Perry, "Colonizing the Breast：Sexuality and Maternity in Eighteenth-Century England," p. 216.
8. 引自Morwenna and John Rendle-Short, *The Father of Child Care: Life of William Cadogan (1711-1797)*, p. 26.
9. William Cadogan, *An Essay upon Nursing, and the Management of Children, From their Birth to Three Years of Age*, Cadogan的引用出自pp.7, 24, 23, 24, 6, and 7.
10. Catherine M. Scholten, *Childbearing in American Society,* 1650-1850, p. 14.
11. Sylvia D. Hoffert, *Private Matters: American Attitudes Toward Childbearing and Infant Nurture in the Urban North, 1800-60,* p. 148.
12. Londa Schiebinger, *Nature's Body: Gender in the Making of Modern Science,* pp. 40-41.
13. Doris Desclais Berkvam, *Enfance et Maternité dans la Littérature Française des XIle et XIlle Siècles,* pp. 46-47.
14. Derrick B. Jelliffe and E. F. Patrice Jelliffe, *Human Milk in the Modern World,* p. 2.
15. Jean-Jacques Rousseau, *Émile: or On Education,* trans. Alan Bloom, pp. 254-64.
16. Jean-Jacques Rousseau, *The Confessions,* trans. J. M. Cohen, p. 301.

52. Valerie A. Fildes, *Breasts, Bottles, and Babies,* p. 102.
53. Christopher Hibbert, *The Virgin Queen: Elizabeth I, Genius of the Golden Age,* p. 10.
54. Nancy Vickers, "The blazon of sweet beauty's best': Shakespeare's *Lucrece,"* in *Shakespeare and the Question of Theory,* ed. Patricia Parker and Geoffrey Hartman, pp. 95-115.
55. Kirkpatrick Sale, *The Conquest of Paradise: Christopher Columbus and the Columbian Legacy,* p. 176.
56. Catherine Keller, "The Breast, The Apocalypse, and the Colonial Journey," p. 64.
57. Louis B. Wright, *Middle-Class Culture in Elizabethan England,* p. 114.
58. Dorothy McLaren, "Marital Fertility and Lactation, 1570-1720," in *Women in English Society, 1500-1800*, ed. Mary Prior, pp. 26-28, and Rosalind K. Marshall, *Virgins and Viragos: A History of Women in Scotland from 1080-1980*, p. 117.
59. Mary Abbott, *Family Ties: English Families, 1540-1920*, p. 48.
60. Lawrence Stone, *The Family, Sex, and Marriage in England, 1500-1800*, p. 270, and Fildes, *Breasts,* p. 102.
61. 引自Morwenna和John Rendle-Short，見*The Father of Child Care: Life of William Cadogan (1711-1797),* p. 26.
62. Germaine Greer, Susan Hastings, Jeslyn Medoff, Melinda Sansone, eds., *Kissing the Rod: An Anthology of Seventeenth-Century Women's Verse,* p. 243.伊萊莎、班恩、伊菲莉亞的詩作見pp. 145-46, 243-46, and 274.
63. Fildes, *Breasts,* p. 101.
64. 舒特（Edward Shorter）根據通姦次數統計，認為十六世紀末、十九世紀初與二十世紀末是史上幾波「婚姻外性行為」的高潮期，詳見Edward Shorter, *The Making of the Modern Family*, p.81.
65. 引自 William Manchester, *A World Lit Only by Fire,* p. 68.
66. Edward Lucie-Smith, *Sexuality in Western Art,* p. 75.
67. Linda Woodbridge, *Women and the English Renaissance: Literature and the Nature of Womankind, 1540-1620*, p. 218.
68. Joan Kelly Gadol, "Did Women Have a Renaissance?" in *Becoming Visible: Women in European History,* ed. Renate Bridenthal and Claudia Koonz, p. 160.
69. Alan Macfarlane, *Marriage and Love in England: Modes of Reproduction, 1300-1840*, p. 298.

第三章 家庭的乳房：健康取向

1. 本章要感謝Simon Schama, *The Embarrassment of Riches: An Interpretation of Dutch Culture in the Golden Age,* 尤其是pp. 536-44.
2. Wayne E. Franits, *Paragons of Virtue: Women and Domesticity in Seventeenth-Century Dutch Art,* pp. 111-19.
3. 引自Mary Frances Durantini, *The Child in Seventeenth-Century Dutch Painting,* p. 18. Bram Dijkstra將其做了詩意化的改寫。
4. Teellinck, 1639, vol. 2, p. 85, cited by Franits, p. 227.
5. Jacob Cats, *Houwelijck* (Middleburg, 1625), chap. 5, p. 56, cited by Franits, p. 115.
6. Durantini, p. 19.
7. 引自 Simon Schama, p. 538.

27. 拉貝的〈十四行詩之八〉開頭為*"Je vis, je meurs: je me brule et me noye"*(Louise Labé, *Oeuvres Complètes,* ed. Enzo Giudici, p. 148.)
28. 來自拉貝的〈十四行詩之四〉原詩：*"Depuis qu 'Amour cruel empoisonna / Premierement de son feu ma poitrine, / Tousjours brulay de sa fureur divine, / Qui un seul jour mon coeur n'abandonna*（同前書，p. 144.）
29. 龍薩的〈十四行詩之一一四〉原詩：*"...ma main, maugré moi, quelque fois / De l'amour chaste outrepasse les lois / Dans votre sein cherchant ce qui m'embraise"* (Pierre de Ronsard, *Les Amours,* ed. Henri et Catherine Weber, p. 72).
30. 〈十四行詩之三十九〉原詩：*"Pleut il à Dieu n'avoir jamais tâté / Si follement le tetin de m'amie! /... Qui eût pensé, que le cruel destin / Eût enfermé sous un si beau tetin / Un si gran feu, pour m'en faire la proie?"*（同前書，p. 26.）
31. Françoise Bardon, *Diane de Poitiers et le Mythe de Diane.*
32. Philippe Erlanger, *Diane de Poitiers: Déesse de la Renaissance,* p. 206.
33. 同前書，p. 193.
34. The Seigneur de Brantôme, *Lives of Fair and Gallant Ladies,* p. 150.
35. 同前書，p. 151.
36. Contini, p. 92.
37. Brantôme, p. 205; Paul Lacroix, *Les Secrets de Beauté de Diane de Poitiers.*
38. 引自 Anne de Marnhac, *Femmes au Bain: Les Métamorphoses de la Beauté,* p.29
39. Georges Vigarello, *Le Propre et le Sale: L'Hygiène du Corps Depuis le Moyen Âge,* p70.
40. Orest Ranum, "The Refuges of Intimacy" in *A History of Private Life: Passions of the Renaissance,* ed. Philippe Ariès and Georges Duby, vol. Ill, ed. Roger Chartier, trans. Arthur Goldhammer, p. 222.
41. 引自 Margaret L. King, p. 12.
42. 引自Joseph Illick, "Anglo-American Child-Rearing" in *The History of Childhood,* ed. Lloyd deMause, p. 308.
43. 引自 Yvonne Knibiehler和Catherine Fouquet, *L'Histoire des Mères,* p. 86.
44. Philippe Erlanger, *Gabrielle d'Estrées: Femme Fatale,* p. 83.
45. Inès Murat, *Gabrielle d'Estrées,* pp. 425-26.
46. 關於這個主題，更全面的討論請見Eileen O'Neill, "(Re)Presentations of Eros: Exploring Female Sexual Agency," in *Gender/Body/Knowledge: Feminist Reconstructions of Being and Knowing,* ed. Alison Jaggar and Susan Bordo, pp. 69-70.
47. 引自 Judith Brown, *Immodest Acts: The Life of a Lesbian Nun in Renaissance Italy,* p. 167.
48. Guido Ruggiero, *The Boundaries of Eros: Sex Crime and Sexuality in Renaissance Venice,* pp. 189-90.
49. 引自 Judith Brown, p. 6.
50. 此段章節要感謝Marina Warner, *Monuments and Maidens,* pp. 38-60；以及Andrew Belsey和Catherine Belsey, "Icons of Divinity: Portraits of Elizabeth I," in *Renaissance Bodies: The Human Figure in English Culture c. 1540-1660*, ed. Lucy Gent and Nigel Llewellyn, pp. 11-35.
51. 有關伊莉莎白時期的女性服飾，請見Elizabeth Ewing, *Fashion in Underwear,* pp. 20-27; Jane Ashelford, *Dress in the Age of Elizabeth,* pp. 11-42; Christopher Breward, *The Culture of Fashion,* pp. 44-48.

6. Pierre Champion, *La Dame de Beauté, Agnès Sorel,* p. 39.
7. Peter Fryer, *Mrs. Grundy: Studies in English Prudery,* pp. 172-73.
8. 維庸原作為“Regrets de la Belle Heaumière”，詩行如下。“*Ces gentes épaules menues, / Ces bras longs et ces mains traitisses, / Petits tetins, hanches charnues.*”
9. 相關描述來自於十五世紀詩人Gratien du Pont的詩行。“*Tes tetins sont: blancz, rondz comme une pomme / Sy durs et femes; que jamays en veit homme / Loing lung de laultre*”（引自Alison Saunders, *The Sixteenth-Century Blason Poétique,* p. 63.）
10. Ludovico Ariosto, *Orlando Furioso* (Bari: Laterza, 1928), p. 14.原文為“*Vengon e van come onda al primo margo.*”
11. 引自Naomi Yavneh, “The Ambiguity of Beauty in Tasso and Petrarch” in *Sexuality and Gender in Early Modern Europe: Institutions, Texts, Images,* ed. James Grantham Turner, p. 141.
12. Agnolo Firenzuola, *Of the Beauty of Women,* trans. Clara Bell, p. 76.
13. J. Houdoy, *La Beauté des Femmes dans la Littérature et dans l'Art du XIle au XVIe Siècles,* p. 96.
14. 有關法蘭科生涯的精采說明，見Margaret R. Rosenthal, *The Honest Courtesan: Veronica Franco, Citizen and Writer in Sixteenth-Century Venice.*
15. Mila Contini, *Fashion from Ancient Egypt to the Present Day,* p. 118.
16. 在此感謝歷史學者Judith Brown與魯吉羅的聯繫。亦見Guido Ruggiero, *Binding Passions: Tales of Magic, Marriage, and Power at the End of the Renaissance,* pp. 48-49.
17. Hollander, *Seeing Through Clothes,* pp. 188-98, 203-4.
18. 藝術史學者洛娜（Lynne Lawner）指出當時有不少繪畫以高級妓女為主角，她們在畫中常以手指著乳房或托著乳房，這是模仿女神形象的動作。儘管這些作品似乎帶有宗教意涵，但是多數以高級妓女為模特兒的繪畫，卻只在呈現情色意圖，譬如波頓（Paris Bordone）的〈高級妓女〉（現藏於愛丁堡蘇格蘭國家藝術館）、維丘（Palma Vecchio）的〈女人的畫像〉（現藏於柏林國家美術館）與羅馬諾（Giulio Romano）的〈佛納琳娜〉（現藏於羅馬國家美術館）。詳見Lynne Lawner, *Lives of the Courtesans*, p. 96
19. Keith Thomas, *Religion and the Decline of Magic,* pp. 445-46.
20. Anne Llewellyn Barstow, *Witchcraze: A New History of the European Witch Hunts,* pp. 129-30.
21. Jim Sharpe, “Women, Witchcraft, and the Legal Process,” in *Women, Crime, and the Courts in Early Modern England,* ed. Jenny Kermode and Garthine Walker, pp. 109-10.
22. Barstow, p. 144.
23. Margaret L. King, *Women of the Renaissance,* pp. 144,146.
24. 原文如下。“*Mais petite boulle d'lvoire, / au milieu de qui est assise / Une Fraise ou une Serise... Quant on te voit, il vient à maintz / Une envie dedant les mains / De te taster, de te tenir: / Mais il se fault bien contenir / D'en approcher, bon gré ma vie, / Car il viendrait une autre envy. /... À bon droit heureux on dira / Celuy qui de laict t' emplira / Faisant d'ung tetin de pucelle / Tetin de femme entière et belle"* (Pascal Laîné and Pascal Quignard, *Blasons Anatomiques du Corps Féminin,* pp. 51-52.)
25. 原文如下。*“Tetin, qui n'as rien que la peau, / Tetin flat, Tetin de drap-peau,... Tetin au grand villain bout noir / Comme celuy d'un entonnoir, /... Tetin propre pour en enfer / Nourrir les enfans de lucifer. /... Va, grand vilain tetin puant, / Tu fournirois bien, en suant, / De civette & de parfuns, / Pour faire cent mille defunctz."*（同前書pp. 118, 121.）
26. 此處討論要感謝Lawrence D. Kritzman, *The Rhetoric of Sexuality and the Literature of the French Renaissance.*

48. 引自 J. Houdoy, *La Beauté des Femmes dans la Littérature et dans l'Art du XIIe au XVIe Siècles,* pp. 60-61.
49. 改編自 *The Book of the Knight La Tour-Landry*, trans. from the original French into English in the reign of Henry VI, ed. Thomas Wright, p.49.
50. Dante, *The Divine Comedy*, trans. Dorothy Sayers (Baltimore: Penguin Books,1955), vol. 2, p.250. (Purgatory, ch. 23, v.102)
51. Marina Warner, *Alone of All Her Sex: The Myth and the Cult of the Virgin Mary.*
52. Margaret R. Miles, "The Virgin's One Bare Breast: Female Nudity and Religious Meaning in Tuscan Early Renaissance Culture" in *The Female Body in Western Culture,* ed. Susan Rubin Suleiman, pp. 193-208.
53. 以下討論主要源於 James Bruce Ross, "The Middle-Class Child in Urban Italy, Fourteenth to Early Sixteenth Century," in *The History of Childhood,* ed, Lloyd deMause, pp. 183-96.
54. 同上，p. 199.
55. Shari L. Thurer, *The Myths of Motherhood: How Culture Reinvents the Good Mother*, p.83.
56. Carolyn Bynum, *Holy Feast and Holy Fast: The Religious Significance of Food to Medieval Women,* plate 17 and pp. 269-76.
57. Catherine of Siena, *The Dialogue*, trans. Suzanne Noffke, pp.179-180.
58. Juliana, *A Book of Showings to the Anchoress Julian of Norwich*, pt. two, ed. Edmund Colledge and James Walsh, p.592.
59. Saint Teresa, *The Complete Works*, trans, and ed. E. Allison Peers (London and New York: Sheed and Ward, 1946), vol. 2, pp. 130-31.
60. Atkinson, pp. 58-60, and her references to *The Golden Legend of Jacobus de Voragine*, ed. Grander Ryan and Helmut Rippeger (New York: Arno Press, 1969), p. 714.關於聖者的哺育故事，亦見Donald Weinstein and Rudolph M. Bell, *Saints and Society,* pp. 24-25.
61. Nicholas Love, "The Myrrour of the Blessyd Life of Christ," in *The Oxford Book of Late Medieval Verse and Prose*, p.96.
62. 引自 Satia and Robert Bernen, *Myth and Religion in European Painting*, 1270-1700, p.172. 原文為 *"L'enfant prend la mamelle / Et lacte pascitur. / C'est du lait de pucelle / Quod non corrumpitur. / La chose est bien nouvelle / Quod virgo mater est. / Et sans coulpe charnelle / Hic puer natus est."*
63. John Calvin, *Tracts and Treatises on the Reformation of the Church*, ed. Henry Beveridge, vol. 1, p. 317.
64. Françoise Loux, *Le Corps dans la Société Traditionnelle*, p. 154.
65. 詩班台的照片可參見Isabel Mateo Gomez著作，*Temas Profanos en la Gótica Española–Las Sillerías de Coro* (Madrid: Consejo Superior de Investigaciones Científicas, Instituto Diego Velázquez, 1979), fig. 106.

第二章　情色的乳房：天賜美形的球體

1. Johan Huizinga, *The Waning of the Middle Ages,* p. 159.
2. Anne Hollander, *Seeing Through Clothes,* p. 187.
3. Romi, *La Mythologie du Sein,* p. 29.
4. 同上，p.30.
5. Dominique Gros, *Le Sein Dévoilé,* p. 27.

18. 該木雕圖像收錄於前注Baring和Cashford的著作, p. 314.
19. Anne Hollander, *Seeing Through Clothes,* p. 6.
20. K. J. Dover, "Classical Greek Attitudes to Sexual Behaviour" in *Women in the Ancient World: The Arethusa Papers,* ed. John Peradotto and J. P. Sullivan, p. 145.
21. Valerie A. Fildes, *Wet Nursing,* p. 10.
22. Athenaeus, *The Deipnosophists,* trans. Charles Burton Gulick (Cambridge, Mass.: Harvard University Press, 1959), vol. VI, pp.185-187.
23. John J. Winkler, *The Constraints of Desire : The Anthropology of Sex and Gender in Ancient Greece*, p.188
24. 同上，p. 190.
25. Mary R. Lefkowitz, *Women in Greek Myth*, p.57.
26. Wm. Blake Tyrrell, *Amazons: A Study in Athenian Mythmaking.*
27. Keuls, pp. 4, 34.
28. Pliny the Elder, *Natural History,* trans. H. Rockham (Cambridge, Mass.: Harvard University Press, 1942), p. 587.
29. Jean Starobinski曾對此繪畫主題有所討論，見*Largesse,* pp. 82-85.
30. *Tacitus' "Agricola," " Germany" and "Dialogue on Orators,"* trans, and ed. Herbert W. Benario [1967] (Norman and London: University of Oklahoma Press, 1991), p. 117.
31. David Biale, *Eros and the Jews: From Biblical Israel to Contemporary America*, p.27.
32. 同上，p. 26.
33. "Infant Feeding in the Bible," *Midwife, Health Visitor and Community Nurse,* vol. 23 (1987), p.312.
34. Marcia Falk, *The Song of Songs, A New Translation,* p. xv.引用自〈雅歌〉的nos. 25, 29,15, 23.
35. Ariel Bloch and Chana Bloch, *The Song of Songs, A New Translation,* p. 31.
36. Josy Eisenberg, *La Femme au Temps de la Bible,* p. 85.
37. Jean Claude Bologne, *Histoire de la Pudeur,* p. 84.
38. Paul Valéry, *Écrits sur l'Art* (Paris: Club des Librairies de France, 1962), p. 138.
39. 見E. Clive Rouse, *Medieval Wall Paintings,* p. 60.
40. Anglicus Bartholomaeus, *On the Properties of Things,* 引 自Clarissa Atkinson, *The Oldest Vocation: Christian Motherhood in the Middle Ages,* p. 58.
41. Urban T. Holmes, *Medieval Man: His Understanding of Himself, His Society, and the World,* p. 90.
42. Doris Desclais Berkvam, *Enfance et Maternité dans la Littérature Française des XIIe et XIIIe Siècles,* p. 49.
43. Berkvam, ibid., p. 48, 特別參考了Philippe de Novare, *Les Quatre Âges de l'Homme* (Paris: F. Didot, 1888, p. 2).
44. 此處與接下來皆引用自*Tristan de Nanteuil,* ed. K. V. Sinclair (Assen: Van Gorcum, 1971), cited in Berkvam, ibid., p. 53.
45. Danièle Alexandre-Bidon, "La Lettre Volée: Apprendre à Lire à l'Enfant au Moyen-Âge," p. 988.
46. *Aucassiri et Nicolette,* ed. Mario Roques (Paris：Champion, 1929), sec. 12.
47. 引自Bologne, p. 54.注釋47與48所引用的文句英譯來自於史丹福大學教授Brigitte Cazelles的建議。

注釋

第一章　神聖的乳房：從女神到聖母

1. Marija Gimbutas, *The Language of the Goddess*, p.316。有關此一課題的研究文獻眾說紛紜，甚至觀點互相矛盾，以致一位考古學家喟嘆說，女神偶像唯一的共通點就是「性別」。見 Sarah Nelson, "Diversity of the Upper Paleolithic 'Venus'Figurines and Archeological Mythology," in *Gender in Cross-Cultural Perspective*, ed. Caroline Brettell & Carolyn Sargent, p.51.
2. Buffie Johnson, *Lady of the Beasts: Ancient Images of the Goddess and Her Sacred Animals,* p. 44.
3. James Mellaart, *Çatal Hüyük,* figs. 25-28; Adele Getty, *Goddess: Mother of Living Nature,* pp. 11-12.
4. Juliet Clutton-Brock, "Representation of the Female Breast in Bone Carvings from a Neolithic Lake Village in Switzerland," *Antiquity,* vol. 65 (1991), pp. 908-10; V. C. C. Collum, *The Tressé Iron-Age Megalithic Monument: Its Quadruple Sculptured Breasts and Their Relation to the Mother-Goddess Cosmic Cult,* plate XXXV.
5. Tikva Frymer-Kensky, *In the Wake of the Goddesses: Women, Culture, and the Biblical Transformation of Pagan Myth,* pp. 159-60. 亦見 Ruth Hestrin, " 'Astarte' figurines," in *Highlights of Archeology,* pp. 72-73.
6. Karen Armstrong, A *History of God: The 4ooo-Year Quest of Judaism, Christianity and Islam,* pp. 23-26, 49-50.
7. Anne Baring & Jules Cashford, *The Myth of the Goddess: Evolution of an Image*. p.250.
8. Florence Maruéjol, "La Nourrice: Un Thème Iconographique," Annales *du Service des Antiquités de l'Égypte,* vol. 69 (1983), p. 311.
9. Gay Robins, *Women in Ancient Egypt*, p.86.
10. Barbara G. Walker, *The Woman's Dictionary of Symbols and Sacred Objects,* p. 303.
11. Colin Renfrew, *The Cycladic Spirit: Masterpieces from the Nicholas P. Goulandris Collection,* p. 105. 更審慎的推測可見 J. Lesley Fitton, *Cycladic Art,* pp. 66-70.
12. Rodney Castleden, *Minoan Life in Bronze Age Crete,* p. 7; Elizabeth Wayland Barber, Women's *Work: The First 20,000 Years,* p. 110.
13. 封印圖像收錄於前注 Baring 和 Cashford 的著作, p. 114.
14. Theodora Hadzisteliou Price, *Kourotrophos: Cults and Representations of the Greek Nursing Deities.*
15. Diana Darke, *Guide to Aegean and Mediterranean Turkey* (London: Michael Haag,1989), p.80; A. Frova, "La Statua de Artemide Efesia a Caesarea Maritima," *Bollentino d'Arte*, vol. XLVII, no.4 (1962), pp.305-313。下列美術館亦收藏有多乳房雕像，羅馬「梵諦岡博物館」、「文物保存館」(Palazzo dei Conservatori)、「奧班尼別墅」(Villa Albani)；那不勒斯的「國家博物館」；巴黎羅浮宮；耶路撒冷的「以色列博物館」。
16. James Hall, *Dictionary of Subjects and Symbols in Art,* p. 52.
17. Eva C. Keuls, *The Reign of the Phallus: Sexual Politics in Ancient Athens.*

國家圖書館出版品預行編目資料

乳房的歷史：西方的宗教、家庭、政治與資本主義如何建構出乳房神話，及其解放之路/瑪莉蓮.亞隆(Marilyn Yalon)著；何穎怡譯. -- 二版. -- 臺北市：麥田出版：英屬蓋曼群島商家庭傳媒股份有限公司城邦分公司發行, 2023.11
譯自：A history of the breast
ISBN 978-626-310-547-8(平裝)
1.CST: 乳房 2.CST: 社會史
538.16 112015204

乳房的歷史

西方的宗教、家庭、政治與資本主義如何建構出乳房神話，及其解放之路

A History of the Breast

作　　者／瑪莉蓮・亞隆（Marilyn Yalom）
譯　　者／何穎怡
責任編輯／賴逸娟（一版）、翁仲琪（二版）
副總編輯／何維民

國際版權／吳玲緯　楊靜
行　　銷／闕志勳　吳宇軒　余一霞
業　　務／李再星　陳美燕　李振東
編輯總監／劉麗真
發 行 人／凃玉雲
出　　版／麥田出版
10483臺北市民生東路二段141號5樓
電話：(886)2-2500-7696 傳真：(886)2-2500-1967
發　　行／英屬蓋曼群島商家庭傳媒股份有限公司城邦分公司
10483臺北市民生東路二段141號11樓
客服服務專線：(886) 2-2500-7718、2500-7719
24小時傳真服務：(886) 2-2500-1990、2500-1991
服務時間：週一至週五09:30-12:00・13:30-17:00
郵撥帳號：19863813 戶名：書虫股份有限公司
讀者服務信箱E-mail：service@readingclub.com.tw
麥田網址／https://www.facebook.com/RyeField.Cite/
香港發行所／城邦（香港）出版集團有限公司
香港灣仔駱克道193號東超商業中心1/F
電話：852-2508 6231 傳真：852-2578 9337
馬新發行所／城邦（馬新）出版集團 Cite (M) Sdn Bhd.
41-3, Jalan Radin Anum, Bandar Baru Sri Petaling, 57000 Kuala Lumpur, Malaysia.
電話：+ 6(03)9056 3833　傳真：+ 6(03)9057 6622
讀者服務信箱：services@cite.my

封面設計／朱疋
印　　刷／中原造像股份有限公司

■2019年1月 初版一刷
■2023年11月 二版一刷

定價：480元

ISBN 978-626-310-547-8
e-ISBN 978-626-310-576-8（EPUB）

城邦讀書花園 www.cite.com.tw
書店網址：www.cite.com.tw